大河三部曲

暴风雨前

李劼人 著

四川文艺出版社

图书在版编目（CIP）数据

暴风雨前/李劼人著. —3 版. —成都：四川文艺出版社，2020.8（2022.4 重印）
ISBN 978-7-5411-5659-5

Ⅰ.①暴… Ⅱ.①李… Ⅲ.①长篇小说－中国－现代 Ⅳ.①I246.5

中国版本图书馆 CIP 数据核字（2020）第 126214 号

BAO FENG YU QIAN
暴风雨前

李劼人 著

出 品 人	张庆宁
责任编辑	周　轶
封面设计	张　军
内文设计	史小燕
责任校对	蓝　海
责任印制	崔　娜

出版发行	四川文艺出版社（成都市槐树街 2 号）
网　　址	www.scwys.com
电　　话	028-86259287（发行部）　028-86259303（编辑部）
传　　真	028-86259306
邮购地址	成都市槐树街 2 号四川文艺出版社邮购部　610031
排　　版	四川胜翔数码印务设计有限公司
印　　刷	四川五洲彩印有限责任公司
成品尺寸	146 mm×210 mm　　开　本　32 开
印　　张	7.5　　　　　　　　　字　数　200 千
版　　次	2020 年 8 月第三版　　印　次　2022 年 4 月第三次印刷
书　　号	ISBN 978-7-5411-5659-5
定　　价	28.00 元

版权所有·侵权必究。如有质量问题，请与出版社联系更换。028-86259301

自题像,左侧书为「二十四岁」,实为二十三岁,多年后作者在此照后书「系一九一四年秋在泸县摄时只二十三岁也」,多写一岁,似感岁月蹉跎,以虚岁题之。

《暴风雨前》书影。(1936年12月中华书局初版)

作者为创作《暴风雨前》而撰写的人物表。

出版说明

长篇小说《暴风雨前》民国二十五年（1936年）十二月由中华书局初版；1949年后作者曾进行过局部的修订。

本书系据初版整理。字词标点用法与今日相异者，均保持原貌，以存其真。原版将作者注释置于每章末尾，今一律处理为当页脚注，并由编者适当增写了部分新的注释。

CONTENTS
目录

第一部份·· 001
第二部份·· 068
第三部份·· 118
第四部份·· 190

第一部份

一

太平的成都城，老实说来，从李短褡褡、蓝大顺造反，以及石达开被土司所卖，捆绑在绿呢四人官轿中，抬到科甲巷口四大监门前杀头以后，就是庚子年八国联军进北京，第二年余蛮子在川北起事，其耸动人心的程度，恐怕都不及这次事变的大罢？

全城四十几万人，谁不知道北门外的红灯教闹得多凶！

就连极其不爱管闲事，从早起来，只知道打扫、挑水、上街买小东西的暑袜街郝公馆的打杂老龙，也不免时时刻刻在厨房中说到这件事。

他拿手背把野草般的胡子顺着右边一抹道："……你们看嘛！七七四十九天，道法一练成，八九万人，轰的一声就杀进城来！那时，……"

正在切肉丝预备上饭的厨子骆司，又看了他一眼道："那时又咋个呢？"

"咋个①？……"他两眼一瞪，伸出右手，仿佛就是一把削铁如

---

① 四川方言，咋个，怎么也。咋音杂，怎字一音之转。——作者注

泥的钢刀,连连做着杀的姿式道:"那就大开红山,砍瓜切菜般杀将起来!先杀洋人,后杀官,杀到收租吃饭的绅粮!……"

骆司哈哈一笑道:"都杀完,只剩下你一个现世宝!"

他很庄严的摇了摇头道:"莫乱说!剩下的人多哩!都是穷人。穷人便翻了身了。……大师兄身登九五!二师兄官封一字平肩王!穷人们都做官!……"

骆司把站在旁边听得入神的小跟班高升睒了一眼道:"小高,别的穷人们都要做官了。我哩,不消说是光禄寺大夫,老龙哩,不消说是道台,是建纲道①。你呢?像你这个标致小伙子,……依我的意思,封你去当太监。……哈哈!……"

高升红着脸,把眼睛一眨道:"你老子才当太监!"

骆司笑道:"太监果然不好,连那话儿都要脱了。这样好了,封你当相公,前后都有好处,对不对?"

"你爷爷才是相公!你龟儿,老不正经,总爱跟人家开顽笑!你看,老子总有一天端菜时,鸠你龟儿一个冤枉②,你才晓得老子的厉害哩!"

老龙并不管他们说笑,依然正正经经的在说:"……岂止大师兄的法力高,能够呼风唤雨,撒豆成兵!就是廖观音也了得!……"

高升忙说:"着!不错!我也听说来,有个廖观音。说是生得很好看,果真的吗?"

胡子又是那么一抹,并把眼睛一眨道:"你晓得,咋个会叫廖观音呢?就是说生得活像观音菩萨一样!……我不是说她生得好,我只说她的法力。她会画符。有一个人从几丈高的崖上滚下来,把脑壳跌破了,脑髓都流了出来。几个人把他抬到廖观音跟前,那个相信这个

---

① 四川旧制,全省分五道,上川南道曰建昌道。建纲道,是从建昌道孳乳而出,实则是见缸倒之叶音,用以讽刺挑水夫之名词。——作者注

② 四川方言,鸠冤枉,用手段害人也。凡加不利于人皆曰鸠。——作者注

人还救得活?你看她不慌不忙,端一碗清水,画一道符,含水一口,向那人喷去,只说了声:呀呀呸!那人立刻就好了,跳起来,一趟子就跑了几里路。你看,这法力该多大呀!"

伺候姨太太的李嫂,提着桶进来取热水,向高升道:"老爷在会客,大高二爷又有事,你却塞在这里不出去!"

骆司道:"还舍得出去?着老龙的廖观音迷得连春秀都不在心上了!"

李嫂一面舀热水,一面说道:"龙大爷又在说红灯教吗?我问你,红灯教到底啥时候才进城来?"

"七七四十九日,道法一练成,就要杀进城来了!"

"你听见那个说的,这样真确?"

"你到街上去听听看,那一条街,那一家茶铺里,不是这样说的?我还诳了你吗?告诉你,我正巴不得他们早点进城!红灯教法力无边,一杀进城,就是我们穷人翻身的日子!你不要把龙大爷看走眼了,以后还不是要做几天官的!"

李嫂哈哈大笑,笑得连瓢都拿不起了:"你不要做梦!就作兴纱帽满天飞,也飞不到你瓜娃子①头上来呀!"

骆司把切的东西全预备好了,拿抹布揩着手道:"你不要这样说,他现在不已是道台了吗?"

"建纲道,是不是?……如今是倒抬,再一升,怕不是喊踩左踩右②的顺抬啦!……哈哈!说得真笑人!"

老龙依然马着脸,将他两个瞅着道:"别个是正经话,你们总不信,到那一天,你们看,做官的总不止我一个人!"

骆司也正正经经的说道:"我倒告诉你一句好话!厨房里头,没

---

① 蜀语,呼白痴曰瓜娃子,又曰瓜瓜。——作者注
② 踩左踩右,四川轿夫报路之辞。——作者注

有外人,听凭你打胡乱说几句,不要紧。若在外头,也这样说,你紧防着些,老爷晓得,不把你饭碗砸了,你来问我!李大娘,大家看点情面,莫把他这些瓜话传到上头去啦!"

"这还待你说?那个不晓得龙大爷是倒瓜不精的,若把他的浑话传了上去,不就造了孽了?不过,人多嘴杂,像他这样见人就信口开阖,难免不有讨好的人,当作奇闻故事,拿到上头去讲的。"

骆司道:"你指的是不是那个人?"

"倒不一定指她。公馆大了,就难说话,谁信得过谁?就像春秀,不是我指门路,她能投到这地方来吗?你们看见的,来时是啥子鬼像,现在是啥样子。偏偏恩将仇报,专门尖嘴磨舌的说我的坏话。看来,现在世道真坏了,当不得好人!我倒望红灯教杀进城来,把这一起忘恩负义的东西,千刀万剐的鸩到注①!"

春秀的声音早在过道门口喊了起来:"李大娘!姨太太问你提的热水,提到那儿去了!……也是啦!一进厨房,就是半天!……人家等着你在!"

她旋走旋答应"就来,"走到厨房门口,仍不免要站住把春秀咒骂几句,才登登登的飞走了去。

二

郝公馆的厨房里,谈的是红灯教,郝公馆的客厅里,不也正谈的红灯教吗?

郝达三同他的儿子又三在客厅里所会的客,并不是寻常来往的熟客,而是一个初来乍见的少年。看样子,不过二十三四岁,比又三只

---

① 四川方言,到注,有彻头彻尾之意,或作到底解。——作者注

大得三岁的光景。他的装束很是别致：一件新缝的竹青洋缎夹袍子，衣领有一寸多高，袖口小到三寸，腰身不过五寸，紧紧的绷在身上；袍子上罩了件青条纹呢的短背心，也带了条高领，而且是对襟的。更惹人眼睛的，第一是夹袍下面露了双青洋缎的散脚裤管，第二是裤管下面露出一双黑牛皮的朝元鞋。

裤管而不用带子扎住，任其散在脚胫上，毫无收束，已觉得不顺眼睛；至以牛皮制成朝元鞋子，又是薄底，公然穿出来拜客，更是见所未见。

加上一颗光头，而发辫又结得甚紧，又没有蓄刘海，鼻梁上架了副钢边鸽蛋式近视眼镜。假若不是葛寰中大为夸奖了几次，说是一个了不得的新人物，学通中外，才贯古今，我们实应该刮目相视的话，郝达三真会将他看成一个不知礼节的浮薄少年，而将拿起架子来对不住他了。

郝达三却是那么恭敬的，捧着银白铜水烟袋，慢慢的一袋一袋抽着，凝精聚神的听他满口打着不甚懂的新名词，畅论东洋日本之何以一战胜中国，再战胜俄罗斯。"一言以蔽之，日本之能以区区三岛，勃然而兴，而今竟能称霸东亚，并非有别的手段，不过能够维新，能够把数百千年来的腐败刮清，而一意维新。你老先生是晓得的，像伊藤博文、大隈重信这般人，谁不是维新之杰？我们老大帝国，若果要图强称霸；那没有别的手段，只有以维新为目的，只有以力学日本维新为目的！……"

说到慷慨激昂之际，真有以铁如意击碎唾壶之势，而右手的三个指头把一张紫檀炕几拍得波波波的响。

郝达三定睛看着他那一张赤褐色的圆脸，颇觉有点茫然，大似初读《四书》的小学生听老师按着朱注讲"譬如北辰，众星拱之，"的光景。直把一根纸捻吹完，才放下烟袋说道："先生所论，陈义颇高。大概中国欲求富强，只有学日本的罢？"

"是啦！是啦！鄙人宗旨，正是如此。日本与我们同文同种，而在明治维新以前，其腐败也同，其闭关自守也同，其顽固也同，一旦取法泰西，努力维新，而居然达其目的。又是我们的东邻，我们只要学它，将它效法泰西，所以富强的手段，一齐搬过来；它怎样做，我们也怎样做。它维新二十年，就达到目的，我们既有成法可取，当然用不着那么久的时间，多则五年，少则三年，岂不也就富强了？"

说完，把头不住的点着，并且脸上摆出了一副有十分把握的神气。

郝达三正在思想他的话，打算把懂得的抓住一些，以作回答之资。他又将微微弓下的腰肢直挺起来，打起调子说道："现在已是时候！朝廷吃了几次大亏，晓得守旧不可，要不为印度波兰之续，只好变法，推行新政。朝廷提倡于上，同胞响应于下，我们这老大帝国，本已有救了。不过民智不开，腐败依旧，老先生，这发聋启聩的责任，便在我辈志士的肩头上了。"

于是又浩然长叹了两声。大概像是口说干了，便端起盖碗茶，长伸着嘴皮，尽量嘘了几口。

郝达三只好点了几个头，含胡说道："尊论甚是。"一面拿眼去看坐在下面方凳上的儿子，脸上也是木木然的，似乎又懂，似乎又不懂。

少年尊客又说道："即如目前的红灯教。……"

这是当前极重要的时事，自然一听就令厅内的两个主人，厅外的两个仆人，全感了兴会，眼睛全向着他。

"……邪教罢咧！有何理由可说？然而为时不久，聚众至于几万人，这可见一般愚民迷信尚深。迷信者，维新之大障碍物也。譬如欲登喜马拉雅，而冰原阻于前，我辈志士，安能彷徨于此冰原之前，而不设法逾越之乎？"

他把两个主人轮番看着，好像要他们设一个什么方法似的。郝达三只好把水烟袋重新抱在手上,高升便将一根点燃的纸捻拿进来,双手递与主人。顺带把那尊客瞥了一眼,只见他很得意的把坐在炕上的上半截身子,不住的左右摇摆。

郝又三看了他父亲一眼,迟迟疑疑的问道:"喜马拉雅,这是啥东西?"

那少年哈哈大笑道:"世兄大概新书看得很少。……这是山的名字。倒没有关系,我只是借来做个比喻。……我的宗旨,只是说,愚民还如此的迷信红灯教,我们应该想个啥方法,才能把迷信破除。迷信不破除,维新是不能的,即如日本,……"

他自然想举一个日本已经行过的有力证据。似乎一时想不起,两眼瞪着,竟自说不下去,仿佛他那沛然莫御的语流也着喜马拉雅阻住了。

郝达三觉得再让他说下去,新名词必然更多,明明好懂的话,一定说来越弄不清楚了。遂赶快说道:"红灯教的声势,现在好像越闹越大了,到处都听人在说。新制军岑大人接事已这么久,还不见有何举动,也未免怪了!……"

话头又着尊客抢了过去:"方今官吏,通通是老腐败!……"

高升进来,悄悄在主人耳边问道:"要开早饭了。太太问,留不留客?"

主人那一只耳朵恰恰听见:"官吏通是老腐败,"觉得是在骂自己,便不高兴。向高升摇了摇头,而对于尊客的高论,也不如前之专注。

尊客又旁若无人的,把"官吏腐败论","破除迷信必须启发民智论,"两篇大文,套着新民先生的笔调,加入更多的新名词,洋洋洒洒发挥了半点多钟,才向又三说道:"敝合行社新书报很多。大家又都是志士。世兄有加入之目的,敝社同人欢迎之至!"

郝达三拱拱手道:"犬子资质愚鲁,旧学还用过一点功,新学简直同兄弟一样,什么都不懂,将来还要多承教诲!"

尊客略略谦了两句，便起身告辞。主人按着老规矩，只送至二门，叫又三代送到大门。

到倒坐厅吃饭之际，太太问道："是那个浑娃娃，坐了这半天？光听见大声武气的说麻了，说了些啥子？"

郝达三举眼把坐在旁边的十八岁大小姐香芸瞥了一下，才笑道："就是葛寰中恭维得天上有地下无的那个苏星煌！……"

太太便"哦"了一声，赶快问："人还好吗？"

郝达三正问他的儿子："他那些长篇大论，你觉得怎样？"

又三赶快把饭碗放下道："大概有些道理，就只不大听得十分懂。"复笑了笑道："新名词太多了些。"

郝达三道："学问怕还不坏。你看他，日本人他也晓得，外国地方他也晓得，一开口就长江大河般滔滔不绝，笔下一定流利，就只火气太盛了。"

三老爷尊三笑道："光看那一身就新极了。"

他嫂嫂说道："正是呀，我听高贵说，穿了双皮鞋。牛皮那样硬的，咋个好做鞋子穿？"

大小姐笑道："妈也张巴①！高贵他们在下雨天穿的钉靴，不是黄牛皮做的吗？"

她哥哥道："我仔细看过他那鞋子，虽是皮的，却像很软，连脚指头的扭②动都看得清楚，一定不是这里做的。"

他妈问道："你看他样子咋样，还秀不秀气？可惜我不晓得就是他，光听说一个姓苏的。……"

大小姐道："妈也是啦！这样留心做啥子？"

姨太太坐在她的对面，忍不住向她抿嘴一笑道："太太咋个不留

---

① 张巴，张致也，即不甚解事与惊张之意。——作者注
② 扭字音本上声，蜀人则读作去声。——作者注

心呢，你想想看？"

大家微微一笑。她三叔还补了一句道："大侄女真可谓聪明一世，懵懂一时！"

香芸才会出意来，这个姓苏的，原来与自己有切身的利害。遂本能的羞得红着脸，低着头，赶快把饭吃完。不及像往常比着筷子一一的叫了慢请，还等着大丫头春兰递漱口折盂，递洋葛洗脸巾，只是几步抢进房去。本应该就回到自己房间坐马桶去了的，但她心里好像有点怔忡，又车转身，躲在湘妃色夹布门帘之后，要听他们的议论。偏偏大家又谈到别项事情去了，没半句话提到姓苏的，直至吃完饭，大家散了出去。

三

郝又三果然加入了文明合行社，并由他父亲捐助了五十两银子。而第一件使郝家人耳目一新的，便是常由郝又三从社中带一些见所未见闻所未闻的《申报》《沪报》回来。

据他说，都是上海印的，每天有那么大几张。又像《辕门抄》，又像《京报》，可是又有文章，又有时务策论，又有诗词，还有说各省事情的，尤稀奇的是那许多卖各种东西的招贴。

郝达三躺在鸦片烟盘子侧，把所有的《申报》《沪报》仔细看了一遍后，批评道："这东西倒还有点意思，一纸在手，而国家之事尽来眼底，苏星煌等的学问，大概都是从此中来的罢？"

他兄弟尊三所称怪的，便是"字这样小，又这样多，一天这么几张，刻字的可真了不得，恁大一块板子，咋个刻得赢啰！"

于是大家便好奇的研讨起来。

大小姐香芸首先有点恍然道："我想这板子好像是多少块拼起来

的。你们看,这个卖花露水的招贴,今天在这里,明天在那里。……"

郝尊三接着把膝盖一拍道:"大侄女真聪明,一定是这么样的!并且这个字是倒的,恐怕连字都是活动的,你们信吗?"

郝达三连连点着头道:"是啦!是啦!我想起了,以前不是有所谓聚珍板吗?字就是一颗一颗的,要印啥子时,将它检出来排起。书可以这样印,报自然也是这样印出的。……"

这算是郝家的人对于新事物第一次用脑的结果。由郝又三向社中朋友谈起,都一致恭维他们的脑经①真灵敏。又听说先启其机的,是他的令妹香芸女士,苏星煌遂庄严的向郝又三谈说,何不请她加入社来,共同学问?"现在是维新时候,一切都与以前不同。以前那些腐败思想,比如说女子无才便是德,女子只是主持家务的等等腐败话,都该同迷信一样,破除一个干净。"

又一位社友也是主张维新到将男女界限打破的,首先赞同道:"苏君的话,极合鄙人宗旨。鄙人向来主张男女平权,男子做得的事,女子都可以做。你们要晓得,中国四万万同胞,而女的就占二万万。若其把女的算开,中国岂不就去了一半?这如何使得!所以鄙人在家里也常向家母作狮子吼,说:你们仍然在家里作一些烧锅煮饭的腐败事,而不出来维新,中国还有救吗?"

又一位社友也插言道:"何况当今世界正是女权鼎盛之时,英吉利一位女主,我们中国一位女主!……"

大家的意思好像立逼郝又三就要答应,而他的令妹似乎立刻就可加入的一样。郝又三推在他父母身上,说要等他父母作主。

在吃早饭时,郝又三刚打算把社友们的言谈徐徐引出,恰大家又

---

① 作者认为思考是脑部神经在起作用,故写作"脑经"为正,写作"脑筋"为误,其作品均依此说。——编者注

说起红灯教的话来。

这时,红灯教的声势似乎更大了,连距城六七里的地方都有人在设坛传教了。这是郝家的佃户由北门进城来说的。

郝家一家人自然在吃饭时也就谈到这上面来。

太太先笑道:"这简直成了那年北京闹拳匪的样子,随便啥子人,一开口就是红灯教。就像钟幺哥,今天二十句话里,就有十八句说的是红灯教。并且你们听,只要有客来,说不上几句,讲红灯教的话就来了。"

姨太太也笑道:"太太还说的是客哩,其实我们家里人,就随时在说。"

三老爷因为是管家的,照规矩,一家之中,除了上人们,其余男女底下人的行动言语,似乎管家的都有无限责任。登时就将近视眼撑得大大的,向姨太太追问道:"是那些人在说?"

郝达三道:"倒用不着追问!"

他兄弟将筷子举起在空中连画了几个圈道:"不然,天下事多半是口招风,好话说不验,坏话每每十验八九,这是顶靠得住的。……姨太太到底听见那个在说?"

十岁的二小姐香荃,等不得她奶奶说,便插嘴道:"李嫂说的,老龙随时在厨房里说嘛了。"

姨太太把她女儿睬着道:"教不改吗?大人说话,总爱插嘴,又没有问你。……"

郝尊三一拦道:"这倒是该说的,让她说。"

姨太太摇摇头道:"三叔没要惯失①她!……我听见说,老龙一个人就像疯了的一样,一天到黑,口里都在说只等红灯教进城,穷人就要翻身了。……"

---

① 四川方言,惯失,姑息也,纵容也。此专用于大人对于小孩。——作者注

郝尊三不等说完，便吵了起来道："这东西存的啥子心？还使得吗？等吃了饭，送他到保甲局去！"

太太连连点头道："像这样忘恩负义的底下人，真使不得了！"

郝又三才想说几句什么话，他父亲已经向他三叔说了起来。"老三还是这样火气重，三十六七岁的人了！……"

三老爷把他的哥看了一眼，意思很觉不平。

"……小人们都是蜂虿有毒的，送保甲局的话，且不忙说，并且不忙开销他。……"

太太也不平道："你这才大量哩！底下人毫无忌惮的闹到要翻身，要造反了，还叫不忙开销，这叫啥子规矩？"

"……太太也同老三一样了，你到底还比他大七八岁喽！你难道没有听见说过，庚子年北京乱事，多少官宦人家都是吃了小人的大亏吗？目前的红灯教诚然不能成什么事，但是谁保得定不闹到北京拳匪那样。底下人懂得啥，一到乱世，就是他们的世界了。我们今日惩办几个不要紧，既把他们鸩不死，仇却结下了，一旦大乱起来，你能保他们不来寻仇报复吗？太太，你看是不是？就要整顿规矩，也得等这阵风吹过了才好啦！……"

姨太太同大少爷是以他这话为然的。三老爷同太太却以为他过于姑息养奸了。

"……我并不是就纵容不管，你们还不明白我的意思。我比你们到底多吃几年饭，于利害上，确乎比你们看得明些。我的意思，只在防患未然，老龙虽不必送保甲局，虽不必开销，但管却是要管的。先就不准他上街，再次把他叫来，好好的拿利害晓谕他，这才是办法呀。"

大少爷点头道："爹爹的话，我很赞成。……"

他大妹妹扑哧一笑："又是新名词。哥哥记性真好，才看了几天的新书。"

大家都笑了起来。

郝又三看着他大妹妹道:"你别说我,只要你同他们在一块,还不是几天工夫就满口新名词了。"

香芸笑道:"我咋个会同他们在一块呢?"

她哥哥道:"苏星煌几个人正想欢迎你也加入文明合行社哩。"

郝尊三首先说道:"这咋个使得!男女不分的成啥名堂①!"

郝达三道:"事情未尝不可,不过目前还说不上。"

太太问又三道:"那个姓苏的,家里是做啥的?还有钱么?"

她儿子道:"听说好像是做官的,在眉州住家。有钱没钱,却不晓得。"

他母亲道:"下回你探探他,父母还在不在?有几弟兄?几姊妹?有好多田地?好多房屋?听说,人倒发扬,是个近视眼。就不晓得性情咋样,该没有怪脾气?"

姨太太笑嘻嘻举眼把大小姐看着。大小姐红着脸,掉过头去,向着在旁边伺候的两个丫头道:"刚才老爷三老爷他们说老龙的话,你们又传出去嘛!"

春兰笑道:"我们再不敢哩!太太晓得的。"

太太道:"春兰好!不声不响的,伺候我恁多年,硬没有搬过啥子是非。只有春秀这东西,口尖舌长的,随时都听见她在呱里呱啦的,真要不得!"

姨太太也道:"这丫头我真使伤了!一天到黑,口都挂在她身上,就说是条牛啦,三年也教乖了,硬是那么教不改!"

---

① 四川方言,模样谓之名堂。——作者注

四

　　一定是老龙运气如此，该他吃不成郝公馆的饭了，局面才这样的急转直下。

　　郝家的早饭才吃完，忽听见街上人声嘈杂，又夹着关铺子的声音，好像放火炮一样。看门头老张喘吁吁的趱进院坝，大声说道："红灯教扑进城来了！满街的人乱跑！请老爷示下，公馆大门关不关？"

　　太太先就乱了起来道："红灯教扑城了？……是啥样子？……骇死人啦！……老爷！老爷！……"

　　郝达三已经从鸦片烟铺上跳了起来，隔窗子骂道："关大门！赶快去关！混帐东西！真真老胡涂了！这样的事，还要进来请示！"

　　姨太太大小姐也从各人房间里奔了进来，浓厚的脂粉遮不住脸上的慌张，眼睛都睁得大大的，连说："咋个搞①哩？红灯教来了！"

　　三老爷也把帐簿算盘丢下，跑来，两弟兄对相着，一句话说不出来。

　　太太道："三弟，你想个办法嘛！难道要我们背着包袱逃难，像戏上唱蒋世龙抢伞那样吗？那才苦哕！"

　　姨太太蹙起用木炭涂得乌黑的一双眉头道："苦不要紧，只怕乱杀起来，逃不脱，才焦人哩！大小姐，你是放了脚的，倒还跑得。"

　　"姨奶奶，你不要这样说，我两条腿已经软得同棉花一样，站都站不稳，还说跑。若果真杀起来，死了倒好。"

　　她父亲看着她，正想说什么，二小姐同春秀从后面飞跑进来道：

---

① 搞音稿，干办之意，蜀语也。——作者注

"爹爹！三叔！你们看，老龙逃跑了！"

他忙问道："逃到那里去了？我正想问他哩！"

春秀接着说："不晓得逃到那里去了。骆司说的，他听见三老爷要送他到保甲局，他就骂了一阵。张大爷进来请老爷的示时，他就逃跑了，铺盖都没拿。"

太太慌了道："这杂种，该不得把红灯教引来呀！"

三老爷跌脚叹道："我真不该说那句话，使他怀了恨，哥哥见解真要高些！"

姨太太立刻追问是谁把话传出去的。没一个人开口。太太说："一定是春秀说的！"春秀却说是二小姐说的。"老龙正担水到小花园去渗鱼池，二小姐指着他说，老龙，你莫装装疯疯的瞎说八道，三老爷说过了，要把你送到保甲局去关起来。"

香荃争着辩道："是春秀先说！"

姨太太大怒道："不管是那个先说，若果红灯教来了，我先把你两个鸠死！我的命真不好，生一个不高超的东西，使一个丫头也是坏虫！……"

郝达三把手乱摇道："不骂了！不骂了！这不是骂人的时候，打主意要紧！又三呢？咋不见这娃儿？"

太太登时就哭了起来道："我的天！这才要我的命呀！我刚刚打发他看叶家姑太太去了！"

老爷满头是汗道："这才糟糕！你这一哭，把我的心更哭乱了！"

三老爷道："又三又不是十几岁不知世事的小娃儿，有啥子事，他还不会见机而作吗？嫂嫂不要过于着急，我叫高贵出去打听一下。"

太太醒着鼻涕道："兵荒马乱的，叫他到那里去打听？"

老爷点头道："打听是应该的。倒不一定打听又三，街上情形，也得晓得，关着大门，也不是事呀！"

但高贵躲在毛厕里，着三老爷连连的喊，才喊了出来。吩咐他到街上去看看,他说肚子痛,走不得。三老爷生了气道:"你平日那么溜刷①的哩,有了事,就这样胆小!难道红灯教就在门口等着你,一出去,就会砍你的脑壳?"

高贵不敢说什么,却依然呆站在那里。

郝尊三朝左右一看,平日倘在轿厅上说话,高升那孩子总在旁边,看门老张也一定要在二门上把头一探一探的,厨子骆司有时也要出来听几句,而此刻半个人影都没有,他更其生了气,便使出他平日顶有效验的威胁手段来道:"不去吗?好!都跟我放下来!我去!我肯信红灯教就在门口!"而此刻也失了效,躲着的依然躲着,不走的还是不走。他如何不感到侮辱?登时一掌把高贵攮开,挺起胸脯,硬像要抢了出去。但是忽又车过身来,把高贵肩头抓住,向外面直推道:"要躲,却不行!养兵千日,用在一时,当真要我亲自出马么?……"

大门的门扉上被人打得蓬蓬蓬的。高贵本能的叫了起来:"哎哟!红灯教来了!"本要跑的,却被脸色全变的三老爷抓得死紧。

打门的声音更大而急了,擂鼓似的,大约全公馆都听见了。

郝达三把一根银裹肚玉石嘴的红甘蔗烟枪倒提在手上,踉踉跄跄从轿厅侧门趔了出来,橘青着一张脸问道:"是啥子人在打门?"

香芸也慌慌张张的跟了出来,手上拿了柄风快的剪刀。

她父亲把烟枪一挥,顿着两脚道:"叫你就在里头,你跟来做啥!柔筋脆骨的,还抵得住吗?"

大小姐正要答应时,大门上又蓬蓬蓬的打了起来,并有一个熟悉的声音在大喊:"老张!……张老汉!……开门!……"

"是哥哥的声气。"

她父亲点点头道:"是他。"跟着就朝外面奔了去。

她三叔同高贵也齐说了声:"是大少爷。"也大胆的一直跟到大

---

① 四川方言,溜刷,伶俐也。——作者注

门边。

郝达三向门缝中问道:"是又三吗?"

"是我!"

"你一个人吗?"

"不止,还有葛世伯。"

高贵已抢上前去拔门闩,老张也拿着钥匙,气喘吁吁的从门房中出来。

郝达三还在问:"街上平静吗?"

大门已被高贵老张拔了开来。又三站在前面,葛寰中穿了身便衣,带着一乘三丁拐拱竿轿子,三个轿夫,和一个跟班,在街侧站着。

街面上攘往熙来,还是不断的行人,并且还是那样悠悠然的。

郝达三在极度激刺之后,觉得眼睛格外发亮,当前世界似乎都有点异样。一把将儿子抓住,眼睛痒痒的。

葛寰中赶上前来说道:"达三哥,里面谈罢,今天的事情真笑话!"

太太同一家人都赶了出来,在二门上碰着。也不回避了,抓住儿子,又哭又笑道:"你也回来啦!真造孽①!没骇着吗?"

老张又来请示大门还关不关。

葛寰中已走到客厅门前,便代主人答道:"外面平平静静的,铺子都全开了,还关门做啥?去叫我大班把轿子提进来等着!"

他走进客厅,把瓜皮帽揭下,哈哈一笑道:"太笑话了!达三哥,你们倒受了一场虚惊,我可是亲眼看见的。……"

他原来吃了早饭,正要到机器局去,——机器局的差事,他已当了三年多了。——轿子刚走到南纱帽街,满街的人猛的飞跑起来,都在喊:红灯教来了!两边的铺子,也抢着上铺板,关门。轿夫便想把

---

① 蜀语,造孽,可怜也。——作者注

轿子抬转的，算他到过上海，又在机器局里听见过试枪，看见过打靶，有点胆气。遂叫把轿子提在街边，心里寻思：若果红灯教大队扑城，官场断无不晓得的，并且至少也有点喊杀声同洋枪声，怎么毫无所闻呢？想来一定是地皮风①，这一响，谣言本来不少，人心也很浮动。所以他站在那里，并不害怕，恰这时碰着郝又三跑了来，几乎连厚底夫子鞋都跑掉了。

郝达三才笑着举手让道："请坐下说罢！"又回头向窗外一看，隔着五色玻璃，只见好些人影，便喊道："都忘记了！叶子烟呢？鸦片烟盘子呢？春茶呢？"

又三也才伸手将他父亲挟在胁下的红甘蔗烟枪接去，放在炕床上。

葛寰中又哈哈大笑道："达三哥要与红灯教决一死战吗？果然变作执枪之士了！"

郝达三也笑道："门打得那么凶，又无后门可逃，拼一拼倒是有的，却不晓得如何会抓了根烟枪。"

他的太太也笑道："葛二哥，你倒不要见笑，在屋里坐着，光听见红灯教扑进了城，又说满街人跑，铺子也全关了，真不晓得是啥光景。又三又出去了，活活的没把人焦死，骇死！葛二哥，你想啦，我们自小以来，那里过过兵荒马乱的日子？从前听老人们摆谈长毛的事，还不大相信是真的哩！"

鸦片烟盘子摆了出来，大家围坐在炕床前。

郝又三说起街上一乱，轿夫不抬了，只好下轿来混着大家跑时，厚底子鞋确实不方便。

葛寰中遂说："你已经在讲新学了，为何还不穿薄底皮鞋？并且依然宽袍大袖的这一身，也不称呀！"

---

① 成都名词，市面为谣言所动谓地皮风。——作者注

他又掉向郝达三说道:"苏星煌你是见过的了,你大令嫒的事如何?"

郝太太说道:"葛二哥,我正要问你,苏家到底有好多钱?人口多不多?因为我名下只有这一个女,我总不愿意嫁一个不如我们的人家。子弟哩,我没见过,听说品貌说不上,一双近视眼,不过还有点气概。"

葛寰中道:"像有三四弟兄,他行三,钱哩,怕不多,大概饭是有吃的。我们所取,倒不在乎家务,只看子弟如何。子弟是没有谈驳的,学问人品,件件都好。达三嫂,你老嫂子只管相信我,我是不乱夸奖人的。"

郝太太却摇着头道:"没有钱,总不好,学问人品,在我们这些人家,倒不在乎,顶多不过做个官;光是做官,没有钱,还是不好的呀!又还有哥嫂,更不好了。"

郝达三道:"妇女的想头,是不同的,寰中,我们改日再谈这件事罢。"

葛寰中道:"不过,事不宜迟。我听说他已上书学台,请求派遣出洋,事情一定成就,等到他走了,这事就不好说了。"

郝太太还要说她的意见的,恰葛寰中在路上派去打听消息的大班转来了一个,大家便转到客厅门前来,听他细说红灯教扑城的始末。

五

原来那天所谓红灯教扑城,才是这么一回事。

上午十点钟的时候,东门城门洞正自轿子、挑子、驼米的牛马、载人运物的鸡公车、小菜担子、鸡鸭担子、大粪担子,以及拿有东西的行人、空手行人,内自城隍庙,外至大桥,摩肩接踵,万声吆喝着挤进挤出之际，忽然有二十几个并不很壮的乡下小伙子，发辫盘在头上，穿着短衣，登着草鞋，人人都是铁青一张脸，眼睛好像是空而无神的，挥着拳头，在人丛中攘着闹着："要命的让开！……红灯教来了！……我们是先锋！……"

城门洞有三丈多厚，二丈多高，恰似一个传声的半圆筒，二十几人的声音在中间一喊，真有点威风！一般正在进出的人，心上早有了个绿脸红发锯齿獠牙的红灯教的幻影，这一来，如何不令他们心惊胆战，尽其力之所至，将轿子、担子、车子一齐丢下，并不敢向有喊声之处看一个仔细，便四面八方一跑，还一齐如此的呐喊："快逃呀！红灯教杀来了！"呢？

城门边卡子房的总爷，正挺着胖肚皮，站在画有黄虎纹的木档子侧首看街。听见城门洞一乱，回头就向房里一钻，据他说，是去找家伙。几个丘八也听见喊声了，乱嘈嘈的来找他时，他正拿着丈把长一匹青布在缠肚皮。一面大喊：快拿家伙，去抵住！快去关城门！

总爷打扮好了，从墙上把绿壳腰刀取下，从鞘内好容易把那快要生锈的刀拔出，督着一众丘八把兵器架上的羊角叉、扑刀、矛子拿在手上，猛喊一声，冲出来时，街上的人跑得差不多光了，铺子也关完了。城门洞丢了一地东西，大家放下家伙，搬开了一些，赶快把瓮城门关上，举眼四面一找，不见半个红灯教。总爷同他的丘八才放了心，算把他们的职份做完了。

那二十来个空拳赤手的红灯教，业已一口气混着满街逃命的人，跑到城守衙门侧科甲巷，趁几家来不及关门的刀剪铺，抢将进去，把一些悬在货架上很难卖出的腰刀宝剑，以及一些尚未出锋的杀牛刀，抢在手上，没头苍蝇般直向制台衙门奔来。

一自这般红灯教拿了家伙之后，在街上才分出了谁是拼命的，谁是逃命的。并且两者也才截然分开，逃命的分在街的两边跑，拼命的结做一团在街中间跑，并一路大喊："赶快关铺子！……我们是红灯教！……杀啰！……杀啰！……"果然,硬把一路上的官轿、差役、壮勇,以及拿洋枪的亲兵,都骇得老远的回头便跑,生怕着红灯教看见了。

快要到院门口了,正碰着王藩台从制台衙门议了事出来,前面的执事已经跑了,旗锣伞扇官衔牌丢了一街。王藩台胆子真大,却端坐在绿呢大轿内,挥着马蹄袖,叫亲兵们开枪打!

却也得亏亲兵们听话,登时就把后膛枪的弹药装上。——说来也是奇迹,大宪的亲兵居然会把弹药带在身边。——疯狂的红灯教扑来,相距只三四十步了,脸是那么的青,眼睛是那么的空而无神,口是大张着的,满头是汗,刀剑握在手上,很是不习惯的样子。

枪响了,——噼里啪啦!——还有一阵青烟。

王藩台眼见打了胜仗,才打道回到制台衙门,面禀一切。而岑制台的马队步队也执着犀利的洋枪,蜂涌而出。

红灯教着打死了好几个,带伤的路人也有一些。

登时,制台衙门前便热闹起来。全城的文武官员都来递手本,道贺,压惊。成都华阳两县奉宪谕叫大家安定,依旧开铺子营业。而人民之来院门口走马街一带看打死的红灯教,及互相传述消息的,真是不能计数。葛寰中的大班自然也在其中。

葛寰中便也赶快叫跟班将轿箱取来,换穿了公服大帽,向郝达三道:"你是闲散人员,叫高贵拿手本去挂个号好了。我有差事的,却不能不亲自去坐坐官厅。"

六

盛极一时的红灯教,却经不住官军的一打。大概也因王藩台的那一战,才把大家的勇气提起了。半月之后,不但红灯教烟消火熄,并且连那顶负盛名的廖观音,也着生擒活捉的锁押进城。

看杀廖观音,也是成都人生活史上一桩大事。

本来光是一个女犯人,已经足以号召了,何况又有观音之称。所以大家一说起来,似乎口里都是香的,甜的。大家先就拟定罪名,既然是谋反叛逆,照大清律例,是应该活剐的。再照世俗相传的活剐办法:女犯人应该脱得精赤条条,一丝不挂,反剪着手,跨坐在一头毛驴背上;然后以破锣破鼓,押送到东门外莲花池,绑在一座高台的独木桩上;先割两只奶子,然后照额头一刀,将皮割破剥下,盖住两眼,然后从两膀两腿一块一块的肉割,割到九十九刀,才当心一刀致死。

大家很热烈的希望能够来这样一个活剐。一多半的人只想看一个体面的少女,精赤条条,一丝不挂的,在光天化日之下游行。一小半的人却想看一个体面少女,婉转哀号的,着那九十九刀割得血淋淋的,似乎心里才觉安逸。

文明合行社的志士们,在这空气里,自然也在各抒己见了。

一个姓尤的志士先说起这事,不禁忿然作色道:"这是野蛮行为,一个人如此活活剐死,文明国家是办不到的。就说谋反叛逆,顶多把脑壳砍了罢咧!"

另一个志士道:"如此刑法,施之于一个男子,也还罢了,却施之一个女人,真太失了国家的资格,无怪外国人动辄骂我们野蛮,真个野蛮以极!"

一个性情较为和平的田志士,有三十岁的光景,在社中算是年龄最大的一人。徐徐地说道:"剐哩,或许要剐的,活剐却未见得。何以呢?廖家是有钱的大族,难道他们不会用钱把监斩官同刽子手等买活,或在撕衣上绑之前,先把她毒死,或是临剐之际,先把心点了?如此,则国家大法虽施行了,而受刑者也就受苦甚少。……"

那姓尤的是个火气很重的人,登时就跳了起来道:"田老兄,你这话真是油滑之至，算不得新派。我们讲新学的，根本就该反对剐人这办法。……"

苏星煌同着郝又三刚走了进来，手上各抱了一大叠新书，是才从二酉山房买来的。

他遂问姓尤的在讨论什么大事，这样火辣辣的。

众人把话说了之后，他摇了摇头道："田老兄脑经腐败，所以他还着想到维持国家大法，要同他谈道理，只好等他再读十年新书，把腐败脑经先变过了再说下文。尤铁民光是反对剐人，也还有二分腐败，……"

尤铁民又跳了起来道："你说我腐败！"

"……着什么急？把我的话听完了再吵，好不好？……你为啥不带二分腐败呢？你要反对，就不该只反对剐人。剐人，诚然是野蛮行为，杀人，把一个人的脑壳，生生的一刀砍下来，难道又文明了？我们要讲新学，就应该新到底，杀人，我也是反对的。现在文明国家已经在讲废止死刑了，拿日本来说，判处死刑，已经是件不容易的事了，并且死刑之中，也只有绞死，而无杀头。我们中国要维新，如何还能容留杀头这个刑法，杀头且不可，更何论乎剐人？你光反对剐人，可见你的脑经，充其量比田老兄的脑经新八分，是不是还有二分腐败呢？"

众人都笑了起来。尤铁民不笑，低着头像是在沉思什么的样子。

田老兄看见郝又三穿了双崭新的黑牛皮朝元鞋，正在问他向何处买的，几两银子时，尤铁民猛唤了苏星煌一声道："老苏！我研究了一下，你的脑经虽然新些，到底同我们差不多，还算不得十分的新！"

苏星煌把眼镜一摸，带着笑问道："铁民君一定有极新的议论，鄙人愿请教益。"

"新哩，倒不算十分新，只是我们平日还难得研究到此。我们现在就拿廖观音来说，姑无论其着剐死，着杀死，着绞死，我们得先研究她为啥子该死？她到底犯了啥子罪，该处以死刑？……"

苏星煌点着头道："这有理由。郝老弟，你想想看，廖观音犯的啥子罪？"

郝又三很难得经他们考问过来，平日自己本不大开口的，自然很觉惶惑，不晓得他们问的用意。

那一个主张剐男子不剐女人的周宏道却代为答道："这有啥值得研究！因为她谋反叛逆，所以该死！"

苏星煌摇头笑道："如此浅薄，这绝非铁民君的意思。"

尤铁民也得意的笑道："不错！老苏毕竟不同点！我的意思，是要问廖观音谋反，是对谁谋反？叛逆，又叛的是谁？我们现在口口声声自称为中国人，而当主人公的何尝是我们四万万同胞，乃是很少数的几个满洲人，尤其是满洲人中的爱新觉罗氏与那拉氏。我们试从《尼布楚条约》算起，我们国家那回的失败，不失败在满洲人的手上？就以庚子年而论，引进义和团的是啥子人？主张打使馆的是啥子人？弄到八国联军入京，议和赔款四万万两，却又出在啥子人的身上？本来非我族类，其心必异，满洲人有何爱乎我们四万万中国人！把种弄灭了，本不是他们的种，把国弄亡了，本不是他们的国！所以爱新觉罗氏与那拉氏才乐得如此胡闹！主持我们国家的，才是这样的东西，我请问你们，对这样的东西谋反叛逆，算不算革命伟人？恐怕研究起来，其功还远在讲新政的康有为梁启超之上罢？你们讲新学的，五体投地的恭维康有为梁启超，如今还要搭上一个孙逸仙，都是了不起的人，为啥子廖观音就该死呢？……"

他说得异常的慷慨激昂，挺着胸脯，直着项脖，仿佛自己竟长高一头，而诸人皆小了好些。

田老兄把脑袋在空气中连画了两个圈道："此《管蔡论》所谓周之顽民，殷之忠臣也！"

苏星煌一掌掴在他的肩头上道："不要这样酸腐，我们要研究正经题目哩!……"

一个底下人跑得满头大汗的进来道："各位先生不去看剐人吗？……真热闹！……人山人海的！"

几位志士全像上了弹簧一样，齐跳了起来。

苏星煌道："野蛮！野蛮！如何忍看！"

尤铁民道："却不可不看，一则看看这千古难逢的野蛮刑法，将来好作我们攻打满朝的资料。二则也练练胆，我们将来说不定也要做点流血的举动的。"

周宏道道："我赞成尤铁兄的话。"

田老兄道："我倒只想看看廖观音的肉身，她的血我却不想看。"

郝又三不说什么，而他的意见倒和田老兄的一样。

都是年轻好动的人，而合行社又正在余庆桥的街口，出门只半条街就是院门口。于是不再研究，跟着那底下人就奔了去。

半边街上，行人已经不少了。才出街口，距西辕门还有二十来丈远近，只见高高低低一派人头，全在微微的太阳光下，且前且却的蠢动。几个少年一投进人海，就如浪花碰在岩石上的一般，立刻就分散了。并且随着人波，一会涌向左，一会涌向右，愈到前面，挤得愈没有空隙。

正挤得不了之际，忽然人丛中发出一派喊声。大约是说绑出来了！绑出来了！又因往莲花池是要出东辕门的，于是停脚在西辕门外的人，便舍命的绕过照壁，向东头挤。而早已站在东头的，又偏不肯让。两股人潮，便如此的在照壁背后与东辕门之间，相激相荡起来。

郝又三得亏穿了双十分合脚的皮鞋，在人浪中，居然站得很稳。又得亏具了副有进无退的精神，居然被他出了一身大汗，挤到距离辕门不过七八尺之远。略略把脚尖站起从前面密密层层的若干耳朵颈项的空隙间，可以把辕门内的情形看了个大概。

辕门以内，在两只双斗桅杆与两座大石狮的空地上，全站着四川总督的亲兵。红羽毛号褂,青绒云头宽边,两腿侧垂着两片战裙,也是红羽毛的,当中是青绒挖的一个大古老钱;一色的青裤子,青布长勒战靴;头上是青纱缠的大包头,手上拿着洋枪,腰间悬着长刀。看守在辕门侧的,是四五个不拿武器只拿一根皮鞭的武官。

看的人如此多,如此拥挤,而辕门外皮鞭所及之地,却没一个人挨近去。马叉也不过几根徒具形式的木头,并无亲兵等人把守,却也没有人敢去翻越。

一派过山号的声音,呜都都的从衙门里吹了起来。辕门外的看众便也一齐喊道:"绑出来了!"

郝又三更其把脚尖站了起来,眼睛更其大睁着,两只膀膊更其用力的将左右挤来的人撑住,而心房更其勃张,头上的汗更其珍珠般朝下滴着。

呜都都的过山号一直吹了出来,吹到石狮子两边,就站住了。

接着便是一伙戈什哈同几个穿便衣戴大帽的刽子手拥了一个女人出来。

那女人果然赤着上身,露出半段粉白的肉,胖胖的,两只大奶子挺在胸前。两手反剪着,两膀上的绳子一直勒到肉里。头发一齐拢在脑顶上,挽了一个大髻。

那女人刚一露面,辕门外的观众更其大喊起来,并且杂有很多的笑声。大约因那女人果然露了色相,又果然年轻白胖,不负观音的名称,而又在众人又爱好又嫉妒的眼光下活活惨死,实足以满足大众的好奇而残酷的心情罢?

郝又三以为将要推上毛驴去了,——虽然辕门里并不见有毛驴,——却见戈什哈与亲兵们拉了一个大圈子,从人的腿缝中,瞥见廖观音跪了下来。

看的人又都大喊道:"啊!原来就杀在此地了!……还是砍脑壳啦!……不错!戴领爷在那里!……你看!……刀……"

郝又三简直把眼睛闭得紧紧的。只恨耳朵还明明白白听见观众在欢呼,大概那颗远看来仿佛不错的少女的头,已着戴领爷的刀锋切落在地了。

亏得人众挤得甚紧,郝又三两腿只管软,还不会倒下去。

七

郝又三回家之后,在床上直睡了三天。他母亲也坐在床边上,不住口的抱怨了他三天。而话哩,老是那么几句:"这样血淋淋的事,也要去看,真不把自己看贵重了!你又是娇生惯养的公子哥儿,就是看武打戏,我还不大放得下心,为啥子去看杀人?骇病了吗?造孽哟!半夜三更的都在呻唤。……"

他父亲只是说:"年轻人胆气不足,还不宜看这等凶事哩!"

叶家姑太太也回来看他,自然也有一番话说,不过结论却与她哥哥嫂嫂不同。她的意思,以后有杀人机会,又三还应该去看,多看两回,自然而然就看惯了,就不怕了。她以为又三将来做官,难免不遇着青衣案红衣案要杀人的时候,如其不先把胆子骇大点,到那时候如何办呢?

她的女儿文婉,比郝大小姐小一岁,身体却要胖大些,圆脸大鼻子,很像她舅母,只是眼睛小,耳朵小。却是极爱打扮,一天要洗三次脸,搽三次脂粉,涂三次红嘴皮。性情也很爽快,说话大声,又爱说笑。同她香芸表姐比起,好像是极不同的两个人,但两个人却说得很拢。彼此一遇着,总是一步不离的,无论昼夜,且无论有事无事,总在一处,总在咬着耳朵说些不使别人听得见的话。

她的母亲早就有意思将她说给郝又三的,她哥哥嫂嫂没有话说,只她三弟说了一句:"人家说的,掉换亲,不吉利;彼此都该慎重一点的好。"其实,是郝又三不大愿意。他也说不出是什么道理,见了别的年轻姑娘,乃至看见一个寻常的少妇,都感觉得脸会烧,心会跳,眼睛会不自然的看,多见几面,就要想到不好的事情上。独于他这表妹,从小一块儿长大,却见了面,总生不出异样的感觉来,所以,一听见父母谈说到与叶家开亲的话,他就有点不自在,但是不好说,只是转弯抹角的示意给三叔,请他出来设法阻拦,而又要使叶姑妈与父母不疑到他不愿意。

但他在叶表妹跟前,依然是亲亲热热,有说有笑的。因此,叶文婉问到他:"你这么大了,为啥子看杀人,会骇病了?该不是爱上了廖观音,看她着杀,杀得你心痛?"

他也才这样笑着答道:"你才晓得吗?因为她很像一个人,所以才杀得我心痛!"

她眼睛眯得更见成了一条缝道:"像一个人?自然跟你很亲切的,自然不会像到舅母她们老人家。难道说,像大表姐了?那倒是美人!"

香芸呸了她一口道:"你才是美人哩!妖妖娆娆的,活是一尊观音菩萨,所以哥哥才心痛死了!"

"老实像那个?你说!"

郝又三笑了起来道:"你这个人好老实!逗你的话,你就信真了。告诉你,廖观音啥子人都不像,只像她自己。我并不是爱她,只是看见好好一个活人,又是年纪轻轻一个女子,如何会一下的就死了,并且脑壳一下的就离开了身子。我的心的确是痛的!我把那时的情形细细摆跟你听,看你受得受不得?"

他大妹妹把耳朵掩住道:"请你不要摆了。你头次说了后,我一夜都没睡好。"

叶大小姐道:"我已经听过了,果然很惨,叫我们去看,也一定会骇病的。不过……"

春兰进来说:"苏三少爷来了,老爷刚走,三老爷陪着在,问少爷出不出去?"

他赶快把鞋后跟拔起来就走,才出房门,就听见叶表妹问他大妹妹道:"就是他吗?……"

苏星煌把他仔细看了一番道:"你那天大概看得太逼真了,所以你的刺激受得特别大些。我幸而眼睛不行,可是也难过了几天。"

郝又三笑道:"那天仅仅是看砍头,已那么不容易受,若真个看活剐,我一定会骇死了。岑制台这个人,看来,毕竟还有点恻隐心的。"

"到底还是野蛮举动!我那天很有些感触,第一层,如尤铁民所说,廖观音这些人实在不应该杀,实在是值得崇拜的伟人。第二层,我翻了翻法学书,像中国所说的谋反叛逆杀无赦的罪人,在文明国便叫作国事犯,很少有处死刑的,逃到外国,还照例得受保护,而我们简直不懂,名曰举行新政,其实大家都是胡胡涂涂在搞。第三层,那天看杀人的不下千人,你只听听那片欢呼的声音,好像是在看好戏一样,有几个人如你我难过到不忍看,不忍言,甚至病倒了的?一般人如此凉薄残忍,所以官吏也才敢于做出些野蛮行为,而大家也才毫不见怪。自那天以来,差不多天天都同铁民宏道几个人在研究。觉得要救国家,要使中国根本维新,跻于富强,只在国内看些翻译书,实在不够得很,我们总得到外国去实实在在学点真实本事才对。我们三个人约定了,打算到日本去留学。我本来在学台那里上过一次书,请他设法选派学生出洋,听说已得首肯。如今我们再热热烈烈的上一次书,并找人从旁吹嘘吹嘘,我想一定可以成功。我们已是三个人,老田自以为岁数大了,不去,只不知你的意思如何?如其有意,只须加一个名字,那是很易为力的。"

郝尊三在旁边咂着叶子烟道:"日本国倒听熟了,离中国有好远?"

苏星煌看着他道:"尊三先生没有看过地图吗?"

郝又三道:"舍下还没有那东西哩!……你们大概几时可以走?"

"这可说不定,只看学台那里的消息。不过我已决定了,他那里就不行,我也要设法走的。只不晓得一年到底要用几百两银子?若由我自己筹措,恐怕行期至早都在明年春上了。你哩,到底愿不愿与我们一道走?"

郝又三道:"这却要与家父商量了才能定。"

郝尊三又插嘴道:"要是不远的路程,我倒想去走走。"

苏星煌道:"尊三先生也有意留学吗?真可谓老当益壮了!"

"我不是想去留啥子学,因我听说日本者乃从前蓬莱岛也,其中必有仙人,我想去访一访道。"

苏星煌只好看着郝又三一笑。

待郝又三送了客进来,叶大小姐的声气已在堂屋里闹麻了。她的话是"……那脸上颜色真说不出来,又黄又黑的;顶不好看是那副眼镜,为啥子一天到晚都不取?"

郝又三走去笑着问道:"大表妹在批评那个?"

"就是你的好朋友,说不定还是你家娇客哩!"

叶姑太太叱了她一声道:"婉儿!你就是一张口乱说!那里像个女娃子!"

郝太太问她儿子:"苏星煌要到日本国去留学吗?……既这样,你大妹妹的事情就不必提了。……"

香芸一声不响,起身向房间里就走。叶文婉笑着跟了去,还一面在说:"就再留学,还是一个偷鸡贼像,叫我来,先就看不起那样子。说些话,人家也不懂。"

八

苏星煌的留学事件,在他本人与朋友中间,似乎还没有在郝家讨论得那么热闹。

第一，是葛寰中来商量他与大小姐的婚姻事情。依葛寰中的主张，苏星煌是个了不得的少年，有志向，有才能，又有学问。现在官场中许多有见解的上宪，说到这个人，已经是刮目相看了。他上学台的那封信，洋洋数千言，几乎句句可诵，风闻岑大帅看见，也颇叹赏。以官费派遣留学，简直是手到擒拿的。一旦留学回来，立刻就可置身青云，扶摇直上，干大事，垂大名，将来的希望，岂是说得完的？如此一个少年，安能把他忽视了。所以，最宜在他留学之前，便把大小姐说给他，把婚姻定妥，将来大小姐既可稳稳的作个夫人，而丈人也未必没有好处。他说完之后，还加以一声感叹道："唉唉！可惜我的女儿还小，大哥的女儿又新嫁了，不然，我倒要把他抓住的！"

但是郝太太顾虑很多，先前顾虑的是弟兄多，没有许大家当。现在顾虑的，倒是他本人留学了。

她说："他既是要走，并且是飘洋过海的，谁能保得定他就太平无事？行船走水八分险，我至今还记得，我八姨妈的兄弟孙老二，那年就了泸州的馆，大家劝他起早坐轿去，他不肯，偏要坐船，说坐船要舒服些。在东门外包了一只大半头船，正是涨水天，择了日子，他早晨敬了祖人下船。那晓得船一开出去，在九眼桥就把船打破淹死了，船夫子跑回来报信，敬祖人的蜡烛才点了一半。你们看，这还是东门外的小河啦！前年孙二表嫂从湖北回来，也说水路险极了，走一天，怕一天，她在万县就起早走了。所以，才有这句话：行船走水八分险！如今还要飘洋过海，还了得，这简直是拿性命在打赌了，我女儿难道没有人要了，定要放跟这样一个人？"

葛寰中笑道："达三嫂，真是没有出过门的人。你可晓得，现在从宜昌以下，就是洋船火轮船了？坐在上面，多太平，多舒服的！我是坐过来的，该不是诳话罢？"

叶姑太太从旁杀了出来道："葛二哥，你倒不要那样说。火轮船也有失事的时候呀！我院子外面住了一个卖珠花的广婆子，她就亲眼看见一只火轮船在南京吗，啥子地方，着火烧了个干干净净，几百个客人，不是烧死，就是淹死，没有跑脱一个！……"

三老爷又从而作证道："这倒是真的，火轮船未必可靠，上回《申报》上，不是载过一只啥子国的海船，在啥子口外着风吹沉了吗？"

郝太太又说："是嘛！人家早说过，长江里头，无风三尺浪。海比江宽，大风大浪，更不必说了。你们想，船在浪里打滚，是多险的事，就不淹死，也晕死了。"

郝达三道："葛二哥谈的正经话，就着你们行船走水，风啦浪的打岔了。太太，我们好生来商量一下，大女儿的事情，在我看来，是可以放的，你到底是啥意思？"

"我没有啥子意思。我只有这个女儿，想好好生生嫁个人家。像苏星煌，照你们说得那么好，放也放得，不过他不走就好啦。既要出洋，我问你，把大女放跟他，只是说妥了，下了定，就完了吗？还是过了门完事呢？我想，两者都不好。一则，苏家不在这里，他又走得远远的，简直是个没脚蟹，就不说路上出事，设或他不回来呢？我女儿怎么得了！况且人一到了外国，变不变心，也难说的，李鸿章的儿子，不是在日本国招了驸马吗？设或他也去招了驸马，才没把我呕死哩！所以，我一听见他要出洋，我心里就动了，我好好一个女儿，为啥子要害她一辈呢？"

郝达三也觉得他太太所顾虑的不错，便也不好坚执己见了。倒是葛寰中还解释了一番，不过到底不敢担硬保。于是大小姐与苏星煌的婚姻，便只做了家庭中的谈资，使得大小姐很不好过。她母亲便时常送她到叶家孙家，几家至亲处去排遣。

第二，便因苏星煌之出洋留学而商量到郝又三同不同去。

葛寰中又是一个极口赞成的人，他说："这是再好没有的事！如今办理新政，顶吃亏的，就是没有人才。比如我们机器局，这也是新政之一了。除了几个从外面找来的熟手外，本地方真找不出一个人。据人说起来，就这几个熟手也很不行，因为声光电化这些格致学问，他们都不懂。他们在上海，也只能学得一点知其然而不知其所以然的手技，至于深点的道理，就非到外国去学不可了。其余的新政，都如此。所以一般上宪只管奉旨催办新政，而总办不出什么好的，就因为没有人才。如其此刻跑到外洋去学一些，以后回来，真就是了不得的人了，将来的功名无限，好处也说不完！"

郝太太又是顶反对的，她的理由，除了飘洋过海生死太没有把握之外，还说："学手技，我先看不上，说通天，总是一个匠人。说到功名，做官罢咧！好处，不过是做大点的官！葛二哥，我们这种人家，做官有啥稀奇？我们的亲友，那家没有几个官？我们郝家，从祖老太爷下来，不是知府，就是知县，达三本身，也是个同知啦！我们所缺欠的，并不是官，只是人丁。人丁太不发了！何苦还把一个独生儿子弄去飘洋过海，吃了千辛万苦回来，终不过做个官。与其这样劳神，不如抬万把银子，跟他捐个候补道，只要他福命好，得几趟阔差事，署几趟缺，搞干下子，还不是可以做到督抚？出洋留学回来，总没有这样快！"

葛寰中深不以她的话为然，郝达三也不满意。两个人总说又三该去留学，"将来做官，断乎不像现在了。现在，只要你会请安，会应酬，会办一点公事，就可称为能员，就可循资上进。将来，是讲究真本事的，没有真本事，不说做官不行，无论做啥，都不行的。即如眼前要仿照湖北新政，把保甲局废了，改办警察，困难立刻就出来了。候补人员这么多，办保甲，好像大家都会，因为并没有什么事做，只坐着拱竿大轿，带着兵丁，一天在街上跑两趟就完事。一旦要办警察，这是新政了，从外国学来的，你就得知道方法才敢去接这差事。如今不是还在物色人吗？光说这一件，就可推想日后的官，断非捐班做得了的！……"

太太的话，却终说不通，到最后，她竟自说："又三是我们郝家的人种，我不要他离开我，比不得他是有弟兄的。"

葛寰中知道话已不能再说，只好向郝氏弟兄开个顽笑道："我们达三哥哩，又太不争气，不多生一个儿子。尊三哩，又安心当个老童子，三十几岁了，不娶亲。你们郝家的人丁，怎么会发？尊三，我劝你破了戒罢！"

郝尊三笑了笑，把他嫂嫂望着。

他嫂嫂却说道："葛二哥，只要你劝得他转。他们学道的人，真把子孙看得轻，我平日也就那么样的说。"

于是郝又三出洋的事也就打销了。他自己倒也不觉得这是可以惋惜，反而是苏星煌、周宏道、尤铁民几个准被派遣，每年以三百两银子到日本去留学的朋友，深为他扼腕。他们在走之前，还随时撺掇他说："男子志在四方，根本就该足迹半天下的！何况你已是二十多岁成年的人，难道还舍不得父母？只要你肯走，父母那能拉得住你。你也是治过新学的，总可以把那腐败的孝顺思想撅出脑经的啦！中国瓜分之祸，已如此其亟，我辈少年，岂能还埋头乡里，不求点学问，把国家救一救吗？出洋原本是辛苦的事，可是我们今日不吃苦，将来瓜分之后，那日子更难过哩！如其你把父母说得回心转意，答应拿钱送你去，自然好了，如其真不答应，你也可以偷出来，跟着我们走。我们既是同心好友，大家把官费匀点出来，也够你留学了！"

他还是不能决定。有时也觉得留学的好处多些；不过想到一旦离家远行，又有点依依。一直到次年夏初，几个朋友已在望江楼下了东下重庆的船，他到望江楼送行，在葛寰中特为行人而治的钱别筵上，才这么向行人们说道："你们先走一步，且等你们做了开路先锋，把路上情形，海外情形，告诉了我之后，我再来！"

九

朋友真对得住他，八个月之后，他居然从学台衙门接到苏星煌的一封长信，将沿途情形，很详细的告诉他：坐木船直到宜昌，虽不免凶滩恶水之惧，然而巫峡夔门，亦自雄奇可喜。宜昌便有轮舶，以机器行船，驰行如飞。船大如山，居处其中，不知在水上也。上海洋场十里，崇楼杰阁，排云而立。自来火①光彻霄汉，几疑不在人间。洋人甚多，大都雄伟绝伦，精力弥满，即其妇孺，亦勃勃有英气，今而后知东亚病夫之称，为不虚已。海行稍有风浪，然不如乡人所揣想之甚。三日夜抵长崎，改乘火轮车而至日本之首都东京。日本虽后起强国，而首都繁华，转不如上海远甚，屋宇结构，极似中国，惟甚精洁。人民亦多中国古风俗。……

又告诉他在日本起居生活的情形，以及他们如何的补习日文。并告诉他初到日本，并不难处，因为可以笔谈，而日本人对中国人亦甚敬重。他们已经截发改装，而蓄发不改装的中国人也有，并不甚被歧视轻侮。所以他的结论，仍是老调子："诚以同文同种，弥觉相亲，固异泰西哲人，动诮我为野蛮也。"末后还是劝他去。

但是他更不能走了。这因为他母亲于他送别朋友之后，看出他颇有点郁郁，生恐他生心飞走了，便与他父亲商量，给他一条绊脚索，将他拴住。一面也因人丁太不发了，要他及时多传几个种。遂在这年二月，不管他意见如何，竟自同叶家姑太太打了亲家，把叶文婉硬变做自己的媳妇。

虽然是至亲开亲，而规矩却半点不能错。依然是由男家先请出孙

---

① 煤气灯和火柴的俗称。——编者注

二表嫂的堂兄孙大胡子——因为他原配健在，子女满堂，是个全福人。——来做媒人，先向女家求了八字，交给算命先生合一合。由算命先生取银一两，出了张夫荣妻贵，大吉大利的凭证。然后看人，下定。女家却自动免去了相郎一节。这是头年十月的事。大家便忙着准备了，因为说通了，不能像平常婚嫁，下了聘后还要等三年五载，方始嫁娶之故，然而女家还是照规矩推托了三次：第一次是姑娘还小，第二次是妆奁办不及，第三次是母女难舍。

婚期择定了，请媒人报期。报期之后，商讨嫁妆，既是至亲，也就免去世俗所必有的争论吵骂。婚期前两天过礼，男家将新房腾出，女家置办的新木器先就送到，安好。而木匠师傅于安新床时，自然照规矩要说一段四言八句的喜话，也照规矩要得男家一个大喜封。过礼这一天，男家就有贺喜的客人，男女老少，到处都是。而大门门楣上已经扎上一道大红硬彩。凡有天光处，都搭上粉红天花幔子。四周屋檐下，全是大红绣五彩花的软彩。堂屋门前，两重堂障，也是大红绣五彩花和盘金线的。男家因为不大铺张，只用了三十二张抬盒，装着龙凤喜饼，点心盐茶，凤冠霞帔，花红果子，另外一担酒与鸡鹅。用全堂执事，加入郝家的官衔牌，两个大管家戴着喜帽，穿着青缎马褂，抓地虎绿梁靴子，捧着装了十封名称各别的大红全束的卤漆描金拜匣，押送到女家。女家妆奁不多，单夹皮棉四季衣服，四铺四盖，瓷器锡器，金珠首饰，连同桌上床上的小摆设，却也装够四十张抬盒，抬了回来，谓之回礼。

婚日头一晚，男家顶热闹了，谓之花宵。全院灯火齐明，先由父母穿着公服，敬了祖宗，再由新郎着上女家制送的冬帽靴子，穿上父母赐给的蓝宁绸开襟袍，红青缎大褂，敬了祖宗，拜了父母，家里人互相贺了喜后，新郎便直挺挺跪在当地猩猩红毡上，由送花红的亲友，亲来将金花簪在帽上，红绸斜结在肩胛边，口里说着有韵的颂词，而院坝内便燃放火炮一串。花红多的，一直要闹到二更以后，方才主客入席,吃夜宵。

那夜,新郎就安睡在新床上。

迎娶吉时择在平明。花轿早打来了,先由一对全福男女用红纸捻照了轿,而后新郎敬了祖人,发轿。于是鼓乐大震,仍像过礼一天,导锣虎威,旗帜伞扇,一直簇拥到女家。女家则照规矩要将大门闭着,待男家将门包送够,才重门洞启,将人夫放入。新娘亦必照规矩啼哭着坐在堂中椅上,待长亲上头,戴凤冠,穿霞帔,——多半在头两天就开了脸的了。开脸者,由有经验的长亲,用丝线将脸上项上的靰毛,以及只留一线有如新月一样的眉毛,以外的眉毛,一一绞拔干净,表示此后才是开辟了的妇人的脸。而授与男女所应该知道的性知识,也就在这个时候。——而后由弟兄抱持上轿,而后迎亲的男女客先走,而后新娘在轿内哭着,鼓乐在轿外奏着,一直抬到男家。照例先搁在门口,等厨子杀一只公鸡,将热血从轿的四周洒一遍,意思是退恶煞,而名曰回车马。

此刻,新郎例必藏在新房中。花轿则捧放在堂上,抽去轿杠。全院之中,静寂无哗。堂屋正中连二大方桌上,明晃晃的点着一对龙凤彩烛。一边立一个八九岁的男孩,又一边站一个亲友中有文采的少年姑且降格而充任的礼生。

礼生便一递一声,打着调子,唱出"伏以"以下,自行新编的华丽颂词。"一请新贵人出洞房!……一请新娘子降彩舆!……"唱至三请,新郎便缓步走出,面向堂外站在左边,新娘则由两位全福女亲搀下花轿,也是面向堂外站在右边。礼生赞了"先拜天地,"阶下便细乐齐鸣。一直奏到"后拜祖宗,夫妻交拜,童子秉烛,引入洞房。"

继着这一幕而来的便是撒帐,也是重要的一折戏。

当一对新人刚刚并坐在新床床边之上而撒帐的——大概也由亲戚中有文采的少年充当——便捧着一只盛有五色花生、百合、榛子、枣子的漆盒,唱着:"喜洋洋,笑洋洋,手捧喜果进洞房,一把撒新郎，……"也是自行新编的颂词，不过中间可以杂一些文雅的戏谑，总以必须惹得洞房内外旁观的男女哈哈大笑为旨归。

其后，新郎从靴靿中抽出红纸裹的筷子，将新娘凤冠上的盖头挑起，搭在床檐上。假若郝又三与叶文婉还不相识的话，只有在这时节瞥一眼，算是新娘始辨新郎妍媸的第一眼，而新郎之是否满意新娘，也在这一眼之下定之了。但新娘还一直不能看新郎哩。

郝又三吃了交杯茶，合卺酒，趁小孩们爬上新床去抢离娘面与红蛋时，便溜了出来，躲到三叔房里，一个人抱着昏晕的头脑，正自诧异：这样的便算有了一个老婆，岂非怪事？而今夜还要向着这熟识的新人，去做丈夫应做的事，不是更奇怪吗？

一个代理父亲责任，来授他性知识的老长亲，恰寻了来。

这是一位有风趣的老人，脸上摆着欢乐的笑容，一开口便道："男女居室，人之大伦。老侄台，我想你们光绪年间生的人，那里会像我们从前那等蠢法，连门路都探不着？既然你父亲托着，没奈何，且向老侄台秽言一二，若说错了，不要怪我，我这平生不二色的教师，本来就瘟。……"

老长亲只管自谦，但他那朦胧的性知识之得以启发，而大彻大悟于男女性器官的部位，以及二五构精之所以然，却是全赖老长亲的一席之谈。老长亲说得兴会淋漓，而他也飞红着脸，听得很专心的。不幸的，就是言谈未终，而贺客已陆续而来。窗子外的洋琴台上，业已五音并奏，几个瞎子喧嚣的大唱起来。

新郎于每一个贺客之来，无论男女长幼，他总得去磕头。这已经劳顿了，但还不行哩，客齐之后，还要来一个正经的大拜。

所谓正经大拜者，如此：先由父母敬了祖宗。新娘已换穿了寻常公服，只头上仍戴着珍珠流苏，由伴娘搀出，与新郎并拜祖宗。照例是三跪九叩首的大礼。新娘因为缠脚之故，可以得人原谅，默许其一跪下去，就俯伏着不动，而新郎则不能不站起来又跪下去，站起来又跪下去。

拜罢祖宗，又拜父母，照规矩父母得坐在中间两把交椅上，静受新人的大礼。不过当父母的，总不免要抬抬屁股，拱拱手，而后向着跪在红毡上的新人，致其照例的训词。

而后分着上下手，先拜自己家里人，次拜至亲，次拜远戚，再次拜朋友，连一个三岁的小孩，都须拜倒，并且动辄是一起一跪不连叩的四礼，直至一般底下人来叩喜时，才罢。一次大拜，足足闹了三个钟头。郝又三感觉得腰肢都将近断了，两条腿好像缚了铅似的，然而还不得休息，要安席了。正中三桌是顶严重的，款待的是送亲的，吃酒的，当媒人的，当舅子的，虽然内里女客，由主妇举箸安杯，外边男客，由主人举箸安杯，但新郎却须随在父亲身后周旋，而洋琴台上也正奏打着极热闹的《将军令》。

冷荤碟子吃后，上头一样大菜，新郎须一席一席的去致谢劝酒，又要作许多揖，作许多周旋，而狡猾的客人，还一定要拉着灌酒，若不稍稍吃点，客人是可以发气的。

到第三道大菜，送亲的，吃酒的，以及当舅子的，照规矩就起身告辞。于是由新郎陪到堂屋里稍坐一下，新房里稍坐一下，男的则由主人带着新郎，恭送到轿厅，轿外一揖，轿内一揖，轿子临走，又是一揖。女的则在堂屋跟前上轿，由女主人应酬。

要走的客，就是这样跑进跑出，一个一个的恭送如仪。

一直到夜晚。新娘是穿着新衣，戴着珠冠，直挺挺坐在床跟前一张交椅上，也不说，也不笑，也不吃，也不喝，也不走，也不动；有客进来，伴娘打个招呼，站起来低头一拜，照规矩是不准乱看。虽然叶文婉是那样爽快的人，这里又是熟识地方，虽然郝香芸香荃要时时来陪伴她，要故意同她说话取笑，虽然姨太太来问了她几次吃点什么，喝点什么，虽然春兰传达太太的话，叫她随便一点；但是规矩如此，你能错一点吗？自己的母亲是如此的教，送亲吃酒的女长亲是如此教,乃至临时雇用的伴娘也如此教。

而新郎则劳动到骨髓都感觉了疲乏。

但是还要闹房哩。幸而父母十分体谅儿媳,事前早就分头托人向一般调皮的少年说了多少好话,母亲又赶快去教了新媳妇一番应付的方法,所以仅被闹了两个多钟头,而且也比较的文雅。跟着又吃夜宵。

到此,新娘卸了妆,换了便服,才由大姑小姑同几个年轻女客陪伴着,在新房里吃了一点饮食。但是照规矩是只能吃个半饱的。

到此,新郎也才脱了公服靴子,换了便服,由父母带着,吃点饮食。自然也是不准吃饱,并不准喝酒。

街上已打三更了,三老爷督着底下人同唤来帮忙的,将四处灯火灭了,人声尚未大静。留宿的男女客安排着听新房,都不肯睡,便点着洋灯打起纸牌来。

新郎累得差不多睁不开眼。母亲向他说:"进新房去睡得了!"到他要走时,又特意在他耳边悄悄说道:"今天是好日子,一定要圆房的。你表妹不好意思,须得将就下子,不准耍怪脾气啦!"

他进新房时,玻璃挂灯等都灭了,只柜桌上一盏缠着红纸花的锡灯盏,盛着满盏菜油,点的不是灯草,而是一根红头绳。新娘已经不见,有流苏的淡青湖绉罩子,低低垂着,踏脚凳上,端端正正摆了双当时才在流行的水绿文明鞋。

他在房里走了几步,一个年轻伴娘悄悄的递了件东西给他,并向他微微一笑道:"姑少爷请睡了,明早再来叩喜。"

他茫然的将她看着,她已溜了出去,把房门翻手带上了。

他把接在手上的东西一看,是一块洁白的绸手巾,心中自已恍然。再看一看罩子,闻风不动的垂着,而窗子外面却已听见一些微微的鼻息声,同脚步声。

老长亲淋漓尽致的言语又涌上脑际,心里微微有点跳,脸上也微微有点烧,寻思:"一句话没有说,一眼没看清楚,就这样在众人窥视之下,去作男女居室的大事吗?文明呢?野蛮呢?若叫苏星煌他们来批评。……"

十

郝又三娶了亲后,虽不十分感觉夫妇间有好大的乐趣,但有一个年轻女人朝夕陪在身边,而所谈说的多不是平常自己想得到的话,却也与平常起居有点两样。不过他心里有时总不免要怀疑唐人诗:"水晶帘下看梳头,"龚定庵诗:"甘隶妆台伺眼波,"到底有什么了不起的意味,而值得如此吟咏?

几个少年未婚的亲戚朋友,偶尔问到他新婚之乐如何,他也说不出个所以然,只是笑道:"有个女人伴睡,睡得不很着罢了!"

他有时也在枕上问他的少奶奶:——这是他对叶文婉的官称。——"你嫁跟我后,觉得有那些与前不同?除了我们中间这个事外。"他的少奶奶也是摇头笑道:"并不觉得有啥子大不同的地方,只不过把称呼改了,有点不方便。这事自然大不同,却也没好大的趣味!……"

两夫妇虽然都感不出什么大趣味,毕竟母亲的愿却偿了,不到十个月,家里居然添了个结实的男孩子的哭声。

但是半年以来,家庭中不安的景象,却也并不因孩子的哭声而有什么变化。

本来是平静的家庭,何致有不安的景象呢?父亲则说是家运走到翻山的地步,母亲则归罪于媳妇的命不好,自她过门以来,便闹出这许多的事。

所谓许多的事者,第一是大小姐香芸的病。

大小姐本是个极爱顽笑的人，与嫂嫂又是向来好的。却不知怎样，在嫂嫂过门两个月后，一天一天的便打不起精神。又时常闹睡不得，闹头痛，闹心烦，而饮食也不好。大家问她那些不舒服，她又说不出来，或是不肯说。性情也不大好了，爱生气，爱哭，同嫂嫂也不相近了。请医生来看，只是说肝热重。后来春兰告诉太太，才晓得大小姐的月经已有几个月不调了。告诉医生，医生说："是啦！就因为血不养肝，所以这样烦躁。法宜生血滋阴，……"只管吃药，反而有时起不得床。

第二是春秀与高升的偕逃。

春秀本来是顾家失落的女儿，被上莲池伍太婆拾得，卖给郝家的。来了四年，整十六岁了。诚如李嫂所言，来时简直是一个事不知只晓得打瞌睡的乡下女娃子，后来被姨太太调教出来，竟自很细致了，又会做细活路，又精灵，又会打扮，模样长得比春兰还好看，身材也长得高高大大的。春兰有点妒忌她，常常有意无意的向太太说她爱搬是非，爱听墙根①，爱在少爷房间里钻。尤其令太太生气的，就是说她有时睡下了，忽然溜出房门，到太太房门外来看什么。所以太太总在骂她不是个好东西，叫姨太太老实管严点。却不料她什么时候会与高升爱起来。吴嫂猜是就在讨少奶奶的那一晚，她们半夜来听新房时，恍惚看见一对男女在新房窗根下搂着亲嘴，不过那时年轻男女也多，或者不是他两个，也说不定。

高升是高贵的远房侄儿，也来郝家好几年了，今年恰十九岁，生得清秀文雅，是老爷喜欢的一个小跟班。据老爷推测，断不是高升先下手去勾引春秀，因为他还胆小。偕逃的主意，也一定是春秀打的，所以春秀卷了一些东西，而他却一样没拿。

姨太太平时只管骂春秀，但春秀一走，却很感不方便。又因二小

---

① 这是成都习用语，谓在背地里听人说私话也。——作者注

姐香荃向自己说，春秀时常抱怨春兰在太太跟前说她的坏话，吴嫂对她也不好，所以太太才那样恨得她牙痒痒的。虽然姨太太待她好，她却过不得这日子，也见不得三老爷那样待她，她不跑，只有死的。于是姨太太一面恶狠狠的咒骂春秀没良心，一面话言里头也不免露了些春秀之走，是春兰她们逼走，有意与她为难的意思。

这已使好些人不自在了，再加以第三件：三老爷的作怪。

三老爷自幼读书不成，性情又不大好，十八岁上出去就小馆，当朱墨笔师爷，倒也可以自给。他的哥想到祖宗血食，兄弟到底算是一房人，不可绝后，于他二十七岁上，特地从广安州将他叫回来，打算分点产业给他，并给他安个家，他原也高兴。不想在家里住上三个月，那时姨太太进了门，正是太太吃醋最厉害之时，他忽向他哥表示，他要学道，赌咒不肯娶妻，也不要产业，也不想再出去就馆，他甘愿住在家里吃碗闲饭。

起初，他哥因他性情古怪，还怕他处不好，或是要与嫂嫂起什么冲突，——是直到此时，他们叔嫂才初见面的。——却出他哥意料之外，他性情大变了，对什么人都好。他嫂嫂也喜欢，向郝达三说："三弟闲着不好，他又不是没本领的人，现在家里事又烦，我一个人管着，也累不过来，不如交跟他去管，我帮助他，叫他时常同我商量着办，不好吗？"

如此好事，郝达三自然喜欢，自然答应。并且太太因为一心一意给三老爷帮忙管家去了，也把吃醋的大事搁起，任凭老爷整月整月在姨太太房里，也不开一句口，老爷更其高兴了。有时还故意来温存一下，太太却说她已看开了，不争这些，只是一件，鸦片烟须在她床上烧，以便夜里大家围着说话，热闹些。

十一年光阴，是如此安安静静的过了，而如今三老爷不知碰着了什么鬼，竟自闹着要讨老婆，不学道了。

郝达三反而喜欢，说这一定是去年葛寰中一句话触了他的机，而现在看见接了侄媳妇不免有点动心，"本来也是道理！孤阴不长，独阳不生，三十八岁的人，又未能绝欲出世，如何能耐寂寞？"

太太很气忿的道："放屁的话！你自从讨了小后，我这多年，不是守的活寡吗？不是也正从三十几岁，守到现在吗？我咋个就过了，并不心慌，并不作怪？"

老爷笑道："你是女人，所以不同。男子在四十上下，正是精力饱满之时，那是不好忍的！"

"更是放屁的话！男女不是一样的，有啥不同？"

老爷只好一笑，因他向来对于这些事，便不甚留心的。

"老三这样胡闹，你到底打啥主意？"

"有啥主意？分一点产业跟他，让他出去好好生生的安个家，同十一年前许他的一样。"

太太大怒了，把老爷额头一指道："你两兄弟都是没良心的，只欺我一个人，我的命才不好哩！"

老爷停着正在烧泡子的烟签，惶惶然的将她看着。

她流着眼泪道："不是吗？你第一个没良心！我本来有儿有女的，年纪也并不算大，你偏要闹着讨小。阻挡你哩，还说我不明道理，只好让你讨。讨了小，就把我丢在脑后了，假故事的虚应酬也不来一下，把人气得啥样，还说我吃醋，没有气量。后来，我也看开了，让你去迷，十年啦，该没有同你争过啦？可是你也就乐得了！老三哩，现在也跟着来了。不想想十年当中，我是咋样的在待他！我半点没有把他见外，比待我嫡亲兄弟还好！你是看见的，他的穿，他的吃，连他用的，睡的，虽然说是你的钱，可是那一样不费过我的心？那一样不是我为他想得周周到到的，只叫他命人去办？不说别的，去年他呛咳到痰中带血，医生说肺燥，得吃点燕窝。每天一碗，那天不是我亲自捻毛，亲自跟他在灯罩子上煨？说句良心话，你的燕窝，我倒没有管过，让姨太太跟你去胡弄。我这样劳神，就是亲姐姐也做不到呀！

当嫂嫂的，那点对不住他？他报答过我啥子？顶多就是跟我分了点劳，管管家。其实，你问他，叫他摸着天良说，他懂得啥子叫家？咋个管的？那样不是我在背后指分他？顶小顶小一点事，都要我磨心，三更半夜，不是等你们睡了，喊他进来，就是我出去，背着人教他。你默到①他好精灵吗？字也写不起，算盘也不行，前两年把一篇帐，弄得一点眉目没有，每逢教起他来，又总弄不清楚，两三点钟的教，我费了多少心血啦！我出了多少汗啦！又怕底下人晓得，看不起他！就像前回又三接亲，那是多大一件事，面子上是他在办，你是晓得的，要不是我，能够办得那么熨帖？有天晚上，你不是要找我说件啥子事？半夜三点钟了，该是你亲眼看见，我还在他那里商量过礼的事啦！外面那个晓得这些，光说三老爷真能干，其实尽是我，我累得要死，面子拿跟他占，我还对不住他吗？有良心的，就该想想，自己有啥子长处？除了吃得酒，睡得觉，瞎起他妈一双眼睛，嫂嫂这样的待得我好，这样的啥子都不顾，只有我，这样的想把我扶持出来，也就算福气好了，遇着真心人了！噫呃！不说别的亲姐姐亲嫂嫂，就有多少老婆，也未见得能这样舍得罢？……好了！我苦了十年，用了十年的心，才养出了个豺狼，恩将仇报！稍为站得住一点，翅膀就硬了！像高升春秀这般没良心的东西一样，就想把恩人丢下，飞了！不管你恩人咋个伤心，各自顾各自的去了！……唉！都由于我的命不好，才遇合着你们这般人！……我还有啥想头？女儿哩，病恹恹的，还要我磨心。儿子哩，讨了老婆，好像同我也生疏了，一天只看得见几面。媳妇哩，以前还好，如今也离皮离骨的，心上只有老公。你的姨太太同香荃，不说了，是你的人，你们又是一伙。底下人更靠不住，只有春兰稍好一点。算来，我这个太太，面子上好像在享福，其实孤家寡人，那个拿良心来待了我？我要是真正老了，灰得下心，倒不用说

---

① 四川方言，默到，即以为之意，到字读去声。——作者注

了，又不嘛！今年也才四十五岁多一点啦！别的人看我，谁不说才三十岁的光景！我自己也觉得，并不老，精精神神的，怎叫我胡涂得下去哩！……"

太太长哉其言的一篇冤单，把老爷几乎说得睡着了。有些话是平日听见过的，有些话是闻所未闻。但是总括起来，太太是伤心人，所得的安慰，实在太少。老三经她卵翼了十一年，一旦只顾自己去了，自然太不应该。于是"分点产业给他，让他出去好好生生的安个家，"的话，也不好再说了。

但三老爷总是那样的生事，也像一条牛，怪脾气一发了，很难安顿。叔嫂间，叽里咕噜，差不多日夜都在闹闲话，赌气。

有几天，三老爷竟自闹得跑到南门外二仙庵去住着，不回来。说是要与哥哥嫂嫂断绝来往，他仍然要出去就馆，道是不学的了。

老爷叫大少爷去迎他回来，不回来，还向着大少爷把他的妈骂了一顿，说她不懂道理，太越出了叔嫂的分际，为啥子把他管得如此严法？

老爷亲自去接他，还是不回来，也向着老爷把他太太骂了一顿，说她只知有己，不知有人，把一个小叔子捏在手里，同捏鹌鹑一样。"我也是个男子汉啦！她跟了我啥子了不起的好处，就该管我一辈子？她总说她没有老，难道吃你一碗饭，就该把啥子都舍了，样样将就她，直等她老得扭不动了，才放开我吗？那不行！她要这样管我，我偏要造反！现在硬闹翻了！我也不怕啥子！哥哥，我算不算郝家一房人？我该不该讨个年轻能生育的女人，把香烟接起呢？"

末后，是太太亲自去接，才算把这个反叛抓回来了。

也不知经何人调处，把二十四岁的春兰拿给他做小老婆，他才喜喜欢欢的不闹了。

老爷只管拍着腿骭自诩道："如何？我的算法何尝错来？三十八岁的男子，怎么能甘寂寞？有个女人陪着，不就没事了？"

然而太太却伤了心，背着人总是唉声叹气，流眼抹泪的感慨天下男子总是没良心的。

新买的三个丫头,——一个顶春兰的缺,叫春桃;一个顶春秀的缺,叫春英;一个给少奶奶使用的,叫春喜。——背后问吴大娘李大娘:太太比老爷的岁数还大吗?

"那里!比老爷小五六岁。"

"咋个头发都白了,牙齿也脱了,老成那个样子呢?"

"前几个月还多嫩脑的!因为同三老爷贾姨奶奶常常呕气,气老了的!可是,你们不准说啦!公馆里的啥子事,只准同我们谈,要是叫上人晓得一点风声,仔细你们的皮!走了的春秀,就是嘴不稳。要学贾姨奶奶才好啦!弄得大家都喜欢,高枝儿也爬上去了,实惠也得着了,岂不好吗?"

十一

虽说是一个结实的孩子哭声,不能把家庭中的阴霾散开,毕竟也添了一点生气。

祖母第一个感生了极大的兴会,有一点不高兴的事,就跑来看孩子,或大声喊何奶妈"把孙少爷跟我抱来看看!"

大孃也爱,抱着他,就没命的亲。仔细的看他,说他像那个,又不像妈,又不像爹,说不出像那个。给他取出小名,叫心儿,说他是大家的心。

祖父也爱,二孃姨婆都爱,外婆不消说了。

也因太爱了的原故罢,各人都有如何才把他带得好的意见,如何才把他带得好的方法,何奶妈弄得无所适从。比如这个说:"小娃娃命心儿没有长拢,半点寒都受不得的。何奶妈,快把和尚帽跟他戴上。"戴上了,而那个却说:"何奶妈也是啦!简直不当心!恁大天气,我们都戴不住帽子,却把恁厚的和尚帽跟心官戴上,你怕把他焐不起病来吗?人家说的:亮头亮脚,权当吃药,这点都不晓得!"那么,揭了,而第三者的话与道理又出来了,总是何奶妈不对。

小孩子成了大家的小孩子,当奶妈的自然为难。儿子成了大家的儿子,当母亲的又何尝不为难呢?

奶妈为了难,只好向着少奶奶抱怨。母亲为了难,只好向着丈夫抱怨。

本来没有好多乐趣在中间做联锁的夫妇,假使风平波静的下去,自然也可维持若干年,不致发生什么的。如今在冷淡的男子耳边,时时吹来一种听了并不像音乐的怨声,或是说:"儿子到底是你我的,还是别人的?为啥子我就没一点儿管理娃娃的权柄?别人放的屁都对,我就没有半句对的话。那吗,为啥子又叫我妈妈?我这虚名头的妈妈,也实在不爱当得了!你做爹爹的,简直不说一句,到底存的啥子心呀?"

或是说:"你不要装疯了,也睁起你那眼睛看看。现在你家的人对我,是啥样子?个个都在憎恨我似的,一天到黑,个个脸上都是凶神恶煞的。我到底做错了啥子事?这样的不拿笑脸给人看。我晓得我是多余的人,可是为啥子又要一次两次说我过来呢?"

他自然不爱听,听了老觉心烦。先前还随便敷衍下子,后来不免生了气道:"你一肚皮冤屈,又不去向别人闹,又不去寻死,光缠着我吵,我能替你去把人家捶一顿跟你出气吗?尽说,尽说,不是空事?真讨厌!"

"啊!你才是这样的人呀!老婆受了哑气,向你诉诉苦,你不安慰几句,反这样触我!你怕我不会闹,不会寻死觅活吗?我不过是有家教的女子,不屑于这样泼蛮罢了!"

两口子虽未大吵起来,但是在寻常的感情上却已加了一个负数的符号。

郝又三觉得家庭里实在有点不好安处，遂逐日跑往亲戚朋友处去找可以消遣的。于是他把输入四川不久的麻将学会了。并且肯看戏，尤其爱看永乐班。

他又想出洋。但可惜又错过了一个机会。葛寰中以候补县资格被派赴日本学习警察时，也曾来邀过他同去，恰是三叔在作怪，一家人正都闹得昏天黑地，母亲也正气得什么都灰了心，自己老婆又是个大肚皮，怎么能走，只好又是说说作罢。现在哩，更无从说起了！

一天，是五月天气，成都城内已很暖和了，软面夹衫已不甚穿得住。郝又三新剃了头，在街上走着，被微微太阳一烘，满头是汗。汗沁在刮过的额头与两颊上，痛得仿佛绣花针在刺的一般。他走了一段路，正犹移着看戏去呢？打麻将去呢？忽觉身后有个人很熟悉的在唤他："是又三老弟吗？"

赶上前来的原来是旧日讲新学的同志田老兄，不过变得太不同，首先是那一身衣服：蓝布长衫，红青宁绸对襟小袖马褂，——以前叫做卧龙袋，或阿娘袋的。——马褂右袖口上织了一条金龙，马褂纽扣也是盘龙铜纽，这两样已很别致了。马褂领口上还有两枚铜章，一边一个，是镂空的两个字，一个"高，"一个"等，"比新近才铸出的当二十铜元还大点。长衫下面一双双梁密衲帮的青布靴，顶奇怪的，一条漂白布裤的裤管不扎在靴鞡内，而是笼在靴鞡外。头上一顶新出的平顶铜盆草帽。

"噫！我几乎认不得你了，你的装束这样一变！"

"这是学堂里的官衣。……我们好久不见了，今天星期日，找个地方坐谈坐谈。"

若在以前，郝又三一定喊轿子坐了，一同到自己家里，或是在客厅内，或是在大花园的书斋内，叫底下人泡茶拿烟，促膝相对，在明窗净几之侧，花影鸟声之间，细谈衷曲的了。但是，现在家庭中已不复如此。书斋变做了三老爷贾姨奶奶的住房。老龙与高升走后，只添了一个打杂的，客厅光靠高贵一人打扫，已不如前之明净，而玻璃破碎了，字画的轴与边缘裂了，脱浆了，也没有人有精神去料理。地板上铺的红呢毡，一脚踩去，便是扑扑的尘土。三老爷只是伺候贾姨奶奶和嫂嫂赌气去了，更无心情到花树雀鸟，任它死，任它萎。况且人的气象又不好。

他思索了一下，便道："找个茶铺去吃茶罢！"

茶铺，这倒是成都城内的特景。全城不知道有多少，平均下来，一条街总有一家。有大有小，小的多半在铺子上，有二十来张桌子；大的或在门道内，或在庙宇内，或在人家祠堂内，或在什么公所内，桌子总在四十张以上。

茶铺，在成都人的生活上具有三种作用。一种是各业交易的市场。货色并不必拿去，只买主卖主走到茶铺里，自有当经纪的来同你们做买卖，说行市；这是有一定的街道，一定的茶铺，差不多还有一定的时间。这种茶铺的数目并不甚多。

一种是集会和评理的场所。不管是固定的神会善会，或是几个人几十个人要商量什么好事歹事的临时约会，大抵都约在一家茶铺里，可以彰明较著的讨论、商议、乃至争执，要说秘密话，你们只管用内行术语，也没人来管你。假使你们与人有了口角是非，必要分个曲直，争个面子，而又不喜欢打官司，或是作为打官司的初步，那你们尽可邀约些人，自然如韩信将兵，多多益善，——你的对方自然也一样的。——相约到茶铺来。如其有一方势力大点，一方和平点，这理很好评，也很好解决，大家大声武气吵一阵，由所谓中间人两面敷衍一阵，再把和平点的数说一阵，就算和平点的输了，却也用不着赔礼道歉，只将两方几桌或十几桌的茶钱一并开消了事。如其两方势均力敌，而都不愿认输，则中间人便也不说话，让你们吵，吵到不能下台，让你们打，打的武器，先之以茶碗，继之以板凳，必待见了血，必待惊动了街坊，怕打出人命，受拖累，而后街差啦，总爷啦，保正啦，才跑了来，才恨住吃亏的一方，先赔茶铺损失。这于是堂倌便忙了，架在楼上的破板凳，也赶快搬下来了，藏在柜房桶里的陈年破烂茶碗，也赶快偷拿出来了，如数照赔，如数照赔。所以差不多的茶铺，很高兴常有人来评理，可惜自警察兴办以来，茶铺少了这项日常收入，而必要如此评理的，也大感动辄被挡在警察局去之寂寞无聊。此首任警察局总办周善培先生最初与人以不便，而最初被骂为周秃子的第一声。

一种是很普遍的中等以下人家的客厅或休息室。不过只是限于男性使用，坤道人家也进了茶铺，那与钻烟馆的一样，必不是好货；除非只是去买开水端泡茶的，则不说了。下等人家无所谓会客与休息地方，需要茶铺，也不必说。中等人家，纵然有堂屋，堂屋之中，有桌椅，或者竟有所谓客厅书房，家里也有茶壶茶碗，也有泡茶送茶的什么人，但是都习惯了，客来，顶多说几句话，假使认为是朋友，就必要约你去吃茶。这其间有好处三层。第一层，是可以提高嗓子，无拘无束的畅谈，不管你是家常话，要紧话，或是骂人，或是谈故事，你千万不要顾忌旁人，旁人也断断不顾忌你；因此，一到茶铺门前，便只听见一派绝大的嗡嗡，而夹杂着堂倌绝高的声音大喊："茶来了！……开水来了！……茶钱跟了！……多谢啦！……"第二层，无论春夏秋冬，假使你喜欢打赤膊，你只管脱光，比在人家里自由得多；并且你要剃头，或只是修脸打发辫，有的是待诏，那怕你头屑四溅，短发乱飞，飞溅到别人茶碗里，通不妨事，因为"卫生"这个新名词虽已输入，大家也只是用来取笑罢了；至于把袜子脱下，将脚伸去登在修脚匠的膝头上，这是桌子底下的事，更无碍已。第三层，如其你们无话可说，尽可做自己的事，无事可作，尽可抱着膝头去听隔座人的谈论，去静观内内外外的形形色色，较之无聊赖的呆坐家中，既可以消遣辰光，又可以听新闻，广见识，而所谓吃茶，只不过存名而已。

如此好场合，假使花钱多了，自没有人来。而当日价值：雨前毛尖每碗三文，春茶雀舌每碗四文，然而还可搭毛钱。并且照例没有时间性，先吃两道，可以将茶碗移在桌子中间，向堂倌招呼一声："留着！"隔一二小时，你仍可去吃，只要你灌得，一壶水两壶水满可以的，并且是道道圆。

　　不过，茶铺都不很干净。不大的黑油面红油脚的高桌子，大都有一层垢腻，脚栓上全是抱膝人踏着的泥污，坐的是窄而轻的高脚板凳。地上千层泥高高低低，有如江面波涛。头上梁桁间，免不了的灰尘与蛛网。茶碗哩，一百个之中，或许有十个是完整的，其余都是千巴万补的碎瓷。而补碗匠的手技也真高，他能用多种花色不同的破茶碗，并合拢来，不走圆与大的样子，而且包你不漏。也有茶船，黄铜皮挽的，又薄又脏。

　　总而言之，茶铺的好处，在形而上。成都人大多数要留恋它的，大概也具有形而上的精神罢？

　　田老兄看了他一眼道："你也进茶铺了！别人穿了这一身，似乎就有点顾虑，我可不妨。我们到龙池轩去好了。"

　　青石桥距他们相会之处，本不甚远。

　　田老兄争着要给茶钱，争至几乎用武，这也是一种普遍习惯。

　　而后对坐着，田老兄略略问了他一会近况，便原原本本说起他的事来。他本来是个寒士，自从入学之后，原希望一航风顺，身入凤池，至少也得一个小官做做，却因时不来，运不来，一连几科，都不曾侥幸。无意间相与了尤铁民，才由他引进合行社，看了些新书新报，也才恍然大悟出科举取士之误尽苍生。那年苏星煌等之去日本，他何尝不可去的，所谓年纪已大者，托词也，其实，只因父母俱存，兄弟无恙，稚子绕膝，娇妻在堂，而资以为生者，除了以坐宅佃人，年取租金六十两外，便全赖自己一张口：教书，一支笔：考月课。如其他走了，则一家人将何以为生呢？所以心里痒痒的看着别人雄飞，自己依然教私馆，难过可以不必说，而顶糟糕的，就是盱衡宇内，国事日非，科举有罢免之势，士人鲜进身之阶，自己多得了一点知识，就不能不有远虑了。恰好胡翰林承命，废尊经书院，改办全省有一无二的高等学堂，先办优级理科师范一班，自己也就不得不去奋起一试了。幸而有了合行社的根底，又得力自己平日肯留心，熟悉一些天下国家大事，居然一击而中，还考得高高的跨入了新学之门。三年卒业，便可出而办学堂，育英才，救国家，吃饱饭矣！

他既说得如此洋洋得意，而又有十分把握的样子，郝又三当然要恭维他一番，祝贺他一番，而感叹说："同讲新学的一般人，像你们都算理着正路了！独有我一个，要留学，要读书，本都可以的，偏偏一误再误，近一年来，甚至连新书报都没有看了！真令人惭愧！如其我也是寒士，或者也会像老兄一样的有长进罢！"

田老兄拍拍他的膀子道："不要颓丧，还来得及啦！你到底年轻得多，也聪明，高等学堂下半年要招考普通师范班，与普通班，你如其有志，包你一考就上的！"

郝又三笑着摇头道："未必，未必！你是没有丢过书本的，我从娶妻之后，几乎没有摸过笔，考学堂的文章，又不晓得要咋个做法。"

田老兄笑得露出一口黄牙道："容易，容易！你我交情非外，我告诉你一个秘诀，包你名列前茅。……不管啥子题，你只顾说下些大话，搬用些新名词，总之，要做得蓬勃，打着《新民丛报》的调子，开头给他一个：登喜马拉雅最高之顶，蒿目而东望曰：呜呼！噫嘻！悲哉！中间再来几句复笔，比如说：不幸而生于东亚！不幸而生于东亚之中国！不幸而生于东亚今日之中国！不幸而生于东亚今日之中国之啥子！再随便引几句英儒某某有言曰，法儒某某有言曰，那怕你就不通，就狗屁胡说，也够把看卷子的先生们麻着了！……"

"老兄，谁又能如你的记性呢？啥子苏格拉底，福禄特尔，……我都说不来了，……记得怎熟，摇笔即来。我顶不行了，要叫我引啥子外国儒者,我真想不出来!倒是引点《四书》《五经》的话头,我还背得,到底在书房里着胡老师打过手心来的!"

"哈哈,老弟,你简直成了食古不化的书呆子了!方今之世,何世耶?人方除旧布新之是务,子乃抱残守缺而自封,生存竞争,子其劣败乎?……"

"开水!"一把滚烫的铜壶,便从肩头上伸了过来。这好像在他句子末尾,来了一个"康马"似的。

"……我再告诉你秘诀啦!老弟,你我交情不同了!……引外国人说话,是再容易没有了。日本人呢?给他一个啥子太郎,啥子二郎,俄罗斯人呢?给他一个啥子拉夫,啥子斯基,总之,外国儒者,全在你肚皮里,要捏造好多,就捏造好多。啥子名言伟论,了不得的大道理,乃至狗屁不通的孩子话,婆娘话,全由你的喜欢,要咋个写,就咋个写,或者一时想不起,就把《四书》《五经》的话搬来,改头换面,颠之倒之,似乎有点通,也就行了。总之,是外国儒者说的,就麻得住人。看卷子的先生,谁又是学通中外的通儒呢?风气如此,他敢证明你是捏造的吗?他能不防着别人讥诮他太俭陋了吗?他即或不相信,也只好昧着良心加上几个圈而大批曰:该生宏博如此,具见素养。……你不要笑,古之人有用以麻住奸雄者,孔北海是也,古之人有用以麻住试官者,苏东坡是也,今之人仿行之而著效者,田老兄郝老弟是也!……"

两个人说笑了好一会,田老兄看了看太阳影子,便有意走了。临行,始述说他进了学堂,既不能教书,又不能考月课,只好在房租上加了一点,其余就靠典当着来养家,目下太窘了一点,可不可以通融几两,日后必还。

郝又三于这点倒还慷慨,先把荷包里赢来的十块四川省造盘龙纹的银元,数给了他。说明下星期日,再亲自送二十八两八钱到他府上,凑足五十元。并详细问他学堂情形,以及准备些什么书看。他是决计投考高等学堂的普通班。

十二

郝又三之得以考进高等学堂，可以说全是他大妹妹的力量，不然，还不知耽搁多久，才能实现哩。这由于父亲太不起劲了。

郝达三之所以不起劲，第一，因他对于儿女的事，向来就不甚留心，他自己是从舒服中长养起来，二十岁当大少爷，三十岁当大老爷，现年五十以上，自是老太爷了。自己本不知道如何为人，对于儿女，自然只好听其自然。第二，因他是个安命者，平生除了鸦片烟外，别的事总是懒懒的。假使没有一个唧筒在旁边打气，他是一切全无兴会的，所以一自葛寰中走后，他连大门都少出了。第三，因为近来家中景气不好，逐处不欢，他有时仔细推究起来，原因就在他三十几岁上，忽然不安本分，讨了个姨太太，伏了这个恶因，所以今日得此恶果。如此看来，动不如静，多一事真不如少一事！再一推究，恶因固不可种，善因又何尝可种呢？种了因，必收果，因果循环，自然就有事了，欲图清静，只好无为。

母亲哩，不必说了，性情越发古怪，除了孙儿之外，同什么人都不对，终日都在发气骂人，一切正经事，通不能与她商量。而自己老婆，也是那样冷冷淡淡的。

只好同大妹妹谈谈，大妹妹虽是那样容易感触，一说起总是长篇大论的抱怨这个，抱怨那个，牵枝带叶的话又多，但到底明白，到底能够主张，她说："我们的这个家，真是在走下坡路了，男不成男，女不成女！你看，爹爹哩，只有姨奶奶同二妹妹，近来连吃饭都分开了。姨奶奶是啥子好人？以前妈妈在作主，不敢做啥子，如今，妈也来往起来了，姨表兄弟也来往起来了，还讲究一个月要回两次娘家，这成啥子名堂！三叔更不必说，口口声声，他是一房人。妈妈以前那样对他好，如今仇伤孽对的，见了面眼睛都红了。你看，就是对我们又是啥样子？这也是妈妈造的孽，为啥要把春兰拿跟他？妈妈太好了，一直相信春兰是好人，可以帮她的忙，我早就晓得那女人心凶得很！倒是让三叔搬出去各自去讨个女人，还好些，却不晓得妈妈是咋个想的？三叔到底有啥子好处？妈妈那样舍不得他！我真莫名其妙了！如今弄得自己疯疯颠颠的，啥子事都变了样，后来还不晓得是咋个的呢？嫂嫂也奇怪，从前同我们那样好的，人又爽快，如今也变得一句话都说不拢了。上人们是如此，底下人更不必说了。首先是高贵，我真见不得那样子，一天到黑，秋风黑脸的好像他就是老人一样。并且同三叔打做一气，时常都在大花园里，我倒疑心他同春兰有点不甚干净罢，若果如此，三叔倒该得报应！李嫂吴嫂，更是两个斗鸡公，没一天不啄两嘴，这都是败家景象，我每每想起来，真伤心！我又是女儿，多少话不好说，又不能打自己的主意。哥哥，你是男子家，却不能尽这样胡胡涂涂的过下去。我看你前一晌，一天到黑，都在外面跑，又没做啥子正经事，不看戏，就打牌。说你哩，你未必肯听，我也晓得全是家境把你搅成那样的。你以前读书讲新学时，是咋样的有志气！如今想到进学堂，再好没有了！你也不必再跟爹爹妈妈商量，要考时，对直去考就是了，他们现在各有各的心事，那还管我们的。哥哥，现在全家之中，只有我们两个还能说点正经话，也只有我们两个还有点人心！你只管去读书，我望你多少有点成就，也把我们这个家振一振。要用钱哩，我去向妈妈跟你要。嫂嫂跟前的话，你自己去说罢！……"

因此，他考上高等学堂，在那天收拾行李入堂之时，向全家人告辞之后，特别向香芸作了两个揖道："大妹妹，我的正经事，是你促成的，你的正经事，我总在心。你好生保重，不要尽害病。星期六回来，我们再谈。"

香芸只是红着脸，笑了笑。爹爹、妈妈、姨奶奶、少奶奶、二妹妹，一直送到轿厅上，贾姨奶奶也从书房里赶出来相送。轿子抬出大门，才见三叔提了只很肥的烧鸭子回来，也说了两句："不要用功太过，好生保养！"的客气话。高贵押着书箱被盖卷，跟在轿子后面走。

高等学堂是就尊经书院旧址改办的。地点在南门文庙西街之西石牛寺。迎面全是菜圃，一片青绿，百丈之远，即是整齐而崔巍的城墙。大门很气派，还是原来书院大门。高等学堂的匾额是新的，而一副丈把长，朱漆黑字的木门榜，却还是第一批尊经高材生，王壬秋高足弟子之一，华阳名士，西蜀诗人，少有美人之称，曾为世妹垂青过的范于宾范二老师的手笔。字有巴斗大，气魄很是磅礴，文则是集句："抚四海而为寓，纬群龙之所经。"

进门，一条丈把宽的甬道，通过二门、三门、两重厂厅，一直达到建筑极为雄伟的尊经阁下。两畔松柏花树，都已成阴了。

宿舍分为东南西北四斋，以及总理所住的竹林深院，多是书院旧有的。宿舍之南，便是新建的讲堂，全是玻璃窗。中间三行砖砌的房屋，是自习室。这与尊经阁后一座砖砌的礼堂，讲堂之南一座砖砌的理化室，算是最新的洋式建筑。当时看起来，不知是如何的新奇美好，其实，与木柱泥壁的讲堂一样，既不合格，又不中用。

不过，就是这样，连同一些新的组织，什么传事啦，外稽查啦，内稽查啦，斋务啦，教务啦，总理啦，监学啦，业已把一个未曾经见的郝又三弄昏了。得亏田老兄早已进堂，引着他走了一大转，说了一大堆，他才逐渐明白；又把所有的规则看了一遍，课目抄了一遍，始大恍然于学堂之为学堂，原是另外一个世界，而且是新的！

他于学堂生活，起初很感觉不便。早晨正好睡时，一遍铃声摇过，就须起来，第二道铃声，就须穿戴齐楚，站在寝室门外，凭监学点名。点名之后，监学先生必有一番言论：要如何守规则，如何对师长有礼，如何用功，国家今日之何以办学堂，诸君将来应该如何当主人翁,以及某人犯了规,要受如何的处罚,某人做差了什么事,要如何的改过。监学先生老是那样唠唠叨叨的。其后,到盥漱处洗脸刷牙,进自习室,七点半钟,又摇铃进食堂。

食堂却是别致。每一张方桌,只坐六人,空出下方,摆一只小木饭甑,一把锡茶壶。桌上铺着白洋布,每人面前一张白饭巾,早饭是四样素菜,午晚两餐是三荤一素。大锅菜,不怎么好,但是很洁净,同学们吃得很香甜,监学先生一道吃,也是吃得很多。

摇铃上课,摇铃下课,课毕自习,无故不在监学处请准,是不得进寝室的,这样读书,真是新奇。

入夜摇铃进寝室,不一回,又摇铃点名,不惮烦的监学先生如吴翘胡子,或不免又有一番话说。

铃声又响了,灭灯,就一点瞌睡没有,也得睡在床上,并且不准说话。少年人睡不着,是该长谈的,然而监学先生的百步灯光,随时在窗子外面晃,必待大家硬打了鼾声,他才走,有时半夜还见有灯光。

学堂内的起居如此受缚束,而出入更不容易。只要出大门,必先到监学处请假,请准了,将名牌连同假条拿到内稽查处挂上,方能出门。并且请几点钟,必得按时而归。逾了限,要记过,要扣分,多么的不方便。

还有,平常的行动也动辄要受监学先生的干涉:说话大声了,不对,走路不是端端正正一步一步的走,不对,与同学的开开顽笑,不对,顺口吐把口水,不对,衣纽没有扣上,不对,见了教习监学没有规规矩矩站在旁边打招呼让行,更不对。不对,小则面斥,重则记过,还要在品行分数上打折扣。

所以郝又三在前三个月每逢星期六下午回家,一说起学堂生活,老是摇着头道:"真像坐监狱!"而二十几岁,身为人父的人,偏也同小孩子一样,爱顽耍,爱调皮起来。

课程他也感觉了一种极新颖的味道。国文、中国历史、地理，不说了，那是亲切有味的。外国历史、地理，也只稀奇古怪的名字难记，却也一说之后，懂得是什么。物理、化学，就不大容易了。名字已非常见，作用变化更不名所以，教习又是日本人，黑板上画一些，口里总不外乎辫答马子，幼几改哟，毛几改哟，不知说些什么，而孔翻译则总说不清楚，总不能使听的人十分懂得，但是拿课本照着写下，记牢，就得了；用不着什么心思。体操说不上好大意义，活动筋骨而已。幸而器械操如翻杠架，跳木马，不必要人人学，不学也可以。惟有算术，可就劳神了。加法好懂，减法好懂，乘法已莫名其所以了，而除法则何以知其为商数？加减乘除尚未弄清楚，而用天地元黄代着的天圆地方又来了。先生是无师自通，学生是有师难通，然而其令人出汗，还不如英文之甚。

大家都如此说，英文是必学的，英文是学堂中主要功课。因为许多学问，都须将英文学好了，能够直接看外国书，你才懂得，也才有用处。再伸言之，英文者，万学之母，富国强兵之所由也。你要不要救中国？要救中国，赶快学英文，赶快把英文学好。英文如此重要，所以由上海特聘来的王英文，月薪竟是三百两，高于国文先生月薪之五倍。

虽然，英文，天书也，不知人世间尚有如此古怪之文字！光是二十六个字母，直读了三天，一直记不清那个字母该怎样读法。郝又三求教于田老兄，始得了一个秘诀，在第一个字母之下音了一个爱字，音不逼真，便又在爱字旁边添一个口字，好容易把二十六个字母音注清楚，以备次日上堂请正，却不料王英文又在黑板之上教起大草来。

一月以后，拼音差不多了，便一句一句的大读："这是一狗！……那里有二猫！……我名约翰！……他有十一岁！……"

读了这些，又读："一年有十二月，……一月！……二月！……七天为一周，……星期一！……星期二！……"

他每每读到头昏，总必丢下《华英初阶》，捧着头寻思："像这样读法，若要读到看外国书，真不知要到何年何月！"同时又怀疑："英文也不过别一国的文字语言罢咧！如何就说得那样了不得！兴国之道，必有所自，未必便在语文上？何以定要人人来读一些猫呀狗的？"然而英文是主要功课，只好再读，再加音注。

　　星期六回家，父母老婆自然要问问学堂中的情形，听见管得严，大家好像很赞同似的，说到功课之苦。

　　父亲只是一句："要学那么多吗？"

　　母亲或是说："亏你学！学不了的，就丢些，不要太拼命了！"

　　少奶奶则说："太苦了！请几天假回来休息休息！"

　　大小姐却劝他耐磨下去："你说的，那姓田的比你岁数大，比你笨，还上了路，可见凡事只要专心，不耐烦是不行的。"

十三

　　住到第二学期，功课已学得不少，但郝又三依然是那样感觉朦胧。只是起居上渐已习惯，不像头一学期逐处都感不便，并且能在自习室中避开监学，同好些人偷偷的看起《民报》来。自己也在二酉山房定了一份《国粹学报》。

　　《民报》的力量，如此其大！它把好些同学都鼓荡起来！有几个竟加入了同盟会，而排满革命的名词，自然就流传于口齿之间。

　　郝又三虽没有革命的意识，但见解却渐渐宽广了，对于不知其所以然的功课，也渐能领会出许多道理，认为纵与富强无大关系，而于人的知识上却也有益。比如说，大家要破除迷信，势不能不诋毁鬼神，而以为是宗教家的虚构。但是有人问你，真个没有鬼神，何以雷会打死人呢？这下，倘若你照旧做上千万言的无神论，无鬼论，征引若干古先圣王之言，而终于抵不过把阴阳两电，触而发声，以及金属湿气，可以传电，触死人畜的道理，浅浅一说，不但雷打死人不算什么怪事，并连雷的本身也解说清楚，并没有这个东西。像这等，到底比起先读些死文章有用一些。

不过，一转想，人亦何必要知识，亦何必要将一切事物，件件去寻究一个所以然？当今之所急者，只是在如何救国，国被外人侵略，我们只须想法抵住，而满奴甘心将国家亡与外人，而不愿让汉人得势，我们也只须团结起来革命，把满奴杀尽，我们当了国，不是国也救住了？国也强起来了？那吗，又何必要学什么算术英文，而获得一些无关大体的知识呢？

别的志士却不如此想，他们说，强国正待知识充分。假使全国人人都有知识，都有了充分知识，则我们要排满革命，只须一场演说，一篇文章，立刻把人民唤醒，当兵的不当了，纳税的不纳了，看你爱新觉罗氏有何办法？恰那时从日本学了八个月速成师范的先生们也纷纷回来，大声疾呼，逢人便是一篇启发民智论，日本维新发端在于教育说，并且有章程，有讲义。这样内外一夹攻，于是办学堂就成了钱塘的秋潮，举凡书院、庙宇、公所、祠堂、废了的衙署、私人的公馆，都在门口挂出一道粉底黑字吊脚牌，标着各种各级的学堂名称。

其时，又涌起一个学说："普鲁士之能战胜法兰西，俾士麦以为功在小学。日本效法德意志，广办小学，所以维新以来，一战胜中国，再战胜俄罗斯，称霸东亚，跻于列强；故吉田松阴，尊为圣人。我国取法日本，维新图强，若不广办小学，岂不遗笑大方！……"

于是办小学堂又成了秋潮的潮头，连高等学堂的几个还未卒业的优级师范班学生，也共同开办了一所小学堂。

田老兄看得眼热，也来邀约郝又三办小学。他的理由，除了打官话的启发民智之外，因为"你我弟兄，交情不同，"还布露了一点私衷："我们将来毕业之后，免不得还是办学。不如趁着现在机会，也办一个学堂，先出个名。名之所在，利即随之，老实说，近年来，我因为苦读之故，不能挣钱，家已屡空，而债台又复高筑，若不及早设法，月间弄几个钱，还有一年的书，真不晓得如何读法了！"

但郝又三却无此念头，并认为办学也是大事，安可作为获取名利之资。因为不好坚拒，便说，先写封信去问苏星煌诸人的意思。那时，邮政局刚刚开办，据说寄一封信到日本，只花三分钱，大家有点诧异天地间寄信，那有如此方便而便宜的，正想试试。

一月之后，苏星煌的回信居然来到。他是主张办小学的，并主张办义务小学。

田老兄又来同他商量，他的意思，办小学并不是什么难事，只须佃一所房子，置备些桌凳，同两块黑板，再一块招牌，学堂便成功了。花钱并不多，大家凑几文，再找人捐几文，经费就不成问题。课程哩，更容易，先尽自己能够教的，担任了，不能的，再找人，就找同学，尽一半义务，六元钱一个月，满可以找人。只须找个有点名望的人出来当监督，学堂就有声名了。还有一种好处，这不是为田老兄说法，而专方便于郝又三，乃是办有学堂的学生，可以受学堂优待，授课时请假，不打缺席，无课时更可自由出入，不必请假，也不扣分；只要在小学堂里设一张铺，更可请外宿假，而不为监学留难不准。

只这一点自由，才使郝又三动了办学堂之念，但他到底谨慎，一方面同田老兄商量着，一方面还先去参考了一下同学已经开办的那个小学。

去时，恰在课毕之后，读走学的学生全走了，只几个住堂的在讲堂上自习，由一个先生督着。其余几位当先生的同学，正聚集在一间房间里，桌上放了一大堆切碎的卤牛肉，几只大茶杯里，盛着醇香扑鼻的大曲酒，一面吃喝，一面高声谈论着天下国家大事，以及革命计画。

郝又三既非同盟会会员，也不是带革命性的同学，但大家并不避忌他。一个微醺的矮子，一把抓住他叫道："小郝，我们将来革命起事时，你来当个啥子呢？"

别一个也有点酒意了，笑道："他能当啥子，斯斯文文的，只好来跟我写檄文。若把成都打下了，封你做成都府知府。"

郝又三是懂得这般人的脾气的，便也毫不客气的，把一只酒杯抓起，喝了一口，又拈了块牛肉，放在口里嚼着道："你们没小觑了人，我还不是三年不鸣，一鸣惊人的？你们起事，我顶大也可当名马前走卒啦！"

矮子跳了起来，把右手大拇指翘得高高的道："壮哉！……长厚者亦为之，天下事可知矣！……革命万岁！马前走卒万岁！……"

郝又三道："别太叫唤狠了，不怕街上人听见吗？"

大家都大声喊道："足见你太无胆量！你不晓得我们当革命党的，全是不怕死的豪杰吗？我们正有满腔热血，没处洒哩！……"

空气中还挥舞着几只黄而细弱，而指甲长得很长的手。

郝又三走到街上，只耳朵里还留了些革命，革命！流血，流血！的呼声，而打算参考的，仅仅看了一张课表，而矮子只告诉他风琴是要买一架。

至于监督找什么人？田老兄举出了一个，是成都县举人姓李的，刚由日本调查学务回来，捐了个内阁中书，知道他的还多；一个什么府中学堂，正要找他去当监督。

于是两个人便走到东丁字街来拜访李举人。

李举人靸着一双见所未见的草拖鞋，走到客厅。长袍子上披了件阔袖雨衣，一条油松大发辫，拖在背后，两只手插在荷包里。向二人微微把腰一躬，问了二人姓名，便长谈起他在日本的所见所闻。两个人只是恭恭敬敬的听着。听他说到日本学堂，"光是大门就不同，水磨青砖的柱头，六方木条签栏，漆成青灰色。我回来，也看了些学堂。没一处大门像这样的。大门尚修得不合格,内容之腐败,就可想而知了。我们若是要办学堂,大门是顶要紧的!……至于日本学生,那真整齐之至,四川的学生,那里够得上说。我光说这一件,有一次,我去调查一个学堂,一堂学生坐得规规矩矩的,一点声音没有,教习在讲台上说了声彭赛儿!学生便一齐将铅笔取出。你们看,这样的举动,我们四川的学生行吗?所以我们要办学堂,第一就要注重整齐!……"

郝又三问他在日本看见苏星煌等人没有,说是看见了,已进了第一高等学堂。只是很务外,凡是开会演说,总有他们。说着连连摇头,意思是很不以为然的。

田老兄说到办小学堂,打算"借重大名,"当任监督的话。李举人连连摇手道:"办小学没意思,我也不是办小学的人。现在几个府中学堂都在找我当监督,当个中学堂监督,庶几还不辱没,至于小学,请另自找人好了。"

两个人还请求了一会,仍然不行。

末后,是田老兄出的主意,何必另找外人,不如就找郝老伯,既是要他出钱。"老伯虽说不内行,但他只担任一个虚名,我们两个轮班当监学。此外只请一个稽查,找两个同学当教习住堂,谁不愿意外宿自由点?如此,夜里也就有人照管了,你我就不住堂也可以。"

十四

御河边的广智小学的监督,果然是由郝达三担任了。

这虽是田老兄提议的,但也得力于姨太太的主张。

姨太太之所以主张老爷出来办学,自然不是为的利,也不是为的名,只是从旁的地方听说来,办学的人都须把鸦片烟瘾戒除干净,姨太太志在要老爷戒烟,所以有此主张。而老爷也听见官场消息,禁烟是势在必行的新政,先从官场禁起,自道台以下,都要一一的调验;倘若三个月不将嗜好戒绝,参革之后,还有后罪哩。他的鸦片烟已经有二十六年的历史,要他一旦戒绝,岂是容易下决心的?他是有意思,官可以不要,而鸦片烟则不能骤戒。虽然听说此次禁烟,不但禁吸,并且还要禁种禁运,但他已打算早作准备,先拨几千两银子及时买些生坯,藏在家里,以为百年大计。可是姨太太不答应,她说:"你的身体全是鸦片烟吃坏的。我跟了你十二年,难道还不清楚?近四五年来,一天不如一天,论岁数,你不过五十多点,并不算老。别的人还能生男育女的,你看你成了啥样子!鸦片烟简直就是你的命,除了烟,啥子都没有了。以前大家都在吃,不说了,如今既然有圣旨叫戒烟,就正好趁此戒了,不是好事吗?为啥子还留连不舍的要干那犯法的事?我先告诉你,你要是不听劝,安心去干那犯法的事,我有本事喊人告发你的。这并不是我绝情寡义,实在是为了你的好,爱惜你,望你多活几年!……"

老爷只管说戒,说慢慢戒,说把分两一天一天减少,说叫人把五糖膏熬好,搭着烧,却因官场调验,已证实了只及于实缺州县,以及有差事的。并且听说调验也只不过虚应故事。于是老爷本已减到一天只烧八分熟烟,而搭烧两次五糖膏的,却渐渐又打算复原了。姨太太同他争吵了两次,太太因为自己的病,无所可否,只偶尔说说:老爷又无所事事,没有混日子的,一定要他戒绝,恐怕会弄出病来,不好。

郝又三回来说起创办小学堂,恰与了姨太太做文章的题目。她遂昼夜怂恿郝达三出来做这件事,理由自然多而正大,而郝达三不胜耳根之不清静,只好答应了。

郝又三采取了李举人的心得,在所佃得的房子之外,临街加了一道青砖柱青灰木条签栏的大门。砖柱上挂着粉底黑字的学堂招牌,迎面看起来，果然新极了。

石印的招生广告，在腊月间就遍街张贴。田老兄郝又三虽然在年假期中，有空闲办事，但许多琐事，到底外行。得亏姨太太将她的一个表哥吴金廷推荐来，说明白月薪十二元，未开学前办庶务，开学后兼稽查。人是三十六七岁，相当的精明，又爱跑跳，说话也清楚有趣，本是一家绸缎铺的先生，不知为了什么，赋闲了一年。

办学堂在当时成了风气，送孩子进学堂读书，也渐渐成了风气。并且越是没有钱的人，越是一般所谓为底下等人，越肯把子弟送来。所以广智小学在开学一天，竟招了五十几个孩子，大的分为甲班，小的分为乙班，一多半就是穷人的子弟。

开学那天，一位监督，两位监学，一位稽查，另有两位教习，都各各穿起公服，——监督是加捐的四品亮蓝顶戴，加捐的赏戴蓝翎，朝珠补服，花衣马蹄袖；稽查本没有功名，也混戴了一枚金顶，也是官靴袍褂；两位监学与两位教习，却穿的高等学堂官衣，蓝布长衫，绣龙袖的青宁绸小袖马褂，下面是青布靴，头上是青呢操帽。——上午十点钟时，一般嘈杂的小孩，都一齐到了学堂。七高八低，穿着五颜六色的衣裳，有梳了发辫的，有扎着刷把头的，也有才留着马桶盖的，可都收拾得干干净净，就是穷人子弟，也还没有十分褴褛的样子。

堂屋中间，平常人家供天地君亲师木榜的所在，贴了一整张朱红笺，写着饭碗大一行字：至圣先师孔子神位。吴金廷本来还在孔子位下，竖了一个纸牌位，写着当今皇上万岁万岁万万岁。却教一位教习先生看见，把它撤去了，为这件事，监督还与那位先生略略争了几句："我们到底是臣民，难道不该给皇上磕几个头吗？""啥子皇上，他配！……"被两位监学厮劝着，万岁牌依然撤去。

孔子位前点着一对大蜡烛，监督监学教习先把礼节商量了下子，先由监督拈香，就中位，两位监学在左，两位教习在右，后面排列学生,由稽查权充礼生,向先师孔子行了三跪九叩首礼,再由学生向监督等人行一跪三叩首礼,监督等人还半礼,后由监学教习向监督行一跪一叩首礼,监督还礼。

行礼如仪之后,便按课表所列开课。

监督换了便服,坐在监督室里吃水烟,稽查就回到原是门房,现改为稽查室的房间里,造学生名册,守着一具座钟,照田老兄所嘱咐,到五十分便摇下课铃。因为学堂地方不大,连街上叫卖零食的声音都能传到讲堂,所以就不照高等学堂办法,不必叫小工拿着铃子摇一周,只由稽查站到院坝中,摇几下就行了。

郝又三也担任了两门功课:一门英文,一门算术。

田老兄说:"你教史地不好吗?这是你顶感兴趣的,何苦要教你所不长的呢?"

他道:"你知其一,而不知其二。英文算术,虽非我之所长,而二者我却是用过工夫来的。我相信,用过工的,必有心得,此其一;还有,教而后知困,困而学之,此之谓教学相长,假使我不教它,便会因为其难,因为不再勉强,那我对于这二门就永无进步了。所以我必要教这二门,我是有理由的。"

第二部份

一

广智小学堂有一个小学生,以年纪而论,虽则九岁,但身材却是高高大大的,本应分在甲班的,但是认字不多,小字也写得不好,据说,只读了一年私塾,连《大学》《中庸》尚未读过,只好归到乙班。孩子极烦,在讲堂上总不能规规矩矩的坐,不是在偷偷的撕前排同学的头发,就拿手肘在击同坐孩子的膀膊。不到一周,就为教习先生们注了意,时常在纠正他,在教训他。尤令郝又三注意的,就是这孩子只管比别的孩子烦,但是记性极好,对于英文,一连二十六个字母,三天工夫,他就纵横错乱的记得极清楚,并且念得也不费力,字母之下也不音注中国字,大草也一学便会;算学更了不得,加减乘除的符号,以及亚剌伯字,先生曾以两天工夫学会的,他居然一说便能。

郝又三看他的姓名,叫伍安生,介绍来进学堂的是吴金廷。再留心看这孩子,面目也还清秀,性情也还天真,就只太烦了。

在课堂之外,他老是在跳、叫,又爱欺负同学的。

教体操和音乐的先生,夸奖他举动敏捷,声音高朗。教历史与国文的田老兄,却大不满意他,说他不但烦,并且奇蠢,书是讲不得的,缀句是不通的,字是乱写的。他每每说到伍安生,必皱着眉头道:"可恨不是私馆,不作兴打人,不然,我真要结果捶他几顿了。这孩子简直是条蠢猪,将来是一点出息没有的。"

郝又三首先反对他的说法:"你不能光拿你教的东西作标准,就完全论定了。这孩子不长于此,却偏偏长于彼,对于英文算术,真比一般的孩子都行啦!"

体操教习又从而附和之道:"不错,伍安生这孩子,真行,柔软操不说了,还会拿鼎哩!"

田老兄道:"国文不好,总不对,历史弄不清楚,也不对,凭他别的再好,这两者差了便是根本问题。"

伍安生本人并不知道先生们对他的爱憎,依然是那样烦。有一次,监督在吃了早饭后,到学堂来看看,恰碰着他在院坝里同别一个孩子不知争一件什么东西,他一拳才把那孩子打哭了,就着监督看见,怒吼道:"把那野蛮娃娃抓来!岂有此理!在文明地方敢如此野蛮!"

监督发了雷霆,自然全校都震动了。监学在的恰是田老兄,便赶快叫小二将伍安生捉进监督室。

监督与监学商量,不守规则的学生,而且有野蛮行动,应该如何办理。

田老兄说:"我从前教私馆时候,一根板子管了几十个学生,没一个敢烦。就是十七八岁的,只要犯了事,有理三扁担,无理扁担三。如今学堂里不打人,真不对!像这等混娃娃,不用板子,怎么管得好!"

郝达三道:"为啥子不拿板子打人呢?你先生的说法,我是赞成的,俗话说的,黄荆条下出好人,圣人的书上也说过扑作教刑,可见教书是该打人的!"

田老兄道:"风气如此,学堂里不作兴打人,我们咋个好立异呢?"

"那吗,这娃娃如何处理?"

"我看,记过太轻了,这是害群之马,把他斥退了罢!"

吴金廷已经把郝又三找了来,向他连连作揖道:"大先生,这事要请你作主,千祈向监督说个情,从轻发落。这娃儿是我一个朋友的儿子,家境不好,读书一切都是我在帮忙。娃儿本来烦点,只求监督交跟我,我会好好管他的。学堂里不好打人,我领他回去,教他妈打他。就是他的妈,也会感激你大先生的。"

郝又三走过现是讲堂的大厅,已见内院里全是学生,都向着监督室在看。而伍安生则站在房门口哭。他走进房间,正见他父亲气哼哼的说道:"好好,斥退他!"

他假装不知何事,从头问了一遍,便笑道:"打捶角逆①,本是娃娃们的天性,也值得生气认真吗?我们办学堂,本就在纠正他们的不良习惯,而使他们慢慢向学读书,若是斥退了事,也近于不教而诛了。这样罢,记他一个大过,待我领去切实教训他,再叫吴稽查告诉他家庭,打他几下好了。"

也不管他父亲与田老兄愿不愿意,遂将伍安生叫进去,给监督监学各磕一个头赔罪。然后把他一直领到自己寝室里,叫他把眼泪抹干,先切实说了他一阵,不该打捶,不该骂人,不该在讲堂上烦,惹先生讨厌,然后问他改不改。

末了问他道:"你家里也很穷罢?"

伍安生大撑着眼睛,把他看着,点了点头。

跟着又说道:"也不很穷,妈妈的朋友多,都在帮她。"

"妈妈有朋友?男朋友吗?"

"男朋友!那家的妈妈没有男朋友?"他说得理直气壮的。

郝又三不禁愕然,低低说道:"妈妈有男朋友,这话不能向别的人说,尤其是别的先生们。他们晓得了,更要斥退你,不许你在这里

---

① 四川方言,打捶谓之打架;口角谓之角逆。——作者注

读书的。同学们晓得了,也要笑你的。"

那孩子虽是点了头,但脸上却摆出了一种不很了然的神气。

不错,伍安生正是上莲池伍太婆的孙儿。本来叫作安娃子的,因为要进广智小学,吴金廷才给他改成这个名字。

伍太婆在上莲池半瓦半草房子的社会中,资格也算老了。算来,从丈夫死后,不知依赖什么,居然能够从抚育儿子之时起,就是此地的居民。

儿子像野草似的,也不知依赖什么,居然从极厉害的流行天花症中,逃将出来,带着一脸大黑麻子,一长就长到二十三岁。

二十三岁,不是正好传种的年龄?虽然伍平还一直在游手好闲,他母亲同一般亲友也从未想到叫他如何去寻找一个职业,或是强迫他操练一点吃饭的本事,但是偏有人出来提说他应该讨一个老婆。

幼年丧父的单传儿子,及时讨一个老婆传种,把祖宗的香烟接起,这是我们宗教的信条之一,任凭你有多大本事,搬出多少道理,休想把它动摇分毫。大众既在维护这信条,伍太婆当然没甚说的,伍平哩,正巴不得有女人的时候,那里肯出头反对?

假使伍太婆是中等以上的人家,或是有几文家当的,讨个媳妇,必非一件容易的事。讲究门户,讲究陪奁,挑选人才啦,顾虑牵绊啦,一定也会迟延许久的。她现在一切都是起码,所以很容易就把龙王庙一个卖烧腊的王大爷的女儿四姑说合了。

据说,王大爷本是郫县一个小小的粮户,因为家运不好,打官司,死人,家当打光,婆娘儿子死光,无计奈何,才落薄在省城挑着担子卖烧腊。而一个大成人的女儿累在身边,不但不能帮助他,反时时刻刻使他深感麻烦。

所麻烦的,并非因他女儿一天到晚喜欢在邻居家走动,并同着一伙所谓不甚正经的妇女们打得火热之故,而是女儿脾气不好,动辄就抱怨吃得不好,穿得不好。父亲倘若说起以前如何如何,"如其家运好点，四姑儿，你还不是穿一身换一套，吃这样吃那样的。"她更气大了，必狠声狠气的说："是我累得你家运不好吗？那你为啥子不在我小时把我焗死呢？若说不忍心，把我卖跟人家当丫头，我也得条生路，你也得几两银子啦！"父亲若再说两句，包管到打二更做了夜生意回来，还见不着她脸上一点儿笑容。

不过，有时也很孝顺，整半天的和颜悦色，给父亲补这样，洗那样，等他回来，做饭炒菜，收拾东西，并且嘘寒问暖的。

但这日子太少，尤其到近来，好像秋霖不断时的晴天。这使得王大爷很久很久，便没有像从前一样笑过了。

冬月半间，一位认识的人，来向他提说四姑儿的婚事。这算是第三回了。在前，他还有点舍不得把女儿就嫁出去，觉得还不到时候，一小半又因为太没钱置备妆奁。但自第二回把媒人送出之后，着女儿一顿无谓的生气，心中已经有点恍然于"女大当嫁，"再加以近顷的麻烦，于是经人一说，仅仅知道上莲池的伍太婆，家里有几文钱，一个儿子是个精壮小伙子，便也不再打听，虽然两家居住得并不很远，而连世俗的相郎规矩，也忽略了，竟自满口答应，只是附带一句："你晓得我是没有钱办陪奁的，大家诸事从简好了。"

倒是伍太婆还精细得多，不肯偏听媒人的话。还是按着老规矩，在第三天上，不声不响的一直溜到王家。明明是趁着王大爷出门做生意去了，偏说是来找他的。一进门，就把王四姑儿盯着，上下前后的尽看。她也假装不晓得是一回什么事，仍旧作她的事。不过举动之间，终免不了有点忸怩，这在伍太婆眼里，偏偏认为是并不曾下流过的姑娘，才能如此哩。

腊月十八，王四姑儿就简简单单的着一乘红布花轿抬过上莲池，做了伍家的媳妇。

新婚的少年夫妇，除非有特殊情况，未有不热恋到不知天有好高，地有好厚。何况王四姑儿模样并不错，身材是那样的高，腿骭是那样的长；脚虽缠得不很小，却不讨厌；眼眶虽不很大，而一双眼珠却是活泼泼的。大毛病只在眉梢有点高吊，颧骨有点突出，不过女人毕竟有女人的妩媚，这是自然给与她们的一种战胜男子眼睛的法术，在青春时期，它可以将她们的缺憾美化起来，变为她们相当的好处。

在半瓦半草房子的社会中，像王四姑儿，本底子已算是顶苏气①顶出色的人了。加之是新嫁娘，乌黑的头发抹着菜油，脑后梳了个红纂心绿腰线又圆又大的纂纂，插了根镀银挖耳，戴两朵本城染房街出产的时兴刮绒花；额前打着流行的短刘海，粉是抹得雪白，胭脂是涂得血红；穿着一身新衣裤，以及自己连夜赶制的平底扳尖满帮花的新鞋，自然更觉整齐了！

伍平之所以迷迷胡胡，终日守在老婆跟前，到夜，老早就催着睡觉，天亮，必待老娘把饭做好，喊好几次才爬得起来者，良有以也！

丈夫诚然是个麻面孔，而且是一张浅酱色的面皮。人又粗糙，性子又是直戆戆的。但他毕竟是个精力弥满得好像皮肤都要冰裂了似的强壮小伙子。即令爱好天然的杜丽娘，工愁善病的林黛玉，遇着如此男儿，也一样的会给他生儿育女，只管在感情上说是不满意。况乎王四姑儿并非其人，而平日同着一般所谓不正经的姆姆嫂嫂们鬼混时，眼睛里所看的男子，有几个又是柳梦梅贾宝玉之类的斯文公子？加之在新婚当中，固无怪乎就是守着麻子，也并不讨厌，有时背着人还不免自动的去摸他一把，逗他一下；而早晨起来，总要对着那面凹凸不平断不会将人形照得平整而酷肖的土玻璃镜，着意的打扮。

伍太婆之为儿子娶妻，意识里根本就无所谓为接祖宗香烟。她只是想得一个人用，想多一个人浆洗缝补，做鞋做袜，帮着挣钱。自己以为老了，看见一般有媳妇的，都能抄着袖管，光是抽叶子烟，烤烘笼，萧萧闲闲的当婆婆，自己也打算享享如此清福。当她借口找王大

---

① 成都习用语，苏气，漂亮也。——作者注

爷去看人时，所欣喜的也就是那个发育完全的结实身子，同一双粗枝大叶的手。及至把自己一点辛苦积来的钱取出，将媳妇讨进门，几天上，便知道自己做错了。

原来，女人是儿子的老婆，并非是自己的媳妇，不但不能帮忙，反而添了忙累，就在新年当中，也忙了个不能休息。

前些时，又何尝不加以原谅？说是新娘子自然贪顽贪耍，或许再过几天，就会活动了，就会见事做事了。

谁知快要过元宵了，两小口子依然同半月以前一样的颠颠倒倒，迷迷胡胡，懒懒散散。同时更察觉儿子对自己一天比一天冷淡，一天比一天不听话。讨一个媳妇，连儿子都出嫁了，这如何不使作母亲的格外生气？

一天，太阳都很高了，当母亲的把饭煮好，菜炒好，领来洗浆的衣服也洗好晾起了，正在搓洗新娘子头夜换下的衣裤。听一听，房间里还睡得没一点动静。业已一肚皮不高兴，偏偏朱家姆叨着一根长的叶子烟竿，牵着第二个孙儿，悠然打从门前而过。因就站立在揉搓衣裳的门板跟前，笑问道："伍太婆，你真累得呀！新年八节，也一天做到晚，没见你歇过气！"

伍太婆伸起腰来，恶意的撑着眼睛道："朱家姆，我们生成的苦命，还说啥呢？活到老，累到老，那天累死，那天下台！"

叶子烟两把，朱家姆故意把房里一睋道："你的新媳妇呢？年纪轻轻的，正好做事，咋个不帮你做做？"

"哼！帮我？"她伸手从木盆中把一条水红布裤子提了起来一扬道："请你看看，连胯裆底下的还要我替她洗哩！"

"哈哈！像你这样当老人婆的，真贤惠啊！是我来，那倒不行！当真天翻地覆了，媳妇的脏裤子，还要老人婆替洗？你为啥不喊她做呢？"

"要你喊得动啦！一天到晚失魂落魄的，连指头都不想动得，只是打打扮扮的迷男人！你看，啥时候了，那家没吃过早饭，快的要烧午饭火了，两个杂种还在床上挺尸哩，你说嘛！"

朱家姆大摇其头道："这还要得吗？你也该把你当老人婆的身份拿出来呀！像这样子，太不成名堂了！伍太婆，你要晓得，上莲池有媳妇的不少，你不要把榜样太立坏了，会招大家怪的！"

朱家姆虽是萧然而去，但她所放的一把火，却在伍太婆心中熊熊的烧了起来，越想越是生气，"真值不得！这样做了，还落不到一点好处！"遂猛的把湿淋淋的衣裤向木盆里一丢，回头奔进房来。儿子刚起来了，站在当地穿衣服，打呵欠。媳妇尚无声响，蓝麻布印白花的罩子仍低低垂着。

她遂在一张旧的黑漆方桌上，猛扑了一巴掌，把桌上放的东西全都震跳起来。并大声喊道："妈哟！老娘累了大半天，还没人起来！老娘该变牛吗？"

儿子睁着眼睛，似乎有点不好意思，一溜的就出去了。罩子仍是低低垂着，床上还是没有动静。

她实在忍不住了。便奔过去，把帐门撩起。顶刺眼的，是被盖齐颈，枕头上一颗乱发蓬松，脸朝里摆着的头，仍然摆得稳稳当当，闻风不动的。一阵脂粉的香与汗气直向鼻孔里扑进来。

她抓住被盖的一角，霍的往上一揭，便端端正正，露出一个精赤条条的妖精。她眼睛都气花了。但是不等她开口，那妖精已猛的坐起，照肩头就给她一掌。本是半跪在床边上的，遂随手滚下地来。而床上已经大吵道："老不要脸的！白日青光来看媳妇的活把戏吗？亏你是老人婆！若是老人公呢？我也快二十岁的人了，没见过这样不要脸的老人婆！"

二

婆媳吵嘴，夫妇口角，弟兄打架，乃至为了一点极不要紧的小事，比如彼此小孩抢夺一块瓦片，而引起众邻居之拼命大喊大吵，气势汹汹到不可开交的事情，这在上莲池的社会里，真是平常到不可再平常，并且是难得无日无有。

然则伍家婆媳之吵骂，又何足道，而他们门前为什么会拥挤了那么多的人呢？这正是上莲池社会的一般生活：各人只管有各人正经事待做，但是只要一听见某家出了一桩豆大的事，大家总必赶快把手上的事丢下，呼朋唤友，一齐跑来，一以表示他们被①发往救的热忱，一以满足他们好奇的心肠。何况伍家新媳妇过门还不到一月，就同老人婆如此吵起，已经是好戏文，加以彼此口头吵出来的，又都是超越寻常的言语，简直把新媳妇半个多月的性生活的状况，内内外外，全般表暴了出来的言语。

这不比当人新婚之夕，在窗子外面去听房时还有趣味吗？固无怪乎拥在门前的一般姑姑嫂嫂们，个个都在脸上摆出了一副衷心欢乐的笑容；而少年男子也合不拢口的连向女人们挤眼睛，歪嘴。

吵得太凶时，是放火的朱家姆挺身出来，两边劝解，而后张嫂嫂也才挤进来帮腔。

朱家姆是老年人，劝解当中，微微有点偏向当老人婆的。老是这样劝伍大嫂："泰山之高，也压不下当老人的。你是媳妇，说完一本《千字文》，你总是小辈子，又是才过门的新媳妇，咋好不让她一步

---

① 读 pī，同"披"，覆盖。——编者注

呢？你就让她多说两句，人家也不会笑你。懂理的只有凑合①你伍大嫂是孝妇咧！你听听我的劝，不要说了，让她气下去了，跟她磕个头，赔个礼，不是啥子都好了？"

张嫂嫂是年轻人，才二十五岁，嫁了六年，生了三个小孩子，头上也有老人婆的。便多少要同情于当媳妇的一些，她劝伍太婆的话，则是"你也是啦！才过门的新媳妇，懂得啥子？就说昏天黑地的贪耍，不做事，也是当新人的本等呀！你做老人的，还该望他们小夫妇老是这样恩恩爱爱的方对哟！大家都当过新媳妇，大家都昏过的，新娘新婚，要昏才好。你做老人的，凡事担待②一些，啥子都好了。要教哩，好好的教，何犯着去揭铺盖。人就说昏，也是要脸的，年轻人自然气性又大些，让她吵两句，不就完了？知道的，谁不说你当老人婆的大量，能容人，尽斗着吵些丑话，做啥子？"

厮劝的结果，婆婆是那样的气，说是遇着了忤逆媳妇，宁可搬出去讨口叫化。媳妇也是那样的气，说是遇着不贤惠的老人婆，这日子还过得出吗？事情下不了台，大众只好依据上莲池社会不成文的宪法，将伍平找来，把一切罪过统给他背在背上。逼着他向母亲磕头认错，向老婆作揖认错。然后张嫂嫂把伍大嫂估拉到自己家去，朱家姆就陪着伍太婆，悄悄的数说媳妇如何如何的不对，一方面教导伍平该如何孝顺妈，该如何制伏老婆。

自然，第二天还有点余波，到第三天，两婆媳才说了话。据说，是伍太婆先开的腔，先向媳妇打招呼。朱家姆听见，便叹了口气道："糟了！伍太婆从此只有受气的了！"这是根据的婆婆经，凡婆媳口角赌气，谁先打招呼，谁就心输气馁，从此投降，再也抬不起头。

---

① 四川方言，凑合恭维也，凑读平声。一意成全也，大抵用于袍哥社会中。——作者注
② 四川方言，担待宽宥也。——作者注

婆婆经的话果然验了。事隔一月，伍家两婆媳不知为一件什么事又吵了一架。虽然也和头次一样的凶，但不经人劝，伍太婆自己先就收了口，溜出房门，而伍大嫂则一直骂到天黑。

这一次，还不止光骂老人婆，连丈夫也一齐骂在里头，意思说他袒护了母亲，没出息的人才会欺老婆。伍平很想申辩几句，却没有插嘴的空隙。

从此，伍家这一家，全被伍大嫂征服了。中间只有一次，伍太婆实在受不住她的骂，被一般打抱不平的姆姆们撺掇起来，跑去投诉王大爷，意思要她的父亲来责备她一顿。

伍太婆把痛苦说后，又加了一句："若果脾气真改不了，只好请你领了回来。"

王大爷惊诧的说道："领回来？领回来养老女子吗？那我又何必嫁她哩！嫁出门的女，泼出门的水，我倒不爱管这些闲事，我才清静了大半年！"

伍太婆一定要他去管教一番，唠唠叨叨说了好一会。王大爷焦躁起来，大声喊道："亲家母，你我并非外人，说句开心见肠的话，你娶了我的四姑儿，只算你运气不好，遭着了！如今是你家的人，打由你，骂由你，处死也由你，我没半句话说。还要我出头管教，那却不行！我会管教，早管好了，也不会嫁到你家去了！"

亲家如此推卸，儿子不争气，媳妇脾气是那样火爆爆的，这有什么办法？伍太婆仔细想了想，这一定是命中注定的，以前的妄想，只好一齐收拾起来，将就她，让她，权当她是老人婆，但求耳根清静，过点太平日子。

伍大嫂确也有她的本事，她能够做细活路①，能够扎花、打绺、

---

① 四川方言，凡做事皆曰做活路，成都则专指女红。细活路谓刺绣等类女红。
——作者注

挑纱、刺绣，手脚又快，又做得好。在华兴街荷包铺里领些眼镜盒子、槟榔荷包、表袋、钱褡裢之类的东西来做，半天工夫的进项，每每要抵伍太婆累七八天而后获得的。有此本事，又安能不令伍太婆高兴？又安能不令她逢人便夸："我们的王女，虽说脾气大点，到底手脚能干麻利，我看，有许多奶奶，恐怕还有点赶不上呢？"

并且，自伍大嫂挣钱以来，一家人吃得也好。四十八个钱一斤的黄牛肉，是整罐整罐的煨；六十个钱一只的烟薰鸭子，是整只整只的砍。差不多隔不上四天，总要见点荤菜，也总要喝点酒。当时的封泥老酒，虽说七个钱四两，但是双称，有时一家人喝半斤，便全醉了。这日子多好过！算是到九月底，伍大嫂要生安娃子了，这生活才有了变动。

三

伍平自从讨了老婆，一直是很驯谨的，成日守在家里，任凭老婆如何指挥，总是喜笑颜开的做事。有时事做差些儿，着老婆狗血淋头的大骂一顿，也老是这样说："做过就是了！闹啥子？"人家或是讥笑他："伍平是㸒耳朵①！平日打三个擒五个，啥都不怕，歪得像一只老虎，如今武松进门，就皈依佛法了。伍平，你还敢出来惹点事么？你还敢疯子样跳进跳出么？"他也只是笑。

他的母亲虽不满意儿子完全投到媳妇怀里，对自己再不像以前恳切，可是儿子变驯了，只要不惹他，在家里总柔顺得像一条狗；也不到外面去惹事生非，少了多少挂虑。旧日几个坏朋友，虽仍常来走动，但总敌不过媳妇的威力，只要媳妇说一句："不准走！"任凭朋友

---

① 此是四川俗字，音怕字平声，软也。本是腐字重唇音。——作者注

如何撺掇，也绝不走。就打发他到华兴街荷包铺去收款子，也规规矩矩的有一个交一个，间或花三个钱喝碗茶，一个钱买包水烟，也得把用帐报清。家里粗事，以及上街买东买西，也不必要母亲动手动脚，几乎全是他一个人包办了，伍太婆对于这些，又觉得媳妇讨得不错。

但是，到八月间，他老婆身孕越大，伍平的旧毛病就渐渐发作起来，有时半天半天的在外面游荡。不过经他老婆一责备，还肯认错道："我本想就回来的，就是那些龟杂种，一碰见了，总要拖住吃茶，喝酒，烧鸦片烟，硬不丢手！日他妈，明天不出去了，别跟老子尽吵！"

安娃子太太平平出了世，伍大嫂专心在孩子身上，活路不能做，日常进项减少得多，不但不能像以前那样吃喝得好，甚至连正经的两餐，也有点拮据起来。四十天的月子，全靠平日的一点小积蓄，以及王大爷时常从担子上匀些猪的里物送来。月母子所必需吃的鸡，仅仅吃了两只。

满月之后，伍大嫂就开始抱怨起来，说丈夫太没出息了，只会学鸡婆，成日的抱在家里，当真是鸡婆，也好啦，一天一个蛋，也值得上三个钱。一个男子家什么都不会做，也不想做，只晓得吃现成，穿现成，要婆娘供养，也太没志气了。

虽是抱怨话，却比平日的骂刻毒得多。平日挨了骂，伍平还得意的向人说："打是心疼骂是爱！今天又着老婆骂了一顿来！"但现在却觉得这些话真有点像有药的毒箭，一直穿到心头，颇颇有点受不住。于是便发了毛，瞪起两眼吼道："日你的蛮娘！你敢骂老子没出息？"

他老婆仍旧奶着孩子，若无其事的昂起头道："不骂你，难道你就有出息吗？好！有出息的人，缸里没米了，去拿一斗米回来看看。"

"你谅的了老子没本事拿米回来？"

她点着头冷笑了声："谅的了！"

他真气透了，而她还摆着满脸看不起人的神气，翘着嘴皮，一句赶一句道:"自己没出息,连饭都抓不到口,为啥子要讨老婆?当真就忍不住了!讨了老婆,供不起,还要生娃娃,倒不如正正经经当乌龟好了!"

他向桌上一捶道:"你在挖苦那个?"

她也站了起来,大声叫道:"你少装些疯!老实告诉你,我现在领了娃娃,累不得了,活路是做不成的。靠你妈一个人洗洗缝缝,养不起一家人。你到底是个男子家,就该供养一家人,总不能抄着手,眼睁睁看着我们饿死了事。只要你有钱拿回来,不管你偷也好,盗也好,我不说一句话,我甘愿挨打挨骂,伺候你。还想像以前一样,安安逸逸的靠我供养,那我打开窗子说亮话,我就偷汉子,也不拿现成饭你吃的!"

他虽然气到肚子要炸了,却一句骂不出,只是冷笑道:"往常为啥子不要我出去?只要你出一次门,就骂你荒唐。"

"这才放屁哩!要不是出去荒唐,那个管你?若果一出去就能拿一吊钱回来,我巴不得你时时刻刻在外头哩!你默到我不要你出去,是爱看你那麻脸吗?"

麻脸!这真触犯了伍平的忌讳。他劈脸就给她一掌,她一躲,打在肩头上。不等他再举手,她已把孩子向床上一丢,大喊着:"你打我!……打死人啦!打死人啦!"扑到男人身边,抱着他两膀又纠又咬。

伍太婆刚刚买菜回来,便赶上前拉喊道:"咋个打起来了!快丢开!快丢开!"孩子也在床上大哭。

伍大嫂放松了手,伍平才得了机会,左手揪住她头发,将她的头直按下去,右拳抡起,方在她后臀上捶了一下,早被邻居们拥来拉住道:"打不得!打不得!"

结果,伍平顶吃亏了,两膀上着纠了几伤,着咬了几伤,项脖上又着抓了两伤。母亲说他不该行凶,设或打伤那里,回了奶,小孩子怎样喂养。邻居婶婶嫂嫂们也说他不对:"男子家有拳头打好汉,没拳头打婆娘!有道理的话,为什么不好生说?"

伍大嫂更不必说了,哭是哭,骂是骂,咒是咒,她不想活了,她要当尼姑,她要偷汉子。披头散发的,没一点女人的风韵。

大家叫伍平认个错,他不肯,说婆娘太横了,不可再长她的志气。于是冲了出去,无踪无影的直过了三天,才溜回来。

母亲到底是母亲,见他回来,好像把前几天的事通忘记了,问他吃了饭不曾,赶快烧火炒饭给他吃。又问他几天来在那里过活,又说两口子吵嘴打架是常事,不犯着动辄就冲走,一走就是几天,也不怕大家操心。

老婆却不同,一看见他进门,翻身就倒在床上,毫不理会。直等他伏在床边上,说了多少没骨头的软话,赌了多少伤心咒,强迫着亲热了一番,方坐了起来,方露出笑容,然而还结结实实数落了一番。

要是别的女人,或者伍平是有钱的,两口子定可办到和好如初。而在现状下之伍平夫妇,尚不容易说这句哩!

因此,不到十天,两口子又吵起来。这一次,虽未动手打架,而意态则比前回严重得多。伍大嫂的话更明白了:做丈夫的硬要找钱养家,不然,宁可闭着眼睛当乌龟,那就可以吃老婆的饭。如其要冲走,就永远别回来,她并不稀罕这样丈夫。她哩,根本就不愿拿针尖刺钱吃饭的,"嫁汉嫁汉,穿衣吃饭!"嫁了汉子还要靠自己做针线,那她不如不嫁了,还少些累赘。

伍太婆虽然不平,虽然心里如此着想:"儿子是我的独子,我已把他养到这么大了,你不养他,我还是会养的,你不可怜他,我要可怜。"但口里不敢说,一则,自从媳妇进门,事情已明明白白摆在跟前,绝不是光靠自己一个人洗洗缝缝支持得了,大半年比较舒服的日子,全是从媳妇十根指头上来的;今后添了一个孩子,担子更重,无论如何,更是要靠她了。再则,男子汉活到二十几岁,娶妻生子了,找钱养家，又是天经地义，媳妇现正逼他，自己有何本领再好姑息？从旁一边人的口里听来，好像媳妇吵闹得总在理些。

伍家便如此的时而吵闹，时而和好，时而又在吃肉喝酒，有说有笑，时而一整天不烧火，由伍太婆出去借十几文钱，买几个黑面锅魁，一壶开水，就充了饥，解了渴。如此生活，在上莲池社会里，倒是正规的，并没人稀奇。

一直过到第三年五月端阳，要不是有打教堂一件事，恐怕伍家家乘就永远这样一治一乱的下去了。

四

端阳节是三大节气之一，万万不可胡乱的过去。即如伍家之穷，也与其他穷人一样，在五月初二，就打起主意：把伍大嫂首饰中剩下的惟一银器，一根又长又厚又宽，铸着浮雕的张生跳粉墙的银簪子，拿去当了，包了四合糯米的粽子，买了十二个盐鸭蛋，十二个白鸡蛋。到初五一早起来，将一绺菖蒲，一绺艾叶，竖立在门前；点燃香烛，敬了祖宗，一家人喜喜欢欢的磕了头，又互相拜了节，坐在桌上，各人吃了粽子、蛋、白煮的大蒜，又各喝了杯雄黄烧酒。伍太婆将酒脚子在安娃子额头上画了一个王字，两耳门上也涂抹了一些，说是可以避瘟。伍大嫂在好多日前，已抽空给他做了一个小艾虎，和一只小小的香荷包；伍平又当天在药铺里要了一包奉送买主的衣香，装在香荷包里，统给他带在衣襟的纽门上。

一家人吃饱之后，无所事事，都穿着干净衣裳，坐在门前看天。

晶明的太阳，时时刻刻从淡薄的云片中射下，射在已有大半池的水面上，更觉得晶光照眼。池西水深处，一团团的新荷已经长伸出水面，半展开它那颜色鲜嫩的小伞。池边几株臃肿不中绳墨的老麻柳的密叶间，正放出一派催眠的懒蝉声音。

池北的城墙，带着它整齐的雉堞，画在天际云幕上，谁说不像一条锯子齿？

伍平把新梳的一条粗发辫，盘在新剃了发的顶际，捧着一根汗渍染黄的老竹子水烟袋，嘘了两袋，忽然心里一动，想着江南馆今天的戏，必有一本杨素兰唱的《雄黄阵》的。站起来，伸手向他老婆道："今天过节，拿几个茶钱，我好出去。"

今天过节，这题目多正大！伍大嫂居然不像平日，居然从挑花肚兜中，数了十几个钱给他。

伍平高高兴兴，披着蓝土布汗衣，走到街上。出门拜节的官轿，正络绎不绝的冲过去冲过来。跟班们戴着长红缨凉帽，穿着蓝麻布长衫，手上执着香牛皮护书，跟在轿子后面，得意洋洋的飞跑。

家里稍有一点钱的小孩们，都穿着各种颜色的接绸衫，湖绉套裤，云头鞋；捏着有字有画的折扇；胸襟上各挂着许多香囊顽意。还有较小的孩子，背上背着一只绸壳撮箕，中间绽着很精致的五毒。女孩们都梳着丫髻，簪着鲜红的石榴花，穿得花花绿绿的，坐在门前买零碎东西吃。

满街上差不多除了大喊："善人老爷，锅巴剩饭！"的讨口子外，就是穷人也都穿得干干净净，齐齐整整的。

快要到江南馆街口了，忽听见街上人声嘈杂。全在说："四圣祠的教堂着打了！要发洋财的赶快去！"朝东跑的人确乎不少。

伍平也本能的一掉头就朝东跑了去。

还未跑到庆云寺，已看见好些挽着古怪家具的，挽着大包袱的，瞪眉吊眼，气汹汹的走来。

伍平赶快把有力的长腿一紧，挤进了人丛。已听见一片人声从教堂的围墙里一直响到外面，不知喊些什么。凡是可以出入之处，统着人塞紧了，比戏台口的阵仗还大。稍为矮一点的墙头上，许多人在朝上爬。

他也想照样做,只是没一点空隙,他便循着墙根走去。走到一座人塔下面,塔顶上正有一个人,拽着一个大包袱,不知如何下来;若干的手争着伸过去,若干的声音也争着在喊,那包袱偏偏从层层人头上一直滚将下来。

他恰好伸手接着,来不及审视里面的东西,斜刺里便是一趟。

一路上都有人向他喊说:"恭喜!恭喜!发了洋财了!"有几个甚至说:"沿山打猎,见者有份,没说头,分点来!"一直跑过红石柱,才没人说了。

伍大嫂还带着安娃子坐在门跟前。他把包袱向地上一顿,伸起腰来,哈哈一笑道:"喂!今天运气好,发了洋财了!"

伍大嫂大张着口。他母亲从房里奔出来问道:"说的啥子呢?"

伍平一面蹲下去解包袱,一面述说来由。左邻右舍的人闻声而来,甚至有不及看包袱里的东西,闷着头就朝四圣祠那方跑了的。

包袱一开,先滚出来了几只空玻璃瓶。再看,一口绿色皮匣,五六只暗白色印蓝花的厚瓷盘。皮匣很精致,沿边全是银白铜包了的,看样子,中间一定是什么好宝贝。只是匣子关闭得很严密,不知道如何开法,抱起来一摇,并无响声,却是沉甸甸的。

伍大嫂说:"咋个开呢?若是打不开,才枉然了!"

伍平揩着额上的汗,重新把发辫盘了一次,将蓝布汗衣脱了,光着粗糙而黄的上身道:"我有法子,拿菜刀把皮盖砍破它!"

一个看热闹的老头子道:"使不得!洋鬼子的东西。都是有消息的,说不定中间还藏有暗器。强勉打开,定会伤人的,总要把消息找着才对!"

伍平不敢动手,大家也不敢动手。然而大家的心却与天气一样,偏是滚热的要想知道中间到底藏的什么好宝贝。

有一位婶婶插嘴道:"你们为啥不去找魏三爷?他是走过广①,见过世面的。啥机关,啥消息,他不懂得?"

不错,何以会把魏三爷忘记了?立刻就有两个大孩子,不待人家指挥,便飞跑去了。还一路大喊着魏伯伯!魏爷爷!

魏三爷虽有五十三四岁,还是红光满脸,一身的肥肉。披着一件大袖无领的旧官纱汗衣,里边衬了件细水竹枝串成的背心。左手搓着两个大铁球,右手挥着柄大纸壳扇,扇上是自己大笔挥的四个字:清风徐来。

他来了,众人一面让路给他,一面纷纷的说道:"三爷!……怕有消息子②?……这是教堂里洋鬼子的东西!……快来看!……"

魏三爷笑迷迷的站着,半闭着他那双水泡眼,先听伍平把皮匣来历说了。然后才撩起裤管,蹲了下去,把皮匣四面一审视道:"有啥消息!不过是几道暗锁。要是不锁上,倒容易打开,只怕锁上了,又没有钥匙。……管他的,试试看!"

把铁球和纸扇放下,两手在银白铜边缘上一阵摩挲,众人尚未看清楚是如何的,铛的一响,皮匣盖便訇然自己翻开。

众人欢呼一声,一齐争着勾下头去。匣子内面才是一些刀,一些叉,一些长柄羹匙,全都嵌放在红绒格子里,牢牢实实的。

大家都认不出是做什么用的,但本能的知道并不是什么好宝贝。魏三爷哈哈笑了起来道:"啥好东西!原来是洋人吃饭的家伙!"

伍太婆惶惶然问道:"是银子打的罢,亮晶晶的?"

魏三爷站了起来道:"还不是铁的,顶多镀了一层银子!若是银子打成,咋个割得动肉呢?"

伍平生了气,跳起来,抓了只瓷盘向池水里一掷道:"悖他妈的

---

① 四川人在前以山水险恶,安土重迁,凡游过省外的,都会受人尊敬,谓曰走过广,走过广者谓其足迹之远,到过广东之谓也。——作者注
② 职业传信人。南宋都城临安开始出现,后代多有继承者。——编者注

趸时！老子空欢喜了一场，说是发了洋财，才是这些不值钱的东西!”

他妈忙拦住他道：“你疯了吗？到底也算是意外财喜啦！瓶子盘子都可装东西，刀子这些总可以卖几个钱的!”她遂弓下腰去，把皮匣瓶子盘子收拾在包袱里，叫媳妇帮着捧了进去。

看的人都大为扫兴，各自议论着散开了。

后来跑往四圣祠去的一般邻居，都打着空手回来。说整个教堂都打扫得干干净净，连楼板、地板、窗子，都撬光了，只空落落剩了些砖墙砖壁。

大家说起为什么打教堂，没一个人知道。只晓得端阳节日东校场将台上正在撒李子时，忽然一个地皮风扯了来，说教堂里正在杀娃娃，杀得精叫唤的。这一下，这在平日对于教堂和洋人的不了然，以及对于教民倚仗洋势的宿恨上，斗添了一种不平的义气。于是一人召号，万人景从，本意只是去探听一个虚实，好与洋人评个道理的。不想一进大门，少数的不平义气，一转瞬便着发洋财的念头战胜了。

但在第三天，风声就不好了，全城都在传说：“洋人全在制台衙门里守着，要制台赔款办人，若其不然，洋兵就要开来了。制台同将军也奉了圣旨，叫从严办理，看来，总有些人的脑壳要搬家的。”

一连三四天，茶铺里所讲论的，全是一府两县的差人，各大宪衙门的亲兵，和各卡子房的总爷带着梁子上的丘八们，到处在清查，在抓人。“某人家里搜出一本洋书，全家男子通通锁走了，家里也扫了个精光。……某人本是好人，还有一个亲戚在盐道衙门里当师爷，被人寄了一口箱子，搜出来了，尽是洋人的衣裳，这下毁了，连一个大成人的姑娘着几个丘八踏得不成名堂。……某人不是吗？只那天在门口检了一块呢垫子，也着捉去了。……”都说得有凭有据的。

风声一传到上莲池，伍太婆一家都愁着了。首先是伍大嫂深深抱怨伍平：“你那天拿东西回来，对直就到房里，不要等邻居们看见，不是好好的一回事。偏那样炮黑炮毛在门跟前当着众人解包袱，生怕别人不晓得一样。"

伍平皱着眉头道："你这时节才说，那时递个点子跟我也好啦！"

"我那没递点子！又咳嗽，又向你歪嘴，你把个龟脑壳死死的勾着，睬都不睬！"

伍太婆叹道："又不是金珠宝贝值钱的东西，为这些刀子叉子，着了拖累，才不值哩！那天真不该拿回来，真不该弄得大家都晓得！"

她媳妇又道："我不是说过，留着是祸害。到是那天当着众人丢在池子里还干净些！"

伍平瞪着他母亲道："就是她嘛！我才丢一个盘子，她就挡着。……专爱小便宜！"

他母亲把手一拍道："莫光怪我！你们既都是未来先知，为啥子第二天不丢呢？"

伍平站了起来道："我这时就拿去丢！"

他老婆道："背着大家丢，那个看得见？并且也丢迟了！……"

魏三爷挥着他那清风徐来的纸壳扇，同往日一样，阴悄悄的站在门口。手上铁球搓得滴铛滴铛的响。微笑着问道："要丢啥子东西吗？"

五

魏三爷在上莲池社会中，不但是顶有钱的，住着宽大瓦房，穿绸袴缎，天天都是肥酣大肉，而且势力也大；不仅因他一个胞侄在雅州巡防营里当管带，还由于他本人又烧过袍哥，又认识华阳县衙门里快班上有名的白大爷。他能够抬举人，也能够害人，上莲池的居民，谁不尊敬他，又谁不害怕他？

他平日也肯到伍家走动，还顶爱与伍大嫂说笑。说了几回，要收她做干女，伍太婆没说的，伍平也不敢说什么，倒是伍大嫂本人不肯，说是讨厌他。

此刻着他悄悄走来，这么一问。全家都不免有点心跳，没一个人说话。

他一直走进门来，也不等人让他，就自己向一条板凳上坐下。伸手将站在当地的安娃子牵了过去道："这娃儿真乖！再难得看见他到处烦。……越长越像妈了！也好！不要像老子，像老子就太丑了！……咋个今天不喊魏爷爷呢？快喊！喊了，下回有糖吃！"

随又抬头看着伍平道："你们要丢啥东西？为啥又不说呢？……哦！你们打算把那天从教堂里拿回的东西丢了，是不是？也对！这几天风声确不大好，到处都在清查，清查得很细密。天涯石一带，几乎是挨门挨户的在搜。我从华阳县衙门听说来，上头吃得很紧，恐防全城都要搜。……"

伍太婆插嘴道："我们这里该不搜罢？"

魏三爷接过伍平递来的竹水烟袋，把纸捻一挥道："上中下三个莲池边，官府是早在心上的，认为是个坏地方，岂有不搜之理？要是一府两县的差人来搜，还好办点，为啥呢？我有熟人，多少还可说点人情，叫他们让一手。怕的就是梁子上的人，个个都是野的，丝毫不听上服①，要是我侄儿在此，也好啦，却又不在，远水难救近火。倘若一下把赃物搜了出来，……哼！……"

伍家的人，除了安娃子外，个个都睁着大眼，把他相着，要听他的下文，他却吹燃纸捻，慢慢的嘘烟。

伍平待他吹烟蒂时问道："要抓人走吗？"

"何消说呢？起码一千头刑，问了口供，立刻拿站笼装起来！女的也躲不脱！"

---

① 四川哥老会中术语，谓打招呼说人情曰搭上服，受之者曰听上服。——作者注

伍大嫂伸过脸去问道:"女的也要着抓吗?"

魏三爷马起脸说道:"为啥不呢?教案,骇人啦!你默到是平常的青衣案红衣案吗?我从华阳县衙门听来,上头的意思,是要照大逆不道的罪名办的。查出首要,男的凌迟碎剐,女的割乳砍头;父母、兄弟、姊妹、儿女,分别丢站笼,处绞,永远监禁;近支亲族,充军黑龙江;左邻右舍,各打三千板,逐出境外。……这是首要,若是只搜出赃物,不论是在教堂里抢的,在路上检的,男子则依律处死,女的则打二千皮鞭,发官媒价买。……"

伍太婆舌头一伸道:"好凶呀!"

伍大嫂稍为有点慌张道:"三伯伯,你的话,到底是真的吗?还是故意说来骇人的?"

魏三爷将竹水烟袋仍然还递给伍平,抓起扇子挥了几挥,左手的铁球也重新滴锵起来。他把伍大嫂瞅着道:"我为啥要骇你?我和你有啥怨仇吗?你只去府街上打听一下,两县卡房里现关了多少女的,还有当过师奶奶的哩!那个不安排着去跟人做小老婆!……"

他站了起来,要走的样子。

伍太婆一把将他拉住道:"三爷,你就不打救我们一下吗?你跟我们打个主意呀!做做好事,报在你儿女身上!"

魏三爷哈哈一笑道:"伍太婆,你倒会挖苦人!你不晓得魏老三平生干过多少怪事,老婆一直到死,连屁都没有放过半个吗?"

伍大嫂把他的扇子抢了过去道:"三伯伯,少做点过场①呀!人家多着急的,你难道看得过吗?"

他笑着伸手把她脸巴子一拧道:"你也有着急求人的时候呀!平日那么傲头傲脑的哩!"

伍太婆道:"三爷,只求你搭个手,她是有良心的。"

---

① 四川方言,谓故意做作而含有忸怩之态曰做过场。——作者注

她媳妇红着脸道:"不说那些。三伯伯,我只问你,我们把东西一齐丢了,好不好?"

魏三爷笑着点点头道:"丢哩,倒是对的。只问你,咋个丢法?"

"趁没人看见,丢在池子里。"伍平这样回答。

"池子有好深,难道捞不起来?邻居们只要出头说一句:禀大老爷,池子里东西,是我们亲眼看见伍平拿回来的。那吗,还不是同放在家里一样?"

伍大嫂拍手道:"是呀!我也是这个意思,所以我说丢迟了。"

"你既晓得,那吗咋个办呢?"

"我们就是要求你打个主意呀!"

魏三爷从她手上把扇子接了过去,眯着水泡眼,将她瞅了半会,才道:"这样好了,把东西全交跟我,我自有地方安顿,断不会着搜出来的。等风声松了,事情平息之后,你们还要哩,再拿回来,不要,我帮你们卖,多多少少也检几两银子使用,你们看对不对?"

三个人一齐说:"咋个不对呢?难为你费心劳神,真叫我们感恩不浅!三爷,三伯伯,你今天真做了好事!"

伍大嫂又拉过安娃子,叫他给魏三爷磕头道:"跟魏爷爷道个谢,魏爷爷把你一家人都打救了!"

魏三爷提着包袱要走时,又嘱咐了几句:"切记不要说东西交跟我了。你们口头不稳,我不害怕,吃亏的还是你们。"

隔不两天,成都华阳两县衙门口的站笼里,果站死了几个人。大家传说:就是这回抢教堂的人犯。伍家几位邻居,都跑来向他们说消息,意思是为他们的好,却把他们骇慌了。朱姆姆吧着叶子烟说:"看来,人总要安分守己。要发财哩,命中注定,就睡在床上,银子也会变成白老鼠跑来的。古人说过,横财不发命穷人,像我们这种命,有碗稀饭吃,已经够了,那能乱想发财?伍太婆,不怕你们怪我,你们那天拿东西回来时,我就向何家婶婶说,这些东西乱拿得吗？怕有祸害在后头哟！果然，这几天，那个不替你们捏一把汗。虽说东西丢了，无赃不是贼，可是你们伍大哥挖着一个大包袱跑十几条街，那个没看见呢？我们邻居为好，就不说啥子，你们能够保得别的人不说吗？若是官府晓得了，把大家抓去一审，我倒说句天理良心话，就是邻居，人家又得过你们啥子好处，那个甘愿拼着皮肉之苦，来卫护你们呢？伍太婆，伍大嫂，依我的愚见，你们倒要早点想方子的好喽！不要大祸临头时，带累别人！"

张嫂嫂更其胆小了，她道："别的都不怕，男人家还有点斤两，受点刑，还熬得住。我只想到我们女人家，细皮嫩肉的，拉去吊起打皮鞭，打得血淋淋的。还有啥子夹棍抬盒，听说把指头把腿骬都夹得扁。我的妈，那样的痛法，倒是死了还好。"

又一个女人说道："你说得松活！要你死得下哩！像这样的大案子，官府不把你结结实实的鸩到注，肯让你死吗？"

伍大嫂道："我也是这样说了。死倒不要紧，就是刑法难受。我小时，在新都县衙门里看审奸情案。一个好好的女人，鸩得血骨淋珰的，真骇得人肉战。……"

伍太婆插嘴道："亏你还在说这些风凉话，我们的事情，你也不想想，咋个办呢？难道等人家来抓去受刑吗？"

伍大嫂蹙起双眉道："我想得出啥子呢？命真不好，冤冤枉枉遭这些横事！我直想拖起安娃子逃跑了罢！"

朱姆姆连连点头道："这倒不错，怕他天大的祸事，伸起腿跟他妈的一逃，你来抓我的屁！"

伍太婆道："我倒没有主意，去和魏三爷商量一下看。"

大家都说，这话很对，魏三爷是上莲池社会里的总军师。

伍太婆抓了一把扇子，就走了。大家要听下文，都不肯就走。

有一顿饭工夫，伍太婆同着魏三爷一齐走了来。他一到门前，也不招呼众人，便大声说道："这阴地上还凉快，有风，拖条板凳出来，我不进去了。"

他又拿眼睛把屋里一看道:"伍平呢,那里去了?"

伍大嫂正敲着火链火石,将纸捻点燃,便一面捧着竹水烟袋出来递与他,一面愁眉不展的答道:"这几天失魂落魄的,成天都在外头跑。"

魏三爷抽着水烟,伍太婆遂向众人道:"三爷的意思,我们可以不跑,……"

他点了点头,接着说:"拷包袱回来的是伍平,别人认得的也是他,只要他躲开了,你们女的有啥相干呢?第一,没有赃,第二,没有主犯,就是别人多嘴,出头告发,你们只朝伍平身上一推,还怕说不脱吗?"

朱姆姆首先说好道:"这主意不错,伍平该赶快躲开。躲到那里呢?城里有地方吗?"

伍大嫂道:"他有朋友的。在他朋友家躲几天就是了。"

魏三爷笑着,吹出一缕青烟道:"他有啥砍头沥血的好朋友?要是一缉捕起来,怕没有人捆他出来讨赏哩!城里,总之是躲不住的。……"

伍太婆翻着白眼,迟迟疑疑的道:"城外又那里好呢?又没有亲戚,又没有熟人。"

魏三爷道:"我想,倒是躲远点的好。我倒有个妥当地方,却须要与伍平当面商量,看他愿不愿意。"

伍家婆媳一齐问是什么地方。他只摇摇头道:"先不忙说,我想,于伍平还有点好处,一个月还可挣三两六钱银子。只是远一点,有几站路,一两年中未见得能回来一次,就看伍大嫂舍得不?"

她极洒脱的启颜一笑道:"这是好事呀!我正想他能够挣钱哩!筋强力壮的男人家,顿在家里,连饭都吃不饱,有啥好处?我娃娃也有了,况又是躲祸,我有啥舍不得?只怕是三伯伯故意说来逗人耍的。"

魏三爷眯着眼睛一笑道："你既舍得，伍太婆是当母亲的，更不必说了。事情就这样办，我总之量力帮忙。我要回去吃午饭了，伍平回来，叫他来我那里，我再仔仔细细同他讲罢。"

六

伍平便是这样到雅州巡防营吃了粮。走时，是魏三爷给了他一封信，叫他去找他的侄子魏管带。又给了他两吊钱，做盘费，说明合银一两六钱五分，等把教堂里拿来的东西卖后，在里面扣除，多余的交给他家作家缴。

其实，在伍平好几个月后能够托人带钱回家之前，他家里比他未走时，还过活得宽舒多了，米是一斗两斗的买，油是一斤两斤的称，依然同他老婆能做细活路时一样，吃得也很舒服的。而教堂里拿回来的东西，依然还在魏三爷家里，并未卖脱，而他老婆虽然也做细路活，却并不像以前之努力，只算是混光阴而已。这是如何的呢？只因伍大嫂在他走后十天，便拜给魏三爷做了他第十七名干女，而规规矩矩受了干爹的接济供养了。

伍大嫂再添补点做细活路的工钱，她婆婆再添补点洗浆和当人贩子的外水，竟自能将以前当出的东西取出，卖去的东西买回，差不多大半年过得很平静很平安适。

只是伍大嫂不甚高兴，每每无中生有的会叹气。问她哩，说是想伍平，"不晓得他人好不好？梁子上多苦，不晓得他受得住受不住？"而她的婆婆却深晓得她叹气的真因："年轻女人，再说咋个，总是喜欢精壮小伙子的。魏三爷再说人好，再说花钱，到底五十多岁的人，精神实在有限。况又那么多的干女儿，个个都要应酬下子。王女算是他顶喜欢的了，又是才结识的，算是来得勤了，一个月来个四五回。

可是往往吃醉之后，就呼呼的睡得同死猪一般，同王女把他抬上床去，丢都丢不醒。女人家失了节，为的啥子呢？又是年纪轻轻的，陪着这样一个人，自然是不高兴的了。伍平哩，到底是精壮小伙子，她自然要想他了。"这是伍大嫂一次回龙王庙去看她父亲时，张嫂嫂来家闲坐，谈到伍大嫂近来总是不高兴的样子，叫伍太婆好生当心，而伍太婆如此向她剖析的话。

张嫂嫂是同道的人，自然明白伍太婆的话，她遂代打了一个主意，叫伍太婆另自给她媳妇找个年轻男子，魏三爷哩，也不丢他。伍太婆虑着干爹要吃醋，一则魏三爷的势力那么大，不免有惹不起之感，再则她媳妇又是有良心的，不见得肯背地欺负人，还有，就是她媳妇的性情，是不听人劝的，无论什么事，她自己不转弯，你是把她说不动的。虽是如此，但在有意无意之间，却也把张嫂嫂的话，给她媳妇说到了。

也是天意罢，恰这时魏三爷害了大病，倒床不起，他的内侄儿吴金廷来看他，在病榻之前，与伍大嫂认识了，渐渐就相熟起来，渐渐两个人就有说有笑成了朋友。及至魏三爷寿终正寝，无所顾忌，吴金廷居然就继承他姑夫遗志，同伍大嫂打了干亲家，两个人十分亲密，十分爱好起来。

吴金廷在半边街一家绸缎铺当先生，家里还有一个母亲，要靠他供养，一个月仅仅二两银子的工钱，如何能够支持一个母亲，一个野老婆的费用？光是伍大嫂这里，每月就得四两银子，前半年，仗恃自己有点积蓄，又得了姑夫一点点遗产，变卖了来，尚可支持。可是这些一干净，便只好借贷，只好在生意上做点手脚，不但弄来拮据不堪，并且因为耽搁既大，帐目又不清楚，掌柜不高兴了，逢人就说："吴金廷这个子弟，有了外务，靠不住了！"在吃年饭时，宣布明年铺子上的伙计们谁留谁去，而吴金廷自然在去之一伙中。

初初失业，尚不觉得可怕，并乐得萧萧闲闲的成天陪着伍大嫂说笑，摆龙门阵，帮着做事，帮着带安娃子。伍大嫂对他也好，头一个月并不开口问他要钱。倒是伍太婆，一见了面，总在说穷，总在诉苦：说得他很不好意思成天守着吃现成饭，但又舍不得把伍大嫂丢了。

恰这时，他有一个朋友，是个温江县的小粮户，叫牛老三的。有二十岁光景，同他到伍大嫂家耍了两次。外州县的小粮户一多半就是不知天高不知地厚，有钱就花的四浑头子。有人说是吴金廷故意把牛老三拉来垫背的，但他自己一直没有说过这种话，也似乎初意并不如此。所以牛老三在什么时候同伍大嫂发生了关系，他似乎不知道；牛老三与伍大嫂热得比火还烫，日夜不离的守在一处，他似乎不知道；牛老三给伍大嫂买这样，买那样，伍大嫂时常对牛老三动手动脚的不客气，他似乎也不知道。他只是忙得很，忙着在外面找事，隔三四天才能到伍大嫂家来一次，混着大家吃喝说笑，而伍大嫂对他还是像从前一样好。三个人如此胡胡涂涂，直混了将近一年，伍大嫂不知如何另外同一个开油米钱铺的掌柜何胖子有了交情，十分爱好何胖子，把他们两个丢冷下来，牛老三是一气而去，赌咒不再回头，他这才开心见肠的告诉伍大嫂："我是顶喜欢你的，我又没有讨老婆。在未遇见你以前，我是个守本份的老实人，没有想到平生会同女人打堆。既遇着了你，我真高兴了，一直没有想过第二个女人。我是只想同你相处一辈子，永远不分离的，但恨我太没有本事供养你。我也不忍使你跟着我受苦受难。所以才咬着牙巴，甘愿让别人挤进来，但又丢不下你，只好跑到一边去哭。如今，你是另有了心上人，正在着迷之时，还想你分点心到我，你自然做不出来。你就不冷淡我，我也不想来扰你了，一则太没有意思，再则我也难过。我现在当真要找事情做去了，说不定多少日子，不来看你，只是我到底忘不了你的。你啥时候想到我，还要我转来的话，跟我一声信，我总会来的。我现在只求菩萨保佑我，能够找个好一点的事情，积得到几个钱，能够供养得起你,那就好了。"

但伍大嫂并不领受他的善意,两眼瞪着他道:"我这个人,我自己晓得,是个见异思迁的。你不要痴心等我了,没有好处跟你,你快学牛老三罢。凭良心说,成都省里像我这样的人也多,你去找别个好了!"

倒是伍太婆还很应酬他,说他是情长人,望他不要呕气,得便时仍来走走。

过了一年,何胖子倒是见异思迁的,觉得伍大嫂已是二十七八岁的女人,彼此处久了,趣味便一天比一天减少。于是另外包了个年轻女人,直把伍大嫂气得大病了一场。

这时,伍平已升到什长,饷银多关了一两,但是随着永宁道赵尔丰开进建昌府打夷人去了,反而没有钱带回来。她的父亲王大爷是前年死的,更无亲人。伍太婆只好劝她不要再想何胖子,依然把吴金廷找回来。"他到底是情长的男子,他就没有钱养活得起我们,他总会打主意的,总不会看着我们饿饭!"

她照着那面凹凸不平的土玻璃手镜道:"妈,你倒会想,晓得他现在对我是咋样的啦!"

伍太婆露出缺了齿的牙龈一笑道:"你不要这样乱猜,我前个月还碰见他,他现在宏顺永铺上当先生,事情还好。他的妈也死了,简直光杆一个!……"

"他还没讨老婆吗?"镜子仍在她手上。

"并没有。所以我说他是情长的人,见了我,还在问你。我说你病了,他急得啥样,要来看你,又怕你讨厌他。……"

伍大嫂把镜子放下,叹了一口气道:"我现在那里还像从前!鬼像了!还有脸见他?他还能像从前一样吗?"

"……你没灰心,你已经在复元了。你不要管,等我去招呼他来。"

吴金廷果然一招呼就来了。两个人年多不见面，久违之后，自有许多话说。伍大嫂还不免有点脸红，还不免有点省省然，而吴金廷依然如旧，还是那样温温存存的，还是那样缠缠绵绵的，赶着伍太婆喊妈妈，赶着安娃子喊儿子，随在伍大嫂的屁股背后，一步不离的。

伍大嫂自己说她瘦了，他则说："瘦了眼睛显得更大些，鼻梁更高些，比胖的时候更为好看。"

她自己说老了，他更其否认，"你是自己疑心，我告诉你，你照着镜子看看，有鱼尾没有？有皱纹没有？我觉得比一年前还嫩腼些。只一点，眼膛下多了几点雀斑，但是不要紧，粉搽厚点，丝毫看不见的。"

伍大嫂在失意之后，得了这样一种安慰，不由大为感叹说："吴哥，我到现在，才晓得你真是好人！我凭天良说，从今以后，我算是你一个人的人，就是安娃子的老子回来，我也不丢你的。但我也晓得，你手头并不宽裕，你月间工钱，只够你一个人缴用，那里还供养得起我。我哩，活路是做伤了心的，指头锥破了，不够吃几天的安逸饭。况且世道又变了，以前多讲究的表袋子，扇插子，荷包，眼镜盒，这些东西，又不作兴了，就想领点细活路来做，也没有买主。没计奈何，我想来，只好还是作这个下流事。不过我先赌咒，任凭我再遇合着啥子王子王孙，我也只是拿身体跟他，随便他们咋个去糟蹋，我只要得钱来吃饭，供养老的小的，我不抱怨一句，若要买得我的心，那却不能，吴哥，我的心，是交跟你的了！……"

她说得动情以极，两眼里全是泪珠。吴金廷还要安慰她一下，她伸手将他拦住道："你不要向我说啥子，你的意思，我全晓得。我再说几句真心话，吴哥，你比方就是我的亲丈夫，亲老子，我只听你一个人的话。如其你安心要我受苦，不愿意别个来糟蹋我，那你只管说，我一定听你的话，我一定不背着你再像以前同牛老三他们那样欺负你的。……"

吴金廷也非常的感激，更其喜欢她起来。除了偶尔给她邀约一个有钱的同事，或小掌柜，去与她打交情外，自己还是想方设计的一个月要供给她一些钱。

安娃子逐渐大了，对吴金廷仍然叫他干爹。对那些时来时去的男子，只晓得是他妈妈的男朋友。妈妈与男朋友起居说笑，自幼就看惯了，本不足怪，何况一般邻居们的年轻妈妈，又那个没有几个男朋友呢？所以更觉得是理所当然。

安娃子之长起来，也和他父亲一样，野草般的全凭自然。只是他运气好，有了吴金廷这样一个干老子，留了他的心。说小孩子就这样一技不学的下去，实在不对，不但害了他一辈子，而且伍大嫂已是三十岁的人，伍平一直没有音信，晓得是如何的。再过十多年，伍大嫂真个老了，丑了，没有人来打交情，自己又无好大本事供养她，那时若安娃子还没有本事找钱，她以后的日子才叫苦哩。

伍大嫂才同了意，叫安娃子到左近一家私馆去发蒙读书。而吴金廷恰又为帐目不清，着宏顺永开消出来。

不过他这一次失了业，确乎不甚恐慌。第一，伍大嫂那里，时而总有朋友来往，虽然有些人来过几次，就不来了，讨厌她那么冷冷淡淡，动辄发脾气；却也有眷恋着她肯率真，而不走的；她的生活，因此并不要他全部供给。第二，他的姨表妹郝家姨太太，现在自由自在起来，常常回去看他的姨妈，同他碰过几回头，两个人很说得拢，十两八两的常常借给他；并说，一定托郝达三给他找个大点的事，总比当一辈子伙计，替别人打一辈子算盘的有出息些。所以他确乎萧然自得的来往于他姨妈与伍大嫂两家，闲了一年，反而长得白胖起来。

郝又三不好再问询伍安生，遂在下午放了学后，来找吴金廷。

他正拿着鞋刷子在刷他那青绒朝元鞋，五丝缎的马褂也穿在身上，像是要上街的样子。

郝又三问道:"有事吗?"

"没有啥子事,就是到伍家去找伍安生的阿婆同他母亲,叫她们把那娃儿好生管教管教,免得再惹监督生气。今天却是太仰仗大先生的鼎力了,不然的话,斥退了,真会把他妈气死,我也对不起人啦!"

郝又三不好说什么,却又不走。

吴金廷一切收拾好了,看了他几眼,心里好像想起了什么似的,忽然说道:"大先生要是没有事,我们一同去走一走,好吗?大先生能够亲自去说一说,更有力量,也叫她们亲自跟大先生道个劳,才对呀!……并不远,一条多街,就在上莲池。"

郝又三犹自迟疑道:"别的人晓得了,怕不便罢?"

吴金廷拊着他耳朵说道:"先生到学生家走动,算一回啥子事,只要我们自己不说,那个晓得呢?伍家也是好人家,只是穷得点,常要朋友帮助的。"

七

郝又三从伍家回到广智小学,心里好像有了件什么事情没有办清楚似的。自己仔细想了想,断定是只为的伍家房子太糟,引起了心里的不快。可是到次日上课,看见伍安生,似乎亲切了些。站在讲台上,总要多看他一两眼,教他算术时,又生恐他不懂得,总要特为走到他桌子跟前来问他几句。

伍安生依然是那样的烦,依然是那样的跳喊。田老兄对他,更加憎恶,教训起别的孩子来,伍安生就是一个至恶的标准,好像儒家口里的桀纣。而郝又三每次听见他毒骂到伍安生,心里总觉他太过份了,总不免要在背后同他争执几句。田老兄每每笑他是姑息养奸,他说:"我是教过书的,大娃娃小娃娃在我手上读过的有三四十个,所以我研究娃娃们的性质，比你明白。娃娃们好比一块顽铁，全靠先生们如何练法，练得好，可以练成一把风快的宝剑，不好，依然是块顽铁。而练的方法，就在管得严，教得严。以前私馆好教得多，因为作兴打人，再顽劣不堪的娃娃，只要几顿板子，任凭啥子顽铁，总可打成一个器皿。而现在，像伍家这娃娃，……"

郝又三笑道："你是讲新学的，为啥总是想着你的老法门在？"

"老弟，你不知道，讲新学，不过同从前做八股，今日做策论一样，口头说说，笔下写写罢了。真正做起事来，新学只好做面子，实际还是离不得旧法门的。离开了，不但事情做不动，并且还有损无益。就说伍家这娃娃，恶劣至此，你用新法去姑容他，将来必没有啥子好结果的。你不信，你只管看，若能够结实打几顿，……"

郝又三摇头道："我始终不赞成你的话。"

"那你是别有见解了。"

"自然，我认为小孩子越烦，越不守规则，只要没有多大坏处，将来才是有出息的。你一味的管得严，打得凶，只算把他的天机汩没了，没有啥子好处。"

"哈哈！这是我们高等学堂池永先生的牙慧！……或者伍安生那娃娃，与你格外有啥子姻缘，也说不定。……"

郝又三自然要否认，不过心里又承认了他的话。因为在学堂没人时，一见着吴金廷，总爱同他谈伍家的事。吴金廷邀他再去顽顽，他又不肯，说房子太不好了。伍大嫂这个人虽还明白，谁还说得来①，只是地方太坏，人又杂，我们常常去，着人看见了，不好。

有一次，吴金廷忽说："大先生，伍家要搬家了。"

他笑道："想她们也住不惯那烂房子的原故罢？"

---

① 虽还明白，谁还说得来，意思说伍大嫂家既然是清楚明白的人家，谁还说得出闲言碎语呢。——编者注

"那倒不是，因为警察局要收那片官地回去，修啥子教练所，勒令她们搬家，她们正舍不得搬。晓得大先生认识总局里的葛委员，正想托大先生去说一说，看可以不搬么。就搬，或者多赏几两银子。"

他把新剃的头皮，搔了两搔道："葛世伯才回来，才奉了札子，未必有好大的力量，我看，去托他是枉然的事。"

"她们又穷，那如何办呢？"

郝又三道："我们去同她们商量下子，或者我们私人帮助点，倒可以的。"

吴金廷大为高兴，连忙又打拱又鞠躬的恭维了他一阵，说他是大善人，是大义士。到放学之后，叫伍安生先回去，说郝先生要来同阿婆妈妈说话，把房子打扫打扫。然后才陪着郝又三悄悄溜到上莲池来。

已是上灯时候，家家都关了门，各人有各人的要紧事。他们进了门，伍大嫂已着意打扮了一番，含笑迎着，问了好。伍太婆叫孙儿去泡茶。吴金廷赶快将门口的竹帘放下。大家说起搬家，伍太婆就大为感叹说："郝少爷，你看周道台这个人，真是没道理，一办警察局，就专跟我们穷人为难。那个不晓得的，上中下三个莲池边，自古以来，就该我们穷人住的？我在这里住了几十年了，啥子事不晓得？记得从前中莲池李狗屎家失火，延烧出来，烧了一百多家穷人。丁制台亲自来救火，拜了又拜，把大红顶子都丢在火里，才把火头镇住。到第二天，看见我们穷人烧得可怜，自己捐俸，每家赏三两银子，重修草房，还把李狗屎院墙外的地方，画一大片拿跟大家，这才是爱百姓的好官呀！那像周秃子现在，红不说，白不说，也不管你住了多久，房子修成多少钱，也不管你有没有钱搬家，挪到那里，只一张告示贴出来，要地方，限你半个月就搬。我就不信，九里三分的大城里，别处便没有空地，偏偏上莲池才有！……"

伍大嫂拦住她道："妈也是啦！尽说这些抱怨话做啥子？我们横

竖要搬的,这地方我也住伤了,搬了倒好。"

"王女,你倒说得好,光说搬家,那来的钱呢?看郝少爷能够帮我们去说一说么?"

吴金廷道:"说是不行的,大先生也很愿意你们搬个家。他说过几次,本想要常常来看你们的,就嫌你们地方太不好了。大先生是个极慷慨的热肠人,他已答应跟你们帮忙,你们只须好生谢谢他就是了。"说时,他遂向伍大嫂挤了挤眼睛。

伍大嫂忙站起来,向郝又三拜了一拜道:"大少爷这样做,真就是我们的大恩人了!"

郝又三才要回她一个揖的,吴金廷已过来将伍大嫂拉到他跟前道:"这样的恩人,光是拜一拜,不够得很,你应该乖乖的跟大先生香一个才对呀!"

伍大嫂笑了笑,果然就偏过头来。郝又三通红着脸,向旁边一躲道:"你不要听吴先生胡说,我……我,……"

伍太婆笑道:"郝少爷脸嫩得很,没有出来顽过的。这样好了,郝少爷就在这里消个夜,随便喝一杯淡酒,见见我们的心。"

郝又三自然不肯,他说了多少道理,必须立刻就走。伍大嫂自然不答应他走,也说了多少道理,必须他喝杯酒再走。吴金廷自然要帮着奉劝,奉留,结果,伍太婆带着孙儿去打酒买菜,伍大嫂便将房里收拾起来,口里一面说太脏了,以后得搬个像样的地方,定要打整得干干净净,好请大少爷常常来耍。一面又向郝又三做眉做眼的调笑着问他少奶奶可好吗?"不消说,是一品人材了!像大少爷这样人品,少奶奶要是配不上的话,真就可惜了!我们哩,残花败柳,倒也不敢乱想啥子,只要大少爷不讨厌,常来走动下子,也就洪福齐天了。"

郝又三始终是通红着脸,只是笑,有时又偷着看看她。打算走,又鼓不起走的勇气,不走,似乎又太不成话,自己是什么样的人,岂能没志气的胡闹。

几样现成卤菜摆在方桌上，因为待贵客，不好打土老酒，而打了几两大曲酒。伍太婆照规矩带着孙儿在门口把守，让媳妇有说有笑的好自由自在的陪客。

　　这样吃酒，郝又三是平生第一次，得亏吴金廷在旁边谈说帮忙，方未觉得十分窘。一杯酒干后，看见伍大嫂脸上也红了起来，眼睛似乎更活动了，他渐渐也有了话说，问她的家世，问她的岁数。家世哩，丈夫是个当哨官的，快要当管带了，岁数哩，才二十五岁，——因为有个九岁的儿子作证，不好太说少了。——娘家也是个大人家，有田有地的，如今败了，丈夫又没有钱带回来，只好找朋友帮忙。虽然交接过几个朋友，却从没有碰见一个像他这样的慷慨人，只要她搬了家，她就不再交接别的朋友了。意思是说，要与大少爷打个永久的朋友，只看大少爷愿不愿意。

　　加以吴金廷的说词，郝又三想着自己老婆那样又死板又冷淡的无味，遂也动了心，姑且嫖一下试试，看这个女人又是啥子味道，只要别的人不晓得，也没有好大的障碍。再一横心，"就着人晓得，又怕啥子？嫖个把女人，也是男子的本等，又不是偷别人的老婆，还说有伤品行！并且听母亲讲过，爹爹少年时还不是嫖过来的？"

　　于是伍大嫂伸手来取他酒杯去斟酒时，他公然把她的手捉住，轻轻的捏了一捏。

　　吴金廷凑着他耳朵说道："今夜我一个人回学堂去，就说你回府去了，好不好？"

　　他看着吴金廷笑道："使不得罢？学堂里晓得了，那才糟哩！"

　　"学堂里么，包你没一个人晓得。我自然不说了，伍安生是同他阿婆一道睡的，不晓得这些事。并且他妈陪朋友睡觉，又是看惯了的，你听他向谁说过啥子来？"

　　郝又三把安在旁边的那张二号架子床一看，那真不及他房间里的床好，不过还打整得干净。蓝麻布印白花的罩子，像是新洗过的，比头回看见就算漂亮了；白布挑青线花的卧单，也是新洗过的，还看得见折叠痕迹，印花洋布枕帕也是新的，红印花洋布被盖，叠成三叠水摆在床里边，那却看不出脏与干净来。

伍大嫂把他肩头一拍道："你真细致，看到床上去了！大少爷，你倒别疑心，爱干净倒不只你们作官为宦的，我平日就顶嫌脏了。我们家里人就都犯了这个毛病，所以人家挖苦我们是穷干净哩。起初安娃子回来说大少爷要来，我想着你头一回掸了椅子才坐的光景，就晓得你的脾气了，赶快把房间里打整了一个通堂，又把床上盖的铺的全换了。只是粗布东西，自然赶不上你们少奶奶床上的，你要嫌弃，那也没法，只好不留你了。"

吴金廷拍手大笑道："真会体贴呀！光这一点，就看得出伍大嫂是个多情人，大先生却不要辜负了她！"

安娃子猛的掀开帘子进来道："阿婆叫你们躲一躲，有两个警察副爷对直向我们这里走了来！"

吴金廷登时站起，将郝又三一把拉到后间。那是伍太婆住宿的地方，就很不像样了。隔壁是灶房，有道便门通出去，吴金廷是熟悉的。

郝又三骇得心里只是跳，忙悄悄问吴金廷："有啥子事吗？该不要紧嘛？"

吴金廷正要说时，只听见一阵皮鞋声，很有力的踏进门来，同时一个沉着而威严的声音说道："你们到底几时才搬？……再三天就满期了！……"

伍太婆的声音："副爷，我们跟着就搬，已经在看房子，看好房子就搬。"

"那不行！我们周大人要地方要得紧，晓得你们房子在啥时候看好呢？一年看不好，不是一年不搬了？我们局长已吩咐下来，到期的早晨，你们不搬，不要紧，我们雇人来拆房子就是了！"

伍大嫂有点不自在的声气:"你们周大人,你们局长,做官的人也该通点人情啦!我们又是穷人家,光说看房子搬家,好容易的事!你们要地方,那就请你们帮忙代找一个房子,好不好?"

"你这婆娘好横啦!"声气是那样的有威风:"你敢说我们不对吗?"

接着是另一个威武声气:"同她说啥子。拉她到局上去!"

伍大嫂的声气更高了:"拉我到局上?我犯了啥子法?你说,你说!"

伍太婆是在软求:"副爷,别同她生气,她年轻,我们一定搬!……"

同时是她媳妇在喊:"动辄拉上局去,我还怕吗?光说搬家,总还没有到期嘛!你们局长也只说到期拆房子,你们就更歪了!"

"你这婆娘,嘴不要硬!你的行为,我们早已调查清楚,不讲人情,监视户的牌子已跟你钉在门上,新化街已请你搬去了!你还要歪的话,现摆着三份杯筷,明明有闹官儿①藏在里面,就搜出来,一齐拉上局去!……"

吴金廷赶忙拉着郝又三,跨进灶房,打开便门奔出。天色很黑,伸手辨不出五指,两个人乱走有好几丈远,还听见草房里吵吵闹闹的。

八

次日下午,郝又三在高等学堂下了课,回到广智小学时,吴金廷已经在学堂门外等着他在。

吴金廷很慌张的告诉他,伍大嫂的房子已找着了,在南打金街一个门道内。房子很不错,是将就外厢房拦出的一个独院。只是押金太

---

① 成都习用语,野男人之谓也。——编者注

贵，要五十两银子，今明天便须交押。问他能不能帮忙，借五十两给她？她一定写纸认息，待她丈夫回来，本利奉还。这件事是比较容易使郝又三立刻就答应了。还有一件，是昨夜那么一吵，人虽未搜去，但形迹显然，警察不认输，硬要把监视户牌子钉在伍大嫂门上，任凭她搬到何处，都要钉的。这须请他去找葛寰中，写封信给局长，才可以把这事压下去。

郝又三忿然道："真可恶！……就让他钉上不好吗？"

吴金廷把脚一跌道："大先生，你真是公子哥儿，太不懂世情了！你可晓得，监视户牌子一钉，就表明这是一家娼户，讨口叫化，只要有钱，都可以进去嫖的。我还听说，原来柿子园地方，正在修一条街，叫新化街，一修好，就要把全城的监视户一齐迁去。分成等级，定出价钱，还要把各人的像片挂在门口，嫖客高兴要嫖那个，就嫖那个。你想，伍大嫂能受得住这种罪吗？所以，她昨夜闹过，直哭了一夜，口口声声说，只要监视户牌子一钉上，她立刻自尽。她妈今天一早就跑来找我，也是说得要哭了，请你此刻务必跑一趟，若是迟到明天，怕就来不及了。大先生，你和伍大嫂虽然还没有打过交情，难道你愿意看着她受逼而死吗？"

郝又三皱起眉头道："葛世伯是我的长上，这种话，我咋好向他开口呢？"

"这容易，你就说伍家是你学生的家庭，因为搬房子，与警察起了点口角，就着警察所诬。这不是很好说的话，堂堂皇皇的，有啥不好开口？"

他还在迟疑不决。

吴金廷又在他耳朵说道："你肯借押金跟她们，她们已经把你感激得同亲人一样，若再帮了这个大忙，伍大嫂的命就算你救了，她这个人，也就是你的人了。你看，将来你到她那里去时，她若果不挖出心肝来待你，你吐我吴金廷十把口水，我揩都不揩。"

这几句话投进了他的心眼了，令他想起昨夜伍大嫂的手同眉眼来，不过口里仍然说："倒不为这个！……走一趟没多大关系，只怕葛世伯未必答应。……"

他坐着轿子，一直来到北纱帽街葛公馆。

葛寰中已蓄了两撇漆黑的仁丹胡子，精神奕奕的穿了件日本和服，同他坐在内书房新买的洋式椅子上。照规矩，不等客开口，就滔滔不绝的讲了一大篇日本，日本的天气，日本的风景，日本的人物，以及日本人的起居。说着，还一定要把和服一指道："老侄台，你看，光说这件衣服，多体面，多舒适！我常说，天下衣服只有两种，穿着又方便，看起来又不碍眼；就是一种老实宽大，一种老实窄小。窄小的比如是西洋服，不但窄小，而且甚短，穿起来又有精神，又好做事。宽大的比如日本和服，做事虽不大方便，却是好看而又舒适。只有我们中国衣服，倒不大不小的，又不方便，又不好看。在国内还不觉得，在外国一比起来，真就品斯下矣！所以我常同苏星煌、尤铁民、周宏道等讲到这上头，我们都有一致的主张，主张中国服制，实在有改变的必要。……"

这些话，在郝又三算是听过三次了，知道只要一答言，下文更长了。接着一定是政体的改革，他不赞成流血革命，恐怕酿成法兰西大革命的恐怖时代，他曾经亲自同同盟会的大革命家孙逸仙辩论过。又不赞成君主立宪，觉得也有毛病，因为民智未开，宪法必难推行，他也曾经亲自同主张君主立宪的大家梁启超辩论过。他赞成的是什么呢？却始终没有说出。接着就批评苏星煌加入立宪党之不对，尤铁民加入同盟会之不对，周宏道之不加入那一方之不对，一直要把听的人听得倦不能支，而要说出来的话一直没有时候说出来。

郝又三等他在怀里摸出纸卷烟盒，擦洋火吸烟之时，赶快说了一句："听说警察局有调查娼妓，改名监视户的办法。……"

他也是那样有劲地说道："不错！周观察的这办法，是采自日本吉原办法,而加以变通。周观察之修新化街,即是要做成都的吉原,凡是娼妓全指定住在这一区里,以色艺高低,勒为甲乙丙三等,嫖资每等不同。而在这街修成以前,暂时在各家娼妇门口,钉一个监视户牌子,以别良莠。这本是警政中的一种良法,日本曾经办过。并且凡为娼妓,便须受警察保护,不许流氓痞子骚扰,一则娼妓操业虽贱,到底也是同胞,也是一种行业,在日本并不怎样贱视之的。比如日本艺妓,只是歌舞佐酒,很不容易与人伴宿,犹之上海的书寓。不过上海的书寓,只在歌场卖唱,不足以登大雅之堂。而日本则公宴大会,以及邀请外交人员,各国使臣,都可以叫艺妓侑酒,好像我国唐、宋时代的官妓一样,这办法多文明!而此间一般老腐败偏偏要大肆讥评,说这办法不对,有伤风化。老侄台,你看民智不开化至此,事情如何办得通?你们开办小学,真是当今要紧之举!"

他一连吹了几口浓烟,不等郝又三开口,又说了起来:"最可笑是周观察公馆门口,有一晚上,不晓得被什么人钉了一块大木牌,写着总监视户几个字,这自然是顽固派干的把戏。周观察却一笑置之,依然提起精神,办他认为应该办的事。如今已着手的有乞丐工厂,有劝工局,有商会,有新化街。将着手的有巡警教练所,有劝业会,有劝业场,有电灯公司,有文明旅馆,有悦来茶园,有济良所。提倡的有聚丰园,一枝香等新式的中西大餐厅。都是文明之邦应该办的新政,各省已有举办,何尝稀奇?而顽固派则件件反对,件件都不以为然;他们讥评周观察,说他将来的德政,不外乎娼、厂、唱、场。老侄台,你说可不可笑?"

郝又三不能不把自己要说的话闷住,而恭维两句道:"这真可谓民难与图始了!"

"不是吗?所以我曾向周观察进言,顽固派的反对,用不着去管。并且现在欧风美雨,相逼而来,已不是闭关自守时代,他们反对也只好在背地里说说,如果出头反对,就赏他一个阻挠新政的罪名。这在日本维新之初,还不是一样的?本来,人民习于偷惰,一则又积重难返。比如日本维新三十年了,光拿推行阳历一件事来说,就没有办到全国一致,至今日本奉行阴历的还很多,在农家尤甚。我们……"

张禄来回说:"吴表少爷来请安,老爷会不会?"

葛寰中闷了一下,才说:"请在花厅里!"

郝又三连忙说出他的来意,极力保证伍家穷虽穷,的确是好人。男人现在宁远府的巡防梁子上当哨长,听说快要升哨官了,儿子又在进学堂,如何能不要面子,甘居下流呢?并假借父亲的意思,说:"老人家听见学生来说,很有点不自在,才叫小侄来奉求世伯,看如何能使清白人家,不为警兵挟嫌诬陷?听说他们明天就要钉牌子了,这事还求世伯快点办!"

葛寰中笑道:"要说警兵挟嫌诬陷,却说不通。警兵都是受过教育的,决不敢无风生浪。不过她儿子既在读书,为你们学堂体面计,倒可以加以回护。我这面的事,容易办。你说他们明天就要钉牌子,这倒是恐骇话,不足为凭。因为他们必须先报到总局,某街某户确系娼妓,再由总局派人调查,如果不虚,才由总局发与牌子。我只吩咐局里一声,如东局有这项公事报来,把它压住就是了。倒是你却须向伍家招呼一下,最好不要再干这种事,如果情不得已,非干不可的话,就须千万秘密,假使走漏风声,着人抓住凭证,闹到局上,那吗,不到新化街,就只好到济良所了。"

郝又三如愿而去之后,他复在灯光之下,写了一篇较详的信,然后再站起来。

他府上派头并未日本化,所以张禄依旧照了一盏点牛油烛的明角风灯,赶在前头照着,虽然路是熟悉的,明角灯也并不甚亮。

刚到花厅门口,何喜已将悬着的红呢夹板帘打起。花厅内面,洋灯光下,瑟瑟缩缩在炕床左侧第三把高椅上坐着的那位年已在二十以上的吴表少爷,赶快站起,恰一个打着油松大辫的年轻跟班,抢了过来，逼着身子打了个千子道:"敝上有一封要紧信,叫家人送来,请葛大老爷的回示!"

葛寰中带着笑微微哈了一个腰,把信接过,就着明角灯光,把信笺抽出看了道:"冯二爷,我不写回信了,回去给你们贵上请安,说这件事,我已向周大人说过,可以的,叫那个人明天到总局来会我好了。"

冯二爷逼着两手,应了几声是,向后退了两步,葛寰中这才收了笑容,跨进花厅。

吴表少爷迎着就是一个大揖,上齐眉,下齐膝,两手合捧的拳头落下来,还在胸口上顿了一下。这样作揖,成都人讥之为挖锄头,不消说,这个人必是来自田间的了,加以脚上一双青布老家公鞋,身上一件豆沙湖绉,倒长不短的棉袍子,上面一件青洋缎,又宽又大,一望而知是借来的马褂,头上倒是一顶新的,本城青缎瓜皮小帽,当中一枚白果大的粉红料子帽顶。再加以黄油油一张瘦脸,一双又很狡猾又很自卑的眼睛,毛茸茸一条发辫,怯生生一种态度。自无怪葛寰中要很轻率的把手举了举,心里自然而然就起了一个比较:郝又三也是二十几岁的少年,何以便那等雍容?

让他炕上坐,生死不肯,自己把茶碗估着端在旁边茶几上。

葛寰中先就皱着眉头道:"现在找事真不容易啦!局上出了个司事缺,拿荐书来的就是二三十人,来头都大,又都是熟人,你说怎么办呢?……"

吴表少爷虽然混沌,却也知道葛表叔这几句话是有意思的,并且并不是在请教他自己要如何办,他只好默然。

"你的事我自然在心,不过你一点功名没有,官场中如何能够为力?现在世道,不要功名也可以,却须住过学堂的,你呢?"

吴表少爷老实不客气的挺着胸脯说道:"学堂我也住过,在我们场上邓老师馆里,住过三年,做过文章来的,表叔。"

葛寰中哈哈一笑,又把纸卷烟盒从怀中摸了出来,向空中喊了一声:"火来!"

何喜便赶快从花厅外跑进来,把旁边明角灯的罩子揭开,将牛油烛一直伸到主人嘴边来待着。这却令吴表少爷大为诧异,明明火就在身边,何以定要将底下人老远的喊来递火。

葛寰中把纸烟放在右手食指与中指之间挟着,半闭着眼睛,嘘了两口道:"我之所谓学堂,并不是你说的那样学堂,像你这年纪,应该住高等学堂了,但是你如何能呢?"

又沉默了几分钟。

"我看,这样好了,目前速成学堂正在招考,像你这汉仗①,还去得。一年毕业出来,大小也有个事情,可以得碗饭吃。"

"速成学堂是啥子学堂?"

"是武学堂。现在文武都是一样,没有什么分别。你回去同你舅舅商量下子,如其以为可以,那你明天上午到我这里来拿荐信好了。"

"总求表叔作主就是了,舅舅还有啥子话说。"他又站起来,恭恭敬敬作了一个大揖。

九

吴表少爷,这是在葛公馆里的称呼,在他舅母家,因为没有用下人,舅舅与舅母是老实不客气的叫他做吴鸿,只他那小表弟尊称他为吴表哥。

吴鸿把他葛表叔的言语一一告诉了他舅舅王中立之后,他舅母是个四十几岁极爱说话的妇人,先就开了口了:"进武学堂?那是吃粮

---

① 身材魁梧,或指个头。——编者注

当兵了，这咋使得！好铁不打钉，好人不当兵，你葛表叔咋个连这点见识也没有？"

王中立道："进武学堂不见得是当兵，想必也和以前武科场一样，出来就有个武功名的。"

他的奶奶把手一拍道："武功名，我也晓得啦，出来当武官。武官是啥高贵的？文官开个嘴，武官跑断腿。也有你那葛表叔啰，做着那么大的官，一个穷亲戚隔几百里地远巴巴的跑来找他，求个事情吃饭。二十几岁的小伙子，又读过书的，那里不好安个事，却把人支去进啥子武学堂受苦！"

吴鸿道："武学堂苦吗？"

王奶奶肯定的道："咋个不苦呢？武学堂自然要练武了，我从前看过我们哥哥练武，那是多苦的事，三更半夜的爬起来，练把式，举礅，打沙包！……"

她丈夫插嘴说道："武学堂不见得像那样练武。"

王奶奶瞪起两眼道："你晓得？你百门都晓得！我说的话，你总要驳我！你这样能干，咋个五十多岁了，还只在教私馆呢？老没出息的东西！"

吴鸿只在舅舅家来住了几天，想着自己家乡男女对待的状况，生恐他舅舅一巴掌向他舅母打去，必要累他来劝半天的。

王中立却出乎他意料以外，依然是那么笑嘻嘻的，还带着安慰的口气说道："你又生气了，说得不对，说过就是啦。"

王奶奶还是不放松的道："你为啥子要说呢？都像你那屁股嘴，晓得的也说，不晓得的也说，说得不对，说过就是，像你那没骨头的人才这样哩！"

王中立还是无所事事的，悠悠然站了起来，把方桌上水烟袋抓到手上，走往堂屋外面阶帘边吃水烟去了。

王奶奶还批评了他两句不对，才仍旧问吴鸿道："你葛家表叔招呼你进去见过你表婶没有？"

"没有，两回都是在花厅上见的。"

"啧啧啧！这真是官场里富贵眼睛，穷亲戚就是这样待法，无怪要叫你去考武学堂！我想你妈守了十多年的寡，就只你这一根苗，何犯着去干那些没出头的苦事。你依我说，明早去见你葛表叔，就说，请他在别处跟你找个小事，不要去进武学堂。你到底也是他一门亲戚，撩着他不丢手，怕他当真就不管你了？"

王奶奶还说了许多话，她惟一的理由，就是有了好亲戚，便不该再去受苦，所谓找事做者，只是拿现成钱，吃现成饭而已。

她的儿子回来了，是个十五六岁，面孔长得很像一个女孩子的青年。从堂屋里射出的神灯光中，一见他父亲在堂屋外面，登时就把满脸的笑容收了，侧着身子，正想从他父亲背后的黑影里溜进去。

王中立见了儿子，却也将面孔板起来，翘着几根须尖，严肃地唤着他道："站着！我问你的话！……一天到晚，在外面胡闹些啥？饭也不回来吃？……简直看不见人影！"

儿子名字叫念玉，因为自幼生得很白净，他父亲偶尔读到《韩文》，有这么一句：玉雪可念，才给了他这个嘉名。当下就㯂着手①，低着头，呆立在那里。

父亲仍是那么严肃的说道："年也快过完了，打啥子主意呢？还像去年一样，游手好闲的又混一年？……依我的主意，……"

王奶奶走到堂屋门口大声说道："你又高兴了！儿子走了一天，饿到现在才回来，你等他吃饱了再骂，好不好？"

王中立掉头把她看了一眼道："我每回教训他，你总要来卫护。那吗，我不说了，让他去鬼混！我看咋了哟！长了这么大，书也没读成，送去学生意哩，你又不肯！"

---

① "㯂"字在成都话里读作 tuǒ（音同"妥"），㯂着手，手垂下。——编者注

"放你的屁!我护了他啥子?啊!是你的儿子,你该把他焗死!难道不是我的儿子吗?你不说,那就好,不要你说。我喜欢他,我会说他,我会供养他。稀奇你这个老子!玉娃子进来!我做蛋炒饭你吃。造孽哟!跑了一天,是不是还没吃饭?"

王中立只是摇头,翻身进来,把水烟袋仍放在桌上,叹道:"好好!你安心害他,我不管了,凭他去讨口叫化,没有我的相干!"

他遂扬长而去,找朋友到茶铺里谈天消遣去了。

念玉登时就活泼了,向着吴鸿笑道:"运气真不好,一进门,就碰见老头子,把我心都骇炸了!"

又奔到他母亲身边,把一个头埋在她怀里揉搓道:"妈,我不吃饭,今天在街上碰见黄大哥才进城,陪他耍了半天,在他店子里吃的饭。……"

他妈满脸是笑的,一手摸着他那漆黑光滑的一条松三把发辫,——这是他吴表哥顶欣羡的东西。——看着吴鸿道:"大表哥,你看,还这样离不得妈的一个娃儿,他老子总默到他成了大人。前几年逼着他读书,造孽哟,从早读到打更,醒炮一放就喊起来,就把他带进馆去,那时,就在顾家教书了。我又不得在身边,不晓得他咋个管法,书哩,没读几本,人却读的黄皮寡瘦的。大表哥,你想啦,我们只这个儿子,又是聪聪明明的,何犯着那样逼他读书。我们又不想他戴顶子做官,读些书来做啥子?就说做官找钱,这也是命中注定的,俗话说的,命里有时终须有,命里无时没强求。……"

念玉直起腰来,眯着眼睛一笑道:"妈的话匣子又打开了。……不说这些,我跟你说,黄大哥明天要带我到青羊宫去看修马路,吃了早饭就走。我怕爹骂我又是整天的不回来,妈,你向爹扯个谎,说叫我到草堂寺烧香,看浑圆师去了,不是有一天的耽搁吗?"

他妈也是笑嘻嘻的道:"你这娃儿自己就会扯谎了,还要我来帮忙?既到青羊宫,离草堂寺本来不远,去看看干爹倒是真的。你干爹只在拜年时看见过,快一月了,没见他进城来,我也不得空去看他,他那病该没有翻呀。"

她儿子哈哈大笑道:"妈一说起浑圆师,就满脸是笑,又爱朝草堂寺跑,就不怕人家说闲话吗?"

"你个婊子养的龟杂种!说起你妈的怪话来了!你妈要偷和尚,连你老子还管不着哩!你个忘恩负义的东西,小的时候,不是得亏你干爹画的符水,你还活得起来吗?你干爹咋样的爱你,现在骨头长硬了,就翻脸不认人,连干爹也不喊了,连妈的怪话也要说了,真不是个好杂种!"

吴鸿插嘴问道:"玉表弟你刚才说到青羊宫去看修马路。啥东西叫马路?我同路去看一看,好不好?"

"很好!明儿吃了早饭,我们一路去。马路是从南门外王爷庙一直修到百花潭,是马拉车走的路。今年青羊宫改成了劝业会,周秃子开办的很热闹,啥子顽意儿都有,他们说比以前皇会还办得热闹,并且要办一个多月。现在已经在修路,在搭篷,城里许多铺子都朝城外在搬,连卖彩票的铺子都搬去了,周秃子天天都要去。"

吴鸿道:"周秃子是那个?"

"噫!你连赫赫有名的周秃子都不晓得,真是苕果儿了!"

王奶奶骂了她儿子一句道:"你大表哥才进城几天,咋个会晓得呢?……周秃子,就是周道台,警察局总办,现在省城里顶不好惹的一员官,随便啥子事他都要管,连屙屎屙尿他都管到了。你在街上不是看见那些刷了石灰浆的毛厕吗?都是才兴的,每间毛厕,要多花一套本钱,做门做门帘,早晨要挑粪的打扫得干干净净,掩上石灰,要打整得没一点儿臭气。天天叫警察去看,若是脏了,挑粪的同开粪塘的,都要着罚。好倒是好,再不像从前毛厕,屎尿差不多流到街上来了,也没人管。就只太歪了,不准人乱屙屎屙尿,就是几岁的小娃娃,要屙屎也得站在毛板上,大人屙尿更限定要屙在尿坑里,若不听话，警察兵就把你抓来跪在毛厕门外，任凭大家笑你。"

吴鸿大为诧异道："这样歪吗？"

他表弟把一张薄薄的嘴向他一撇道："不信，你去试试看！多少穿得很阔的人，还跪过来哩！"

"这才不方便啦！我们乡下，那个管你这些。"

王奶奶道："我们这里，以前还不是多随便的，自从周秃子办了警察，才弄成这样。水也不准向街上乱泼，渣滓也不准乱倒，警察兵处处来管你。就像前个月一天夜里，隔壁张家门道里一个病人，病得多轧实的，喊了几个端公打大保符，才打到三更过，法事做了一半，警察兵就走上门来，不许打，说是扰了人家的瞌睡。张家不答应，还把主人家挡了一个到局上，罚了五元钱，第二天才放回来，这个就不对。……"

她儿子抢着说道："这个，我倒说对。通夜的锣鼓傢事吵得人硬睡不着！"

"你才怪哩！别人打保符做法事，是救命啦！你就连一点瞌睡都舍不得了！"

她儿子挥着他那白嫩的手道："周秃子别的事我都不凑合，禁止端公道士通夜念经，我是凑合的。还有，鸩昭觉寺的方丈，搜出他偷的婆娘，罚他千多亩田的那回事，我也凑合的。……"

独院门一响，王中立咳着噘跨了进来，他儿子登时就钻进下手那间房里去了。吴鸿也站起来要进去时，——他与他表弟同床。——王中立悄悄向他说道："你明早还是到北纱帽街去拿信的好！"

第三部份

一

三月中的一天,是星期日,王奶奶与她儿子正在堂屋方桌上吃早饭,吴鸿穿着崭新一身戎服,推开独院门,进来的时候。

王念玉端着饭碗,欢然的站起来道:"大表哥,请吃饭!"

吴鸿把皮鞋后跟一并,站得端端正正,将右手举到军帽檐边一比。

连他舅母都笑了道:"这里不是武学堂,也不是梁子上,不行这个礼了,来吃碗饭!"

他把军帽揭下,仰放在神桌上,一面解皮腰带,脱呢军服,一面说道:"添两碗也对,舅舅呢?"

"还不是吃了饭就到馆里去了。他是教私馆,没啥子星期的。……你现在该住惯了罢?操起来,还是那样苦吗?今天该可以多耍一些时了?"

他自己盛了饭,挟着炒的黄豆芽,煎的蒜苗豆腐干,大口大口的扒着,咽了几口才道:"操并不苦,比起我们在乡下做的事,还觉轻巧得多。就是讲堂上轧实一点,教官写了一黑板,立刻就要抄起来。我们使笔,总不大对,写的字,又有多少认不清楚,又不许问。除此之外，就只打裹腿有点麻烦。"说着，向王奶奶王念玉将一只脚翘起，用筷子头一指道："这皮鞋也有点不合脚，穿起来开跑步，真有点累人！"

王奶奶道："都还好。光阴到底容易混，一年并不算久，卒了业，就好了！"

念玉道："你看见黄大哥没有？"

"看见的，我几乎忘记了。分手时，他向我说，叫你赶快到东大街客店里去，他在那里等你。……"

王奶奶的第三碗饭，不打算泡豌豆汤，却走往灶房里找米汤去了。吴鸿趁没人在，便伸手把他表弟的脸巴一摸，笑嘻嘻的道："你同老黄的事，我晓得了。你们耍得真酽！我看老黄想起你来，真个比想婆娘还凶，你赶快去罢，怕他不正焦死了！……"

念玉斜着眼睛一笑道："你没乱说，我要不依你的。……"

他母亲恰走出来。

念玉道："大表哥，你今日咋个耍呢？"

"我想把衣服换了，再去赶一回劝业会。"

王奶奶道："就穿你这一身去，不好吗？"

"不好，见了穿军服的，就要行礼。并且不能随便乱走。"

念玉道："我要找黄大哥去了，说不定也要到劝业会来的。"

吴鸿走进下手房间，把他寄存的衣包取出，从头至脚，换穿齐整。揣了几百钱的铜元和小钱在衣袋里，出来问他舅母还同去不同去。

王奶奶笑道："我那里有这种福气，家里多少事啰！其实也没啥意思，虽说办得热闹，有钱才好啦。像我们没钱的赶一两回也够了！"

南打金街也是热闹街道，不过一到东大街，行人更多，铺面更整齐了。走到中东大街荣福客店门口，吴鸿心里一动，遂从那堆集棕箱竹箱的夹弄中，走了进去。到二门内柜房前问道："一个仁寿县姓黄的，住在那一间？"

"内西一，黄掌柜出街去了罢？"

"我问的不是黄掌柜，是一个穿军装的。……"

"那是黄掌柜的兄弟黄昌邦。……是的，像还在房间里没出去。"

吴鸿遂走进过厅，找着内西一房间，王念玉的声气已听见了："你咋个这么不行？起来，起来，这么好的天气，赶劝业会去不好？睡在床上，有啥意思啦！"

吴鸿把房门一推道："我也是这样说了，尽睡着，有啥意思呢？"

王念玉站在窗子跟前，拿着一只时兴的怀镜照着，正自梳那前额上又光又平的刘海，便大笑道："才是，你跑来做啥子？"

吴鸿走到床前，只见黄昌邦还是一身军服，横着仰睡在那单铺床上，半睁着眼睛，睡意像是已到了眼皮上似的。便笑道："起先还是精神勃勃的，咋个一下就成了这个样子？无怪我们玉兄弟说你不行啦！"

黄昌邦翻身起来笑道："老吴，没乱散谈子①。我不为别的，操了一个星期，一下休息起来，觉得骨头都软了，真想结结实实睡一个整天才舒服！"

王念玉把梳子向桌上一丢道："现在讲的尚武精神，你又在进武学堂。讲起汉仗来，你比吴表哥还大块些，岁数也比他大些，真的咋个这样不行？走走走！七天才耍一天，难逢难遇，又有吴表哥在一道，赶劝业会去，吃了茶，请我吃馆子。"

黄昌邦向吴鸿道："你为啥子穿了便服？"

"便服不打眼，也舒服些。说老实话，我一个多月，着这绳捆索绑的军装真拘束够了！"

王念玉道："我喜欢看黄哥穿军装，多威武的！"

---

① 四川方言，谓开顽笑曰散谈子。——作者注

"我呢？穿便衣好些？穿军装好些？"

"你，便衣也是这样，军装也是这样，总脱不了苕果儿气！……也怪！黄哥也是外县人啦，不过在省城多住了一年，咋个他的苕果儿气就脱尽了？"

"你总爱说我苕果儿气，我自己实在不觉得那些地方带苕果儿气。说起来，我们邛州还不是个大地方，苏气人，局面人，也不少啦，我在城里也住过的。"

"先说一件，你自己想想，苕不苕？头发剃到了老顶，又不打披毛，又不打围辫。……"

黄昌邦业已把衣裤整理好了，打断他们的话道："要走就来，不尽着说了。"

锁了房门，将钥匙交到柜房。三个人就一路谈说，一路让着行人轿子，将东大街走完，向南走过锦江桥、粪草湖、烟袋巷、指挥街。

三月的天气，虽没有太阳，已是很暖和了。走了恁长一段路，三个人都出了汗。王念玉一身夹衣，罩了一件葱白竹布衫子，热得把一件浅蓝巴缎背心脱来挟在手臂上。而顶吃亏的是一双新的苏缎鞋，是黄昌邦前星期送他的，又尖、又窄、又是单层皮底，配着漂白竹布绷得没一条皱痕的豆角袜子，好看确实好看，只是走到瘟祖庙，脚已痛得不能走了。

黄昌邦站着道："小王走不得了，我们坐轿子罢！"

戏台坝子中放有十几乘下乡的鸭篷轿子，一般穿得不很褴褛的流差轿夫站在街侧，见着过路的，必这样打着招呼："轿子嘛！青羊宫！"而一般安心赶青羊宫的男子，既已步行到此，不管身边就有多少钱，也不肯坐轿的了。

吴鸿便问："到青羊宫，好多钱？"

五六个轿夫赶着答应："六十个！"

黄昌邦竖起四根指头道："这么多，四十个！"

结果讲成四十八个钱一乘,黄昌邦叫提两乘过来。

王念玉道:"你不坐吗?"

他把衣服一指道:"我敢坐吗?着总办会办们看见了,要吃盐水饭的。"

吴鸿道:"我听说东洋车特许坐的,我陪你走出城坐东洋车去,让玉兄弟一个人坐轿好了。"

一巷子又叫金子街,本来就很窄,加以赶青羊宫的人和轿子,简直把街面挤得满满的。耳里只听见轿夫一路喊着:"撞背啦!得罪,得罪!"这是所谓过街轿子和轿铺里的轿子,大都是平民坐的,轿夫应得如此谦逊。如其喊的是"空手!……闯着!……"那便是蓝布裹竿,前后风檐,玻窗蓝呢官轿了,因为坐在轿内的起码也是略有身份的士绅,以及闲散小官们,轿夫就用不着再客气。要是轿夫更无礼的,更威武的,更命令式的喊着:"边上!……站开!……"则至少也是较有地位的官绅们的拱竿三人轿了。

一到南门城门洞,便更挤了。把十来条街的人和轿子,——各种轿子,没有官衔轿灯的四人大轿,直至两人抬的对班打抢轿子。——一齐聚集在三丈多宽的一条出路上,城墙上只管钉着警察局新制的木牌告,叫出城靠右手走,但在上午,大抵是出城的多,所以整个城门洞中,无分左右,轿子与人全是争道而出。

挤出了大城门洞,又挤出了瓮城门洞,这才分了几道,在几个道口上,都站有警察在指挥。轿子与步行的向靠城墙一边新辟的路上走,步行或要骑马的则过大桥,另有一条较为幽静而尘土极大的小路,坐马车的则由一条极窄极烂的街道,叫柳阴街的这方走。

黄昌邦站在分道口上,向吴鸿提议去坐马车。吴鸿说太贵了,包一辆要一元六角,单坐一位,要四角,与其拿钱去坐马车,不如拿在会上去吃。坐东洋车哩,只须三十个钱。本来也只二里多路,并不算远。

于是两个人遂也向靠着城墙这面，随着人轿，绕到柳阴街的那一端。一到这里，眼睛猛的就打开了。右手这面，是巍峨而整齐的城墙，笔立着好像天然的削壁。城根下面，本是官地，而由乡人们把它辟为菜圃，并在上面建起一家家的茅草房子。因为办劝业会，要多辟道路，遂由警察总局的命令，生辣辣在菜圃当中踏出了一条丈把宽的土路来。土质既松，又经了几天太阳，晒成了干灰，脚踏上去，差不多如像踩着软毡，所以不到十步，随你什么鞋子，全变成了灰鞋了。轿夫们的草鞋大都有点弹性，他们一走过，总要飚起一团团的灰球，被轻风一扇，这直变成了一道灰幕。顶高时，可以刺到在雉堞间向城外闲看的人们的鼻孔，而后慢慢澄淀下来，便染在路旁的竹木菜蔬之上。所以这一路的青青植物叶上，都像薄薄蒙了一层轻霜似的者，此之故也。

当时仿制的木轮裹铁皮的东洋车，也就在这条灰路上走。

吴鸿坐在东洋车上，向左看去，隔着一条水沟，便是那新修的马路。也有丈把宽，小鹅卵石与河沙铺的路面，比较的平坦清洁。好多辆一匹马拉的黑皮四轮车，在路上飞跑，车里坐的男女们，没一个不穿得好，打扮得好，光看那种气派，就是非凡的人啦。

这自然要引起吴鸿的欣羡，寻思"他妈的，那一天我们也来这么样的阔一下！"

马路之左，便是一道护城河。有人以为那便是锦江，其实成都城郭，变迁太大，这河虽有六七丈宽的河面，显然是清初缩筑成都城墙时才新凿的。

河水清浅，鹅卵石滩处，仅仅淹过脚背。但河里仍有载人往青羊宫去的小木船。

河岸竹木蓊翳，再看过去，平畴青绿，辽远处一片森林，郁郁苍苍，整整齐齐，那就是武侯祠的丛林了。

距劝业会小半里远处，从大路上望去，首先到眼的就是左边俯临河水的百花潭的小水榭。就从那里起，只见逐处都是篾篷，很宽广的一片田野，全变成了临时街道。赶会的人一列一列的，男的沿旧大道的男宾入口，女的随着新辟的女宾入口，好像蚂蚁投穴一样，投进了会场。

他们在下车处等有一刻钟的光景，始见王念玉的轿子抬到。三个人便挤进人群，走了好半会，才进了会场大门。

二

劝业会虽然是以前青羊宫神会的后身，但有大大不同的两点。第一点，是全省一百四十多州县，竟有八十几州县的劝工局将货品运来赛会。经周道台的辟画，将二仙庵大门外的楠木林，用涂了绿色的木板，很整齐很幽雅的搭盖成一条弯环屈折的街道，你从入口进去，非将这八十几处小陈列店一一看完之后，找不着出口出来。而各个小陈列店确也有许多可以观赏的东西，吸引游人的眼睛。第二点，是容许女的前来了。若干多的大家闺秀，小家璧玉，在前绝对不许抛头露面的，而在劝业会上，竟可以得到警察和巡兵的弹压保护，而大胆的游顽观赏，并且只在进会场处分了一下男女，一到会场中，便不分了。

这种男女不分，可以同乐的情形，不但使吴鸿、黄昌邦等感觉了饱览成都妇女的美色，——在他们眼睛中，成都妇女，只要年轻，只要打扮起来，几乎无一个不美，无一个不比他们故乡的女人加十倍的美。——并且使许多笼鸟般的妇女，也得此机会，将抑郁的胸臆，略为开舒。如像郝香芸大小姐就是其中之一。

郝香芸、香荃是同着她们的哥哥郝又三，坐轿到柳阴街口，改坐马车来的。他们随着人群，将楠木林中劝工局陈列店游览了之后，顺路越过墙缺，来到青羊宫这面。走过八卦亭前卖细工竹器地方，大小姐忽然想起前六年,自己才十五六岁时,也是赶青羊宫,曾被几个流痞凌辱的事情。当日公共的地方,那么不容许年轻妇女出来,而今哩,举眼一望,随处都是年轻妇女,也随处都有年轻男子追随着在,可是像从前那种视眈眈而欲逐逐的情形,却没有了。

大小姐遂向她哥哥说起这事。

郝又三笑道:"可见世道变得多了!我早已对妈妈说过,淑行学堂你是可以进去的,妈妈偏不肯,只答应过了暑假,叫二妹妹去考。她说,你岁数大了,一个人在街上走不方便。大概她脑经里至今还想着六年前在这里的光景罢?"

大小姐道:"也说不定。我们那时的胆子,真个也太小了,见着痞子,就骇得不得了。如今纵然遇着痞子,就我一个人,未见得便会骇得那样。"

他们说话之际,三个少年恰挨身走过,都回过头把大小姐看了两眼。

二小姐发育得早些,快有她姐姐高了,便把大小姐衣角扯了一下道:"姐姐,有人在看你。"

大小姐回眸一笑道:"出来了,还怕人家看吗?"

她的哥哥道:"你的思想也变了。真的,现在讲男女平等,男的可以看女的,你们又何尝不可看男的呢?"

香荃道:"你讲男女平等,为啥子嫂嫂要来,你又不要她来呢?"

"那又不同了,嫂嫂当了母亲的人,应该在家里尽她的责任,不比你们当姑娘的可以自由自便。"

他们又游过二仙庵来,感得有点累了,遂一同走到一家考究的大茶铺中。虽也是篾篷搭就,但楼板离地有三尺多高,顶上幔着白布,外面临着花圃,茶桌上也铺着白台布,一色的大餐椅子。向左是女宾坐的,凭中悬了一条短幔,但家属男女,也可同坐一处,这也是会场中的一个特点。更方便的就是有洗脸巾,热热的,又有干净的吸福烟的水烟袋,有瓜子,有点心,堂倌也很周到。就只茶钱很贵,起码半角钱一碗,不过细瓷茶碗茶船,都很讲究。

郝又三坐下,洗了脸,靠在椅背上,很舒适的向着他大妹妹道:"歇一会,我们去吃馆子,你赞成吃聚丰园吗,还是一品香?"

二小姐低低说道:"那三个人也来了。"

郝又三注意一看,就是在青羊宫挨身走过的那三个。一个穿黄呢军装的,黑油油一张脸,又高又大,很粗气的。一个穿了身便衣,也是土头土脑的。一个顶年轻的,脸上有红有白,样子很不错。果然也走进茶铺,坐在他们的邻桌上。

那个穿便衣的顶讨厌了,一坐下来,便一双眼死盯着大小姐。一面又与同行的低低的在说话,自然是在议论她了。穿军装的和那年轻人有时也看她几眼。

二小姐有点忿然,向她姐姐说道:"那是啥子人,看得真讨厌!哥哥,叫他们走开些,好不好?"

大小姐假若还是六年前的郝香芸,必也同她妹妹一样的见解,不然,也会红着脸,羞得很不好意思的低下头去的了。现在,她不但神色自若,反而有点高兴样子,先把那三人看了一眼,才拍了她妹妹一下肩头道:"你这才小家子气哩!别人又没走到我们桌子边来,就像哥哥说的一样,许你也那样看他们就是啦!"

郝又三只管在笑,只管在点头,心里到底有点不自在,有时回过头去,把那穿便衣的恨一眼。

二小姐道:"样子那样土苕,就晓得看女人。"

大小姐笑道:"你这话才怪哩!样子土苕的,就不算人吗?"

花丛人堆中,忽然走出几个人来,距离茶铺约莫十来丈远,二小姐已看清楚了,站起来指着一个穿长袍马褂的人道:"那不是葛世伯吗?有葛世母,还有世妹哩。"

郝又三也站了起来道:"等我去打招呼。"

大小姐道:"用不着去,他们会走过来的。"

葛寰中夫妇带着他们九岁的小女孩,果然对着茶铺慢慢走来,一面谈说着。刚到相当之处,已听见郝又三兄妹打招呼的声气。便笑着点点头道:"你们也来了?很好,很好!我们也来喝碗茶,都转累了!"

葛寰中一进茶铺,正含着笑向大小姐走来,邻桌上那个把大小姐看得不转眼的便衣男子,猛站起来,恭恭敬敬向他鞠了一躬,脸上很有点忸怩神气。

二小姐向她姐姐道:"你看,他也认得葛世伯的。等我去告葛世伯,他那样看女人。"

大小姐正要挡她,她已跑了过去,拉着葛寰中的手道:"葛世伯,你问问他,为啥子尽看我们的姐姐?"

葛太太同她的女儿也走了进来,堂倌与打洗脸巾的,卖点心的,都知道葛寰中是个什么人,以及他的地位,不待呼唤,早已很殷勤的围了拢来。于是一角茶楼上,全是人,全是声气。及至葛寰中把身边的人与事件一一应酬交代清楚,来问询二小姐说些什么时,二小姐大不高兴的哆着一张大口道:"人都溜了,还说啥子!"

郝又三笑道:"世伯刚才进来,那个向世伯鞠躬的,是什么人?"

葛寰中嘘着纸烟道:"那是我的一个瓜葛亲戚,姓吴,一个极没出息的乡愚,你认识他吗?"

香荃道:"就是他,从青羊宫起,他就看起姐姐,一直到这里;我们一进来,他也就跟了进来。我真想你骂他一顿,偏偏他又溜了。"

葛太太笑道:"香荃才是火炮脾气哩。是不是因为他没有看你,只看香芸,才把你气成这样?"

都笑了起来。二小姐通红着脸,挽着葛世妹的手,到栏杆边看花去了。

大小姐道:"妹妹就是这些不开展。我想,既出来了,还怕人家看吗?"

葛太太道:"大小姐说得对。到了我们这年纪,想人家看,还没有哩。年轻姑娘,打扮出来,要不多收些眼睛回去,那才没趣哩!"

葛寰中拿指头把纸烟灰一弹道:"日本女人,……"

他太太忙止住他道:"你的日本女人又来了。真是呀!随便说到啥子,总有你的日本。我们今天打个赌,赌你一天不要说日本,好不好?"

又都笑了起来。

葛寰中笑道:"好!我就不说日本!不过,我还要说一句,像吴鸿这样看女人,在日本并不算一回什么事,只是在此地,风气刚开,却有点不对。"

他太太问道:"你说这姓吴的是我们家瓜葛亲戚,我咋个不晓得呢?这娃儿看起来,好土气!是那里人?现在在做啥子?"

"现在在进速成学堂,还不是我的一封荐书,才取进去的。说起亲戚,那就远啦,是幺孃堂兄弟媳的娘家侄孙。"

"啊哟!你说到胡家那一支人马去了!多年没有来往的了,难怪我弄不清楚。"

"岂但你弄不清楚,我不是那年奉委到邛州查案,不期而遇,到羊场避雨,同场上一位年老乡约谈起,还是不晓得有吴家这门亲戚。那时,吴鸿的老子还在,倒是一个好人,种着十来亩田,安分守己的。因为就住在场外,还来看过我,一定要请我到他家里,我没有去,送了我一只烟熏鸡。那时,吴鸿不过八九岁,简直是一个啥子都不懂的蠢虫。……"

"如今又懂了啥子吗?"他太太插嘴笑道:"光看那土头土脑的样子,就晓得是个乡坝老儿。"

葛寰中看着大小姐笑道:"你伯母的话简直不对!他若啥子都不懂,他又不从青羊宫一直把你看到这里来了!……哈哈!……你们不晓得,乡坝老儿若开了眼,比你们城里娃儿们还精灵些,还会作怪些。"

大小姐红着脸笑道:"世伯真爱说笑。你不要听二妹妹胡说,会场里这么多的年轻姑娘,他那里就专在看我!"

葛寰中道:"知好色,则慕少艾。像大侄女的模样,要说看了不跟着尽看的,那真是只有一事不知的浑蛋才行。吴鸿虽蠢,虽是土气尚未大褪,虽然眼界还未大开的乡愚,到底是个能辨妍媸的少年。……像那般女人,他一定不追踪着看了。……"

他手之所指,正是几个小家人户的妇女,头上包着已不时兴的青洋缎帽条,穿着滚了驼肩和腰袖的葱白竹布衫,银首饰,银手钏,脚是没有放的。一个个涂得一张雪白的脸,两颊胭脂死红的巴在粉上。有两个自己提着水烟袋,还有一个执着一根红甘蔗,当着手杖。正说说笑笑,一步三挪的,从楼外走过。

他还接着说道:"岂不丑得可以?像这类丑女人,在日本,……"

大小姐看了他一眼,他自己也警觉了,笑道:"犯了禁,犯了禁!"

他的女儿本已吃了许多点心了,走过来叫道:"爹爹,你说今天领我吃馆子哩,咋个还不走嘛?"

郝又三忙让道:"世伯同世伯母只管请便。"

"说那里话!我早就打算请你们来耍一天,我招待的。偏你令尊大人总提不起劲,我以为他把鸦片烟戒了,精神总更要好些,却不晓得反而衰老得多。你令堂也是那样的不好,瘦多了,我上前天见着,把我骇了一跳。倒是你的令叔,纳了宠后,心安理得,也发了体,听说要生娃娃了,是真的吗?"

郝又三摇了摇头。跟着便说道:"世伯打算吃那个馆子?"

"聚丰园吃大餐去,好吗?"

他太太道:"吃大餐,你不要也去闹个笑话,着傅樵巴儿的《通俗报》登出来,才好看哩!"

葛寰中大笑道:"我何致于!"

郝又三问是啥子笑话。

"你没有看《通俗报》吗?"

"我讨厌傅樵村这个人,太乱了一点,一个《通俗报》,出版了两年,从没有继续出上三个月,隔不多久,又停版了。其实也没啥看头,只是一些诗钟灯谜,我真想劝他不要办了。"

"你却错了。傅樵村之为人,乱只管乱,其实不可厚非。第一,他舍得干,第二,他舍得不要脸,第三,他能得风气之先。你只看他桂王桥那院公馆门口,挂了多少招牌,办了多少事情,又是报馆,又是印刷所,又是图书社,又是代派省外书报的地方,又是通俗讲演所,又是茶铺,他本人还在里面住家。通共是一正两厢,一个过厅的房子。叫别人来,简直是不可一朝居的,而他居然干得很有劲。其可钦处,在此,一般人诋毁他的,也在此。公心评论起来,他不要只想做官,光拿这些事来做幌子,他一定是有成就的,像在……"

他又想说"像在日本"的了,却着郝香荃打断了,她急于要知道吃大餐闹的笑话。

她的葛世伯母叙说出来,才是前天的事。有两个温江乡坝老儿,是两亲家。听说劝业会办得比皇会还热闹,不觉动了凡心,两个人各揣了二百钱,就坐鸡公车赶到会场。游了半天,高兴得很,恰恰肚子饿了,便钻进聚丰园去。只说像乡场上的馆子,顶多吃二百钱就完了事的,不想一顿大餐连洋酒,吃下来一算,十元多钱。把两亲家骇坏了,先说堂倌欺负他们,后来竟大哭起来。闹到周道台晓得了,将两亲家喊去,说了一顿,替他给了钱,这台戏才下了台。

二小姐大笑道:"我代那两亲家想来,倒也值得,哭一顿,着人说一顿,到底耍了阔了。葛世伯,你请我们去,该不要我们哭罢?"

葛寰中笑着站了起来道:"说不定啦!我身边还没有带上二百钱哩,不说别的,此地的茶钱就开不起了!"

大小姐赶紧把她那时兴的蓝白头绳编成的银元包拿了出来。

"我是一句笑话，大侄女就信真了么？不管它的，我们走罢，何喜他们自会来清帐的。"

堂倌等人又都笑容满脸的排在门口恭送，一般赶会的男女也都很注意的看着他们，眼光灼灼的一直把他们送进花圃当中，那座绝大而绝讲究的篾篷里去。

三

吴鸿向二仙庵里人丛中埋着头连连的趱走，王念玉跟在后面，不住的笑说："快点，快点，追兵来了！"

一直走到吕祖殿外卖玉器的地方，有一大群穿玉色竹布长袍的妇女挤在那里看玉器，吴鸿才不知不觉的住了脚步。

黄昌邦在他耳边悄悄说道："看这打扮，像是一群女学生。你看，都梳的辫子，穿的文明鞋。"

王念玉道："走罢，女学生更没啥看头！没又像刚才一样，看出了亲戚，又变成掏了头的苍蝇了。"

黄昌邦道："只怪老吴色大胆小，又要看女人，又害怕。如其是我，既然表叔走来，又都在打招呼，好啦，都是熟人，作一个揖，便一块坐下了，这时岂不有说有笑了吗？真是没出息，着那小女娃子一告，就骇跑了。"

吴鸿掉头把他两个一看道："你们光晓得说，你们却不晓得葛表叔是做官的，我进学堂，还在靠他。着他说几句，这子弟太不老成了！不说当着那女的，面上下不来，以后还能望他帮助吗？你们不要讥诮我胆小，告诉你们，在乡坝里头，我吴哥还是风流过来的哩。羊场一带的女娃子，只要我吴哥看得上，……"

王念玉把他衣裳一扯道:"不要冲壳子①了,你看那边那个女人怎样?"

在对阶绸缎摊前一堆人中,果有一个女人,高高的身材,瘦瘦的面孔,额上打着流行的刘海,脂浓粉酽的涂了一脸,一对眼睛,却是滴溜转的。

吴鸿道:"这女人倒好看,只是岁数大点,很有点不怕事的样子。"

王念玉道:"你认得她吗?我倒认得!"

"你认得?"

"为啥子不认得,在我们对门独院里住了一个月的伍大嫂。"

"你有这么好个邻居,我为啥没看见呢?"

"你为啥看得见呢?你只星期日到我们家一次,急急忙忙坐一下就走了,她又难得出来。"

黄昌邦道:"是做啥子的人?"

"连我也不晓得。只晓得是婆媳二人,一个小娃娃在进小学堂,就住宿在学堂里,也是星期日才回家一次。有个老表,常在她家里走动。"

吴鸿道:"她认得你不?"

"认得罢!她看见过我好几次,还向我笑过。"

黄昌邦道:"好呀!小王,当心点!着这婆娘看上了,才不好哩!"

吴鸿道:"不说这些了,我们挤过去。"

及至他们挤了过去,伍大嫂已同吴金廷带着安生看傅樵村办的幻灯片去了。

他们走过理化室,从卖书籍字画的地方绕了一个大圈子出来,一直没有找着伍大嫂。都走疲倦了,王念玉遂提说吃馆子去。

百十家酒菜馆全在花圃的旁边,此时正是顶热闹的时候。他们把

---

① 四川方言,夸大话谓之冲壳子。——作者注

几十家中下等的馆子走完了,全没座位,到处都在搳拳赌酒,堂倌报着堂,忙极了。

王念玉看着几家陈设绝讲究的大酒馆,心羡得很,怂恿着黄昌邦进去。但他总推说大馆子中不免会碰见学堂里总办会办等人,不好进去得。

吴鸿也知道黄昌邦的苦处,便提说今天不必吃馆子,不如在青羊宫那面,找一家面馆,随便吃点酒菜好了。

王念玉大怒道:"放屁的话!来赶青羊宫,不吃馆子,有啥子味道?我也晓得,你两个鄙吝鬼,只会白耍,就像起先一样,半角钱一碗的茶,就开得心痛了。不是为看那鬼女子,你们还未必肯哩!如今没有那鬼女子了,光是我,你们自然舍不得。像你们这样朋友,我不交了,算了罢!以后随便那个约我出来耍,我吐他的口水!"

他一直朝花圃中跑了去。口头一面说:"啥子都不吃了,还是回家去吃开水饭的好。"

黄昌邦追在他后面,一路陪着不是道:"兄弟不要生气!……并不是我吝啬!……实在钱带少了!……"

两个都走得很快,吴鸿知道他们的戏,必不是三言两语就下得了台的,便也不跟下去了。

他独自一个,回身走过青羊宫。一直寻到右手侧门墙边天申龙面馆,很畅快的吃了二两大曲,一盘卤肉,一盘凉拌鸡丝,又三碗清汤细面。既醉且饱,也不过才花了二百多钱。把钱开了出来,看见游人都纷纷的向外面在走了。

他除了学堂里号声,同总办室外一具大挂钟,是不知道时刻的。但他在乡间习惯了,只须看看天色,也就大致猜得出来是该做什么的时候。

此刻是该赶着进城,回学堂的时候。他也就不再打看女人的主意,挺起胸脯,大踏步从花圃小径中,斜插着向会场大门走去。

但他走到马群芳花园牡丹花丛之外,却不能不令他要止步,要本能的隐蔽在一排冬青树枝里,要用眼睛去看王念玉所称谓的伍大嫂同着茶铺中邻桌上的那个斯文少年站在一株牡丹前说话的光景,要惊异的猜测这两个人的关系,乃至要打算听出他们说的什么话。

他心里似乎又有点羡慕,又有点嫉妒,只觉得通身发烧,两只手心里全是汗。

再拿眼睛一扫,所谓伍大嫂的身边,还有一个中年男子同一个小娃娃,大概就是她的什么老表与娃儿了。

至于与斯文少年同桌吃茶的那个好看的小姐,似乎也同葛表叔在花园中,虽是隔着树叶花枝以及篾篷,看不清楚,但明明听见是她那极婉转极娇嫩的声气在问:"这盆醉杨妃,要好多钱呀?"

吴鸿两腿只是打战,心里连连祈祷,顶好是忽然跑来一伙明火执仗的强盗,轰一下就将这两个女人一齐打抢走。旁的人只辨得喊救命,葛表叔更是爬在地上叩头如捣蒜,只有他一个人有恁大本事:一个虎跳,扑上前去,只一拳,就将抢小姐的强盗打在地下,顺手掣出那强盗的腰刀。他有万夫不当之勇,直把一干强盗砍个精光,把伍大嫂也救了下来。他于是立刻就成了英雄,小姐感激万分,便由葛表叔作主,将小姐许配他为妻,而伍大嫂哩,便接过来做小老婆。

这是在羊场上,时常听说评书之后,结构而成的幻想。也每每在万事如意之后,幻想便退了位,依旧让那毫无把握的实际生活来烦扰他。

他只好搓着湿淋淋的手掌,垂头丧气的走开,而脸上的红疙瘩,更其一颗一颗的鼓了起来。

寻思:"小姐的身份太高,自己的前程,一如众同学所拟定的,做到管带,已算位极人臣了。以一个芝麻大的管带官儿,要想讨一个官家小姐做老婆,这不是黄鼠狼想吃天鹅肉吗?倒是那个伍大嫂,还相当,但已是别人的老婆了,娃儿已经那么大,有啥子想头?算了罢！还是讨个乡下婆娘罢了！"

四

郝又三虽是出钱给伍大嫂在南打金街佃了房子，但他自己因为在上莲池一度受了惊骇，又顾着自己的名声，从鼓不起再去看她的勇气。加以母亲时常在不好，而第二个儿子又出了世，直至赶劝业会那天，才算无意间在马群芳的牡丹花前同她见了面。因为有妹妹与葛表叔在旁边，只好借着同吴金廷谈话，与她匆匆说了两句。

她也很谨慎的，先申谢了他的照顾，继后说道："房子还好，又干净，又清静，单门各户的，看那天得空来吃杯茶。……明天，好不好？"

香荃在唤他，等不到决定应否，便走开了。心里头却很想明天去看看。

但在第二天上午，刚上了两堂课，忽见田老兄找了来，把他喊出自习室，在没有人听得见之处说道："又三，赶快去请一天假跟我走！"

"小学堂出了啥子事吗，你这样子？……"

"不是小学堂的事，尤铁民回来了！"

"他回来了，怪啦！一下就回来了，连个信都没有。他在那里？"

"小声点，秘密，秘密！他这次回来，是有事的。……请假去罢！他正在小学堂等你！"

五六年不见面的好友，又新自海外归来，是如何的吸引人？何况又该秘密。郝又三赶快到监学处去请假，偏偏监学又是固执不通的吴翘胡子，本来提着笔要填写假条了，却又搁下了笔道："今天不准假。你今年请假时候太多，几乎每天都在请，耽搁得不成名堂了！"

吴翘胡子是顶不容易说话的，可是也不能不试一试。"今年因为小学堂事烦，课又多一点，所以在那里费的时候要多些。"

"不行！学堂规则，不能因为你们几个破坏得太多。准其你们在课毕之后，自由出入，以及在外面歇宿，已经是十分通融了。在上课时，还要任意请假，那不行！"说时，还一面摇头，表示出学堂规则就是条铁绳，而他们就是造这铁绳之人。

郝又三心里着急得很，出来向田老兄说他悖了时，偏偏碰见了吴翘胡子。

田老兄眉头一皱道："说老实话，我们出入请假，本是跟他们的面子，大家把学堂规则看重点。近两年来，学堂规则已经成了废物了，寝室点名，先就七零八落，食堂上闹菜打碗的事，随时都有，明白，睁只眼闭只眼好了。他既不准你的假，这是他自损威严，不干你的事，我们走罢！"

郝又三心里到底还有点迟疑，但敌不住想见尤铁民的念头所鼓动，遂挟起书包，在上课铃叮当摇动之中，同着田老兄昂然直出。走内稽查门口过时，那位白须拂胸的文稽查正抹着肚子，坐在一把躺椅上。彼此打了一个招呼，文稽查似乎也习惯了，绝口不问他们有无假条。只是摆出满脸的笑道："小学堂的事忙吗？"

他们走到广智小学门前，两个人都很诧异，何以清清静静的，听不见一点嘈杂？及至走进二门，始见几十个大小孩子全站在大院坝中，尤铁民穿了身洋服，站在正中一张方凳上，正比着手式，在向孩子们大声的说道："我们才是中国的主人翁！主人翁就该过问我们自己的事，那里有主人翁不管事，把自己的家交跟一般家奴，让他们去勾结一般强盗来毁我们的家？……同胞们！现在，我们要拿出自己身份，先把家奴们撵了！再来抵御强盗！……"

郝又三赶上前去叫道："铁民吗？快下来，我们仔细谈一谈。你是几时到的？"

尤铁民张开两臂，哈哈大笑道："田老兄找你去了，娃娃们没有课上，闹得一团糟，你们的吴稽查管不住，我久不演说了，权且把他们喊来练习练习。你们看，对不对？……同胞们！你们要记住，我们不先排满，就不能革命！不革命，就不能救国！……救国！……排满！……排开当我们家奴的满贼！……"

田老兄不等说完，就去把他拉了下来道："你胡说些啥子？我们都是安分守己的好百姓！"又鼓起眼睛向孩子们道："尤先生是疯子，他的疯话，你们出去不准乱说！"

尤铁民一面同郝又三向他寝室里走，一面哈哈笑道："田老兄生成是这样婆婆妈妈的，旧也旧不到家，新也新不到家，胆子又小，顾忌又多！……"

田老兄在背后笑道："你不要议论我，你们只管讲排满，讲革命，但也应该秘密点，如其叫人晓得了，不遭殃吗？"

已进了房间，尤铁民便两手插在洋服裤袋里，两腿很有劲的分张着站在当地，昂起头，很不屑的笑道："你老兄谨慎有余，倒令人佩服。只是革命党都像你这样，那还能在各处起事吗？那还能鼓动人民吗？我们在东京时，不说了，随时随地，都在演说。就我们这次回来，只要得便，总要演说一番。你没把这事看轻了，前年熊锦帆在涪州起事，不是只在河坝里一篇演说，喊拢了一百多个船夫子，只他自己一杆手枪，就扑进城去，革起命来！"

郝又三道："你们胆量真不小！无怪一般官吏，说到你们，无不心惊胆颤的。你这次回来，大概也有什么举动罢？"

"老弟看得真准！我们回来，自然不是白跑的，我们是安排流血。至少也要像徐锡麟那样轰轰烈烈闹他一番，把民气鼓动起来才对。"

郝又三很欣喜的道："你们一定带有手枪炸弹回来了。"

"何消说呢？熊锦帆还运有几百杆长枪到泸州去了，他在那面一起事，我们在省里就动手。一个炸弹，把制台衙门炸了，省城就是我们的了。立刻立起军政府来，招兵买马，延揽豪杰，浩浩荡荡，杀到重庆。重庆已有我们的人,里应外合,取之不费吹灰之力。这下,四川便落在我们掌中。四川居天下上游,大兵东下,天下响应,熊成基起于湖北,黄克强起于湖南,林氏弟兄起于福建,孙逸仙起于广东,东南半壁,自非满人所有!"

郝又三搓着手道:"你们起事时,我来一个,对吗?"

"有啥不对!只是你这样长袍短褂文弱书生的样子,去丢炸弹,未免不称。你应该先把这身胡服换了,穿起我们这样衣服才对!"

田老兄道:"我岁数大了点。流血的事,不大相宜。等你们起事得手之后,我来帮你们办文字上的事,写点啥子东西,我还是很行的。"

郝又三道:"我们高等学堂里,颇有几个同盟会的人,你们见过了没有?"

"昨天夜里在杨萃野处见着了两个。不行,他们,都是章太炎刘师培一派的革命党,只是做做文章,坐而论道的脚色。并且又迂腐,又拘墟①。"

郝又三道:"他们平日说起话来,都很激烈的,咋个会说是迂腐拘墟呢?"

"说得激烈,但是到要实行时,就不行啦!倒是你还对,看来斯斯文文的,说到丢炸弹,还敢说来一个。不行哩,就老实如田老兄,你们干,我不来,干成了,我来帮忙。"

田老兄哈哈大笑道:"谬承夸奖。如此看来,我的事倒是稳当了。我还没问你,苏星煌呢?他现在还在东京吗?"

"还在东京。现在同我们不大合式,他是立宪党人。"

"周宏道呢?"说到苏星煌,郝又三自然而然便想及了他。

---

① 拘:拘守;墟:所居住的地方。原指井蛙受所处空间之限,只能看到一点天空。现多用来形容狭隘短浅的见识。——编者注

"哈哈！那是东瓜党，说不上啥子。不过人还活动，比田老兄就高明得多！"

大家一笑。田老兄指着他衣服道："这是日本缝的吗？"

"自然喽！现在穿西洋服，只有在日本穿，料子也好，缝得也好，上海就不行。说到这上头，中国真该革命，论起与西洋通商，上海比日本早得多，洋房子那么高大，大马路那么整齐，电气灯自来火，样样比日本齐全，独独穿洋服的，除了几个留学生，以及讲新学讲到底的人外，真没有几个。恶恶而不能去，善善而不能从，这就是劣性根。如何会养成这种劣性根，那便是专制政体的遗毒！……"

田老兄道："照你这样说法，周孝怀现在开办劝业场，提倡洋货，不就是善善而从了吗？"

"周孝怀虽是满清官吏，我们尚不反对他，就因为他能开通风气。好！你们既说到此，趁我今天有半天空，我们就到劝业场去看看。听说悦来茶园有京班在唱戏，你们能不能陪我去听几场？"

田老兄道："自然要奉陪的，只是京戏我不大懂。"

郝又三道："这样好了，我们先去看劝业场，看后，就在一品香吃饭。悦来茶园只能去看夜戏了。夜戏看完，铁民仍到这里来歇，我们消夜时，再细谈细谈。"

他们走出来时，孩子们已下了课。看见尤铁民，都很好奇的把他张望着。因为有田老兄在一道，没有敢走拢来。只微微听见有种声音在空气中播动："革命党！……革命党！……"

尤铁民看着田老兄道："我的革命种子已播散在你们的学堂中了，害怕不害怕？"

"你们起了事，连我也是革命党了，我还怕他们小东西革掉我的命吗？"

尤铁民的皮鞋在石板上走得橐橐橐的，右手的手杖便和着步伐，一起一扬。田老兄在后面悄悄向郝又三笑道："你看他，简直就是个洋人，好有精神啦！"

尤铁民似乎听见了，腰肢伸得越直，胸脯挺得越高，腿骭打得越伸，脚步走得越快，手杖抑扬得也越急。两个人跟在他后面，几乎开着小跑，街上行人都要住了脚步，拿眼睛把他送得老有远。几个竟自冲口而出："东洋人！……东洋人！……"

便是横冲直撞的拱竿三丁拐轿，从后面飞跑来的，也不喊"空手！……"而自然而然会打从他身边绕过；从前面来的，也不喊"对面！……"也会暂时让在旁边。

走到总府街劝业场前门，尤铁民才放缓了脚步。田老兄两人已是通身汗流，看他将呢帽子取下，鬓角短发上也一直在流汗。

田老兄道："走热了！"

"那里！只微微出了点汗。穿洋服，根本就不热不冷，顶卫生了。所以我们都有这意思，革命之后，第一要紧事就该变服，把那顶不好的胡服毁了，全换洋装。"

田老兄道："成都裁缝就不会做洋装。人又这么多，不是把人苦死了？"

"这容易！一个电报打到日本，叫几百裁缝来，不就成了吗？"

劝业场门口，悬着舆马不入场的大木牌。砖修的门面，场门很为宏大。场头楼上是一家为成都前所未有的茶铺。场内两边铺面的楼上也是铺面。成都的建筑，楼房本就不算正经房子，所以都修造得矮而黑暗，而劝业场的楼房，则高大光明，一样可以做生意，栏杆内的走廊，又相当的宽，可以容得三人并行，这已是一奇。其次，成都铺面，除了杂货铺，例得把所有的商品陈列出来外，越是大商店，它的货物越是藏之深深。如像大绸缎铺，你只能看见装货物的推光黑漆大木柜，参茸局同金器铺，更是铺面之上，只有几张铺设着椅披垫的花梨木椅子，同一列推光黑漆柜台了。而劝业场内的铺子，则大概由提倡者的指点，所有货品，全是五光十色的——陈露在玻璃架内，或配颜配色的摆在最容易看见的地方,这又是一奇。成都商家最喜欢的是讲价钱,明明一件价值八角的货物,他有本事向你要上一元六角,假使你是内行,尽可以还他五角,然后再一分一分的添,用下水磨工夫,旋吹毛求疵,旋开着顽笑,或做出可要不可要的态度,那你于七角五至八角之间,定可以买成,不过花费的时间,却在一点钟以上。尤其对于表面只管好看,而大家还无十分使用经验的洋货,更其容易上当,而使想买的人,不敢去问价钱。而劝业场则因提倡者所定的规矩,凡百货物都须把价值估定,不能任意增减,这于买的人是何等方便,尤其是买洋货,这更是成都商场中奇之至也的一件事。因此之故,劝业场自开场以来,无论何时,都是人多如鲫,而生意顶好的,还要数前场门楼上那所同春茶楼,以及茶楼下面那条宽广楼梯之侧的水饺子铺了。

郝又三是来过一次的,便领着尤铁民田老兄,楼上楼下转了一周。每走到一家洋货铺,尤铁民必要站住脚,一样一样的东西看,还要打着倒像四川话不像四川话的口吻一样一样的问。铺家上的伙计徒弟们,首先被他那洋服所慑,心上早横梗了一个这是东洋人,继而听见他语言不对,所答的话,又似乎不甚懂得,总要问问同行的人,于是更相信是非东洋人而何?既是东洋人,必有一笔大生意可做,而万不可得罪的。于是便把向来对待买主毫无礼貌,毫不耐烦的举动,完全变得极恭敬极殷勤起来,于每件货物看后,必谦逊的说:"这件东西还不是上货。"必要叫人爬高下低的,很劳神费力,将所谓上货取出,摊在尤铁民的眼底。

尤铁民总是大略看一看,批评一句"不好!"便拖着手杖,昂然直出,而一般劳了大神,费了大力的伙计徒弟们,总要必恭且敬的送到门外。

他们转了一周,来到同春茶楼。以尤铁民在劝业场的身份,自然不能到两边普通座内去喝二十文钱一碗的普通茶了。郝又三便伸手让他们到正中有炕床,有大餐桌,而桌上铺有台布,设有花瓶的特别座内。

堂倌泡上三茶壶,郝又三给了三角钱。田老兄大为吃惊道:"不图成都茶钱,贵至于此!铁民,你可想及我们同堆吃茶,那里吃到四个钱一碗的,而劝业场一修,首尚浮华,你看应不应该?"

尤铁民正正经经的说道:"应该的!你不晓得,国家愈文明,生活程度愈高。我们在日本,一个鸡蛋就值一角钱,一小杯洋酒,值上四角,那里像在中国,尤其在四川,几十文钱就可酒醉饭饱的过上一天。在东京就不行,一个叫化子,不讨上五角钱,断吃不饱一顿。"

田老兄摇摇头道:"成都要是文明到这步,那日子便不好过了!"

一个卖点心的端来一盘西式蛋糕,一盘西式杏仁饼,一筒五香瓜子。尤铁民不待人让,抓起刀叉,便切着往口头递,一面点头说道:"洋点心做得还不错!成都到底是可爱地方,凡百文明,别处老学得不像,成都人一学就像!"

点心茶瓜子一直吃到下午两点钟,方由郝又三付了钱,邀约着到一品香来。

五

郝又三站在戏园门口人潮中问尤铁民:"今夜就在我们学堂里歇了罢?"

"不行,我得回客店去。我们的事情很紧要,我今天已无谓的耽搁一天了。"

田老兄道:"你住在那家客店?我明天来找你。"

"也不必,我们虽是老朋友,但你同他们不熟,你来了,不免要引起他们的疑心,还是等我有空时来找你们的好。"

他们在电灯光下分了手,郝又三因为回家是顺路,又因一个多星期没回去了,便一直坐轿回暑袜街来。

轿子才到大门外,高贵提着一只官衔圆纱灯笼,从街的那头走来,也到了门口。便道:"少爷从那里回来的?我才到学堂里去接少爷来!"

郝又三忙叫把轿子放下,走出来问道:"接我?家里有啥子事吗?"

"太太中了痰,病重得很,已经人事不知了。"

他大骇一跳,一面叫高贵给轿钱,一面就朝里跑。才跑进轿厅侧门,就听见上房里大妹妹在喊"妈妈!……妈妈!……"声音是那样的悲痛!他才跨上上房檐阶,大妹妹已哭了起来,并拼命喊道:"妈妈不行了!……"接着,就是他的少奶奶的哭声,他父亲的姨太太的哭声,他三叔的宠人前名香兰后称贾姨奶奶的哭声,他二妹妹的哭声,全震耳欲聋的闹了起来。

郝又三心里一酸,刚进堂屋,眼泪已经流下。由不得便哭着奔进房去,就习惯说来,他恰恰送了终。

老爷也在哭,三老爷也在哭,吴嫂、李嫂、春桃、春英、春喜,都闻声相和的哭了起来。两岁零点的孙少爷心官,看见大人们在哭,他也哭了,带心官的何奶妈也哭。全家人所不哭的,只有厨子骆司,看门头老张,大跟班高贵,同一个打杂的,同一个才出世三个月的二孙少爷华官,同一个带华官的陈奶妈。

太太岁数虽只四十八岁,但在郝府却也要算老丧。棺木衣衾,因为太太连年多病,老爷早给她预备好了。所以在一场送终号哭之后,大家就按部就班的办起大事来。

烧倒头纸,大门门神上斜着贴上白纸十字,门额上钉一块麻布门旗。房间里则点上几盏洋灯,把罩子下了。姨太太主张趁死人肢体还柔和,先把寿衣给她穿上。大小姐哭得眼睛核桃大,却不肯,说她母亲手脚还是温的,怕还没有断气,说不定会还魂的。

开路查七的道士已喊了来。四整的建板也抬了来，端端正正摆在堂屋正中。建板是老爷一个同学卖给他的，据说本值一千三百两，因为人情不同，折让到九百九十两。

据道士的查算，小殓宜在子时三刻，大殓在卯正。太太福气好，死的日子很干净，又不犯丧门煞，又不犯重丧，只大殓时要忌小人。

小殓既在子时三刻，此时已是九点多钟，却不能不穿死人。大小姐只管希望母亲是假死，但哭守了一点多钟，也只得依父亲哥哥嫂嫂之劝，帮着众人将寿衣整理出，待吴嫂打水把死人净了身，李嫂给死人梳了头，然后从最里面的白绸汗衣裤穿起，一直穿到顶外面的袍褂霞披，一共算是十一件。然后用白大绸夹衾单包裹好，停在床前的木板上。大八摺裙同凤头鞋也穿齐整了，只头上包着青纱帕，凤冠则放在头侧，预备小殓后再戴上。脸上搭着一张大红绣花绸手巾，尚是二十五年前太太妆奁里的东西。金簪子金耳坠金玉首饰，以及胸前挂的汉玉古式牙签牌子，手臂上一对金钏一对玉钏，手指上一对玉戒指一对宝石戒指，鞋尖上一对大真珠，都是太太的妆奁里的东西。姨太太本说留点起来，给大小姐作妆奁的，大小姐不肯，说她母亲苦了一辈子，殉葬的东西不能不从丰点。并且还打算把整个首饰匣放在棺材内去的，姨太太不敢说什么，老爷不便说什么，三老爷不想说什么，贾姨奶奶不配说什么，少奶奶不肯说什么，只有她哥哥才把她劝住了，说殉葬东西过丰是要不得的。

死人穿好之后，大小姐依然寸步不离的守着啼哭，不过却不是数数落落的号哭，而只是抽抽咽咽的隐泣。老爷很不放心，随时都要去唤她几声，又随时叫媳妇去陪她劝她。其余的男男女女，则忙着买灯草来用新白布打包裹，预备塞尸首。

棺材底已是响了堂，先铺了一层柴灰，再铺上棕垫，再铺上白布，再铺上新缝的绸褥，再安上万卷书的枕头。到了时候，道士便穿戴齐整，到房里死人脚下点起香烛，敲起法器，做起开路的法事。郝又三已由人把搭发辫的丝绦取去，换上三根火麻，随在道士身后磕头。

开路法事做完，烧了黄表，遂由底下人连木板将死人抬到堂屋里，移入棺内，对准了天线，便用灯草包把全身塞得紧紧的。在死人右手边放了一根柳枝，左手边放了两枚馒头，这是道士吩咐的，说亡人走恶狗村过时，才有喂狗同打狗的。又特为敬送了郝太太一张盖有丰都县阴阳官印的路引，以便亡人好一路平安的到丰都去投到。而轿厅外面烧化的一乘纸扎的四人大轿，四个大班，两个跟班，两个老妈，两个丫头，也都由道士命了名，盖了印。

死人装好，盖上三条绸被，被上铺了张时兴的北京友人送的黄绸石印陀罗经，已经满满的装了一棺。然后才幔上蓝绸天花，只剩左上方一角不钉严，等大殓盖棺材盖时，再钉。

这时，叶家姑太太孙袁两家表太太以及几家亲戚，接了郝府报丧消息，都赶来送殓。照规矩，一进门，受了孝子孝女孝媳的磕头大礼后，便该扶着棺材，数数落落大哭一场，主人也照规矩要陪哭，要陪哭到客人被仆妇丫头劝止之后，再来拉劝主人。主人中最难拉劝的，就是孝女。到小殓完毕，孝女不但声气业已哭哑，并且只是打干呕，叫心口痛，头痛，腰痛。

全家上下，除了两个孙少爷，按时由奶妈带领去睡外，一切人都是忙碌的，精神的。孝女躺在躺椅上，陪着女亲，细说她母亲的病情。三老爷与大少爷陪着男亲戚与道士们说鬼话。姨太太暂时当了家，带着少奶奶到处照料。老爷很伤心，虽未像孝子孝女孝媳那样哭法，却眉头是皱紧了，随时都在唉声叹气。他说"气接不起来，艾罗补脑汁不中用，还是把鸦片烟盘子摆出来。"

因为太太中痰，正在吃午饭时候，全家都把饭忘记了。及至小殓之后，姨太太先想起了，她来向老爷说："人是铁，饭是钢，伤心只管伤心，饭还是要吃的。一般送殓亲戚，熬更守夜的，也该吃点酒饭

145

才对呀！"

　　到半夜一点钟，房里竟简简单单的备办了五桌消夜。四个干盘子，四样热菜，夜深了，不好去买老酒，便把太太所藏的元丰正酒开了一坛。

　　就是孝女，也被众人劝着，吃了一点菜，吃了一碗稀饭。亲戚与道士们，则一个个都吃得通红的脸，溜圆的肚子，而大大称赞主人厚道。

　　到五点钟，是大殓的时候。道士又穿上法衣，敲动法器，点起香烛，念经。漆匠把棺材盖与墙口上和了漆灰。于是一家人又全哭起来，都要扑去与死人作最后的诀别，连老爷三老爷都跳起脚的号啕大哭，女的都像不要命似的，幸而亲戚多，底下人多，两个拉一个的拉住了。只听斧头两响，棺材合了缝，道士便告退了。

　　天明，全家的人是疲倦到难堪，然而成服日子就在第三天，不能错，不能缓，也不能简单，这便待亲戚来帮助了。

　　刻印分发成服报单；给全家人做孝衣，给亲友男女做孝衣，扯孝巾；叫彩行来扎灵堂，扎素彩，幔素天花；到包席馆包席；雇吹鼓手，安迎门吹；叫茶炊，伺候茶酒；雇礼生叫礼；到文殊院请四十八众和尚来转咒。凡此种种，都须在这两天内准备清楚。

　　老爷在平日本就不爱管家事的，何况现在是杖期生悼亡时节，只好将三老爷叫过来，说道："你管过家，当过帐房，这些事，你内行些。你总之斟酌去办，有些地方，可以同又三兄妹商量一下，免得后来他们说闲话。用钱哩，在香荃的娘这里来拿，将来的帐也同她清算好了。嫂嫂本来苦了一辈子，办热闹一点，也好。成服之后，得好好跟她看一块地。爷爷爸爸的坟上都很窄，也嫌远一点。难说亡人以得土为安，但是老家的规矩也不可太错位子，年把工夫是该停的。"

　　从此，老爷的鸦片烟又吃了起来。因为呕气，因为要混日子，别无所事。广智小学堂本没有许多事办，他又不能上讲堂，去了，也只在房间里坐坐，同田老兄吴金廷或别的先生们谈谈。孩子们他根本就不高兴,至如伍安生等类,更是他所瞧不起的,认为本根已坏,不足教育。既悼了亡,学堂便不去了,每月认捐的二十两,也必等儿子问询几回才出。

郝又三丁了内艰,照规矩是该在家守孝。高等学堂准了他三个月丧假,不扣缺席。广智小学的事情,全交给了田老兄去主办。

成服那天,真热闹了。除了亲戚老友全来吊孝者外,还添了高等学堂一伙同学,广智小学堂一伙同事,与全堂六十几个小学生。大家上了香,领了孝巾,还一定要照老规矩吃了席才散。直至下午客散,无论何处,全是黑瓜子壳、痰迹、烟蒂,布满了,七八个人扫了几点钟,直扫了两担渣滓,才略略见了一点眉目。

成服后好几天,郝家上下人的精力,才渐渐恢复,家里秩序,也才渐渐就绪,但又一堂和尚念起经来。郝达三父子本不要念经的,第一个是大小姐要念,甚至说"爹爹若是舍不得钱,我甘愿把金手镯卖了,来尽这点孝心。"叶姑太太袁表太太也极力怂恿说:"亡人再说盛德,难免没一点罪过。又生过儿女,血光菩萨总是招过的,没钱做好事,不说了,既然有钱,总不该不花。"

姨太太新当了家,并希望将来扶正做太太,不能不收买小姐的心,遂不由老爷作主,便与三老爷商量着请和尚。三老爷于嫂嫂死后,也觉近来对不着她的地方太多,仔细寻思,嫂嫂之死,自己实在是个罪魁,也想借和尚的念经,来赎自己的愆尤。

但是念起经来,而顶劳累的乃是郝又三。从绝早起经,就须起来梳洗,跟着主坛僧磕头敬神,以后随时磕头,一直要到二更才罢。

灵帏里安了一张床,他是应该伴着棺材,一直到棺材入土,才能到房里去睡的。因为他胆小,就是自己的母丧,光是一个人伴着,也不免有点害怕,只好叫高贵把床铺搬来设在对面。灵帏并不严密,而堂屋门又是下去了的,又是北向的,三月冻桐子花的天气,夜寒犹重,他是睡惯了有罩子的床铺,比不得高贵。所以在第七夜就着了寒，闹起一身痛来，然而仍要磕头。

香芸本要替代他的，因为是女儿身，没有这种资格，只好由他去挨，强强勉勉把经念了一半，他竟累倒了。

孝子病了，在灵帏里起居不方便，只好从权，谨依父命，依然移到自己卧室里去养病。而高贵便也把床铺撤了。

六

他的病刚好了，是四月里一个好天气，半躺在自己房里，看大妹妹帮着自己老婆给华官洗澡，心官也在大木盆边拨着水在顽耍。

自从母亲死后，大小姐的病反而难得发了，反而气性温驯了，反而与嫂嫂又亲热起来了，常常到嫂嫂房间里来谈天混时候，逢七哭灵时，也总与嫂嫂坐在一条板凳上哭，并且喜欢帮着嫂嫂做事。

叶文婉对她表姐本来很要好，自从当了姑嫂，关系更为密切之后，情感反而生疏起来。如今因为姨太太当了家，家庭组织重心转移，姑与嫂都略有了一点孤立之感，两人的利害既已相同，而大小姐又先来亲近她，自然而然便把以前的情谊恢复起来。

第一件，她使大小姐深为感动，认为她是知心人，笑着哭着几乎要将她搂在怀中，大喊其乖嫂嫂乖妹妹的，就是在五七里头，念经的和尚收了经坛，全家人作了一场热切的哀哭之哭之后，大小姐哭得太伤心，发了晕。姨太太叫老妈丫头将她抬到房内，放在床上，看着人用姜汤灌下，便出去了。其余人也有进来探视几次的，但在打了三更之后，犹然坐在床边上不肯走的，只有叶文婉一个人。

大小姐从夹被中伸手推了她一下道："嫂嫂，你还不过去吗？哥哥也在病中，你又有小娃娃，尽在这里做啥子？"

她抓住她的手，一面在手背上摸着，一面低低说道："姐姐，你只管安息,不要管我,我今夜陪你睡好了。你看,你伤心成了啥样子!眼皮红肿了不算,眼神都是诧的,你若不好生自己宽解,病了,就太可怜了!姐姐,现在这个家,你难道还没有看出来?妈这一死,就好比黄桶箍爆了,各人都在打各人的主意。爹的鸦片烟吃得越凶,你哥哥又毫不留心家事,有时向他说说过经过脉的话,他总是一百个不开腔。我倒不要紧,妇人家,上头有丈夫顶住,任凭后来咋个变化,难道还把我饿着了,冻着了,还待我出来撑持不成?混他十几年,儿子大了,我也就出了头。何况你哥哥也是有良心的,只管说同我不十分好,我们到底没有扯过筋,角过逆,依然是客客气气的。他又是老实人,我也不怕他变心。姐姐,算来只有你一个人的命苦!不说别的,你今年已是二十四岁了,妈死了,谁再当心你的终身大事?人一过二十五岁,就不行啦!大家说起来,总觉得姑娘老了,年轻有势力的少爷公子,谁肯说个老姑娘做元配?所以,我从妈死后,一想到你的事情,我心里真难过!……你该不怪我说得太直率了罢,姐姐?"

大小姐已掀开被盖;坐了起来,握住她一双手,呜呜咽咽的旋哭旋道:"你是好人!……你是好人!……"

叶文婉也滚下泪来,抱着她的头,又在她耳边喊喊喳喳说了一会,两个人好像四年前偶一相聚似的,并头睡了下去。

从此,大小姐便常常同她嫂嫂在一起,帮她做事。她哥哥很为高兴,说妹妹又渐渐的活泼起来了。

郝又三叫道:"大妹妹,把心儿打两下,地板上全打湿了!"

大小姐也只是喊道:"心儿莫烦了嘛!再烦,我当真要打你了!"

小孩子一点不听,把水泼得更凶,并向他父亲身上洒来。他父亲站起来要去打他,他早跑出了房门。

妈妈同大姑劝说道:"小娃娃太没规矩了!这都是何奶妈不兴教导!……当真去敲他两下!……"

郝又三便趿着鞋追到大厅侧门，只见二门上正进来了两个人。

前一个是顶熟的熟人，吴金廷，帽子拿在手上，走得满头是汗。后一个也是熟人，尤铁民，却变了装了：蓝洋布长衫，青宁绸马褂，青布靴子，一望而知是田老兄的，才那样又长又大。顶稀奇的，头上平顶草帽之下，长长的拖了一根发辫，脸上神气是那样的惊惶不安。

郝又三连忙跨了出去道："你们……"

吴金廷抢在他身边来，悄悄说道："不忙说啥子。田先生说，请大先生赶快把尤先生藏起来，说他姓王，田先生跟着就来。"

郝又三莫名其妙的，将尤铁民望着。他便将他拉在屋角上，悄悄说道："我们的事情失败了，杨维黄芳都着差人捉去，我是到你这里来躲一躲的。若你这里不方便，也不要紧，我出去自首就是了。"

他的嘴唇全是白的，说话时不住的战动。眼睛里一种惶惑不安，而又有点疑问，有点恳求的神气。两手拉住郝又三的手，又冷又潮湿。

郝又三毫不思索的说道："岂有此理！到家父书房来好了，客厅里倒不方便。"

吴金廷道："我就不进去了。问候了老太爷同姨太太后，我就回小学堂去了。大先生，你的病，像还没有十分脱体，得再好生将息一下。学堂里倒还风调雨顺的，请放心好了。"

"你见了家父，咋个说尤先生的事呢？"

"尤先生的事，我根本就不十分清楚。只田先生再三叫我守秘密，叫我跟着轿子送来，说尤先生不认识公馆，又免得张大爷通传的麻烦。我见了老太爷，只说一个姓王的才从日本回来，特为来会你，不认识路，才请我领来的。"

尤铁民向吴金廷一揖到地道："吴先生，你的大恩，我是铭诸五内了，嗣后定然报答的，今天太劳你的精神同脚步了！"

名为是老爷的书房，实际早已让归少爷了。隔壁一间，自从三老爷与贾姨奶奶移住大花园的学堂去后,也让给了少爷。少奶奶身孕一大,少爷有时回来,便在这里歇宿,所以床铺帐被全是有的。

尤铁民到房里一看,觉得很是严密。后窗外绿树纷披,看不见一个人影,除鸟声外,也听不见一点人声。前面就是书房,湘妃色的夹布门帘一放下来,俨然另是一个世界。

他放了心,将草帽揭下,露出蒙在头上的发网,指给郝又三看道:"这也是你们那位吴先生在戏班上跟我找来的,真费了他的心了!"

又叹了一声道:"好危险!只差半条街就没命了!"

郝又三问道:"你们的事咋个失败的?我这一晌,因为丁了忧,又害了病,简直不晓得一点儿。"

"事情本来办得很顺利,凤凰山新兵营里,我们已插身进去,招了一些党徒。有人主张在巡警教练所里,也去下几着棋,因为周孝怀这个人还与革命党相近,从他那面下手,一定容易些。我因为与葛寰中有一点交情,曾经去会了两次,同他很说得来。他虽不入党,却答应去和路广锺说,把我们的人安插两个进去。事情本如此顺遂的,不晓得咋个会走漏风声。我今天清早,到北门上去找一个人,转来时,正走到学道街,忽然碰见田老兄匆匆走来,将我一把抓着,一直向老古巷拖。我当时还莫名其妙,他只说了一句,刚才从我们客店门口走过,看见许多差人警察拥了一街,大家说是来捉拿革命党的,黄杨他们一定落了网。他把我领到你们小学堂里,因我在那里演说过,大家一定认得我,又是一身西装。我自然没有主意,凭他摆布,把我打扮起来。想着你这里还好,房屋宽大,没有闲人,你又在丧中,更没有人来往,所以才把我送来。不过我想来,革命党是满清的叛逆,你府上又不是你在作主,恐怕你担不起这血海干系,若果把我搜了出来,不免连累你一家。我看,等田老兄来了,大家商量一下,掉一个地方躲去,倒安稳些。"

郝又三也知道藏匿革命党的干系太大，心上有点害怕。不过要把尤铁民推出去不管，又不义气了，与平日所读的书上道理，太不相侔。便道："你已经改了装，改了姓，我想就住在我家，断不会发觉的。且等田老兄来商量妥了，我再设词告诉家父同家里的人。田老兄咋个不同你一道来呢？"

"他打听去了，大约就要来的。……你有茶吗？跟我一盏！我口里又干又苦！"

郝又三不好叫人倒茶，便亲自到房里来倒。

两个孩子的澡都洗好了，衣裳也穿好了，大小姐正看着陈奶妈扯开衣襟露出一只品碗大的饱奶，在喂华官的奶，便掉头问他哥哥："书房里的客是那个？咋个不叫高贵泡茶，却自己来倒便茶？"

"是那个说的书房里有客？这样嘴快！"

"春喜去提洗脸水看见的。到底是那个，这样的亲密？"

"姓王的。"他不自然的笑了笑，跨出房门，才答应了这一句。

"天气恁热！要不要洗脸水？"仍是大小姐在问："叫春喜打一盆出来，好吗？"

既然春喜已看见了，也就不再回避，他遂点头道："也好！"

田老兄已经走来，也是满头大汗，一面绞着洗脸巾，一面低声诉说他去打听的结果。华阳县是昨夜半夜，奉到总督的紧急朱单，饬令漏夜会同警局，到青石桥客店，捉拿革命党某某。姓名全是有的，而且一字不差。华阳县知县王椝却不知因了什么，偏偏耽搁到天亮，才领着差人到警察局去。幸而有此，才捉去了三个人。听说已提到制台衙门审问去了。吉凶尚不可知。客店里别的客人，全没有波及，只把杨维他们的行李拿走了。听说全城客店都要搜查，住户则不问。

到末了，田老兄接着说道："正在风头上，铁民是无论如何该躲避几时。住户且不搜查，官宦人家的公馆，更其无虑了。又三这里便好，虽不说侯门似海，到底门无杂宾，他这书房，更只有内眷才能进来，秘密以极，并且他又居丧在家，可以陪伴你，饮食又方便，不必特为你而设。……"

郝又三忽然想起了道："你清早出来，大概还没有吃早饭罢？"

他摆了摆手道："并不饿！……只是太使又三负了重大的责任。他家里人又多，恐怕不大方便？……想不到我这次倒是两位老朋友救了命。今早若不碰见田老兄，此刻怕不也在制台衙门等死了？今后，又要连累又三，咋个使得呢？"

田老兄义形于色的道："恶！是何言欤？人之所贵乎朋友，原在急难相扶持。今早的事，我不敢居功，只能归之造化。假使我不想到商务书馆买书，必不走青石桥，那就不会遇见客店里捉人；又假使不打算到志古堂买书，必不绕道学道街，那又如何碰得见你？可见冥冥之中，自有主之者。你既安然脱了危险，照道理说，必不会再有灾害。那你只管隐居于此，又孰得而知之？又胡为连累又三？并且你又不是永久住在这里，不过暂避一时，吉凶既定，我们再打主意送你逃亡，你咋个会这样生分起来？"

郝又三只好把起初一点害怕的心理改变了，鼓起胆子，大为安慰了尤铁民一番。同田老兄商量妥了，向他父亲，就说王尚白君是苏星煌的朋友，新由日本回来，要到川边去。路过成都，得耽搁一下。没有亲戚，而交游又寡，只好暂在这里住几天。一面又交了十元钱给田老兄，叫为尤铁民去置备几身衣服，以及紧要的用动东西等。

七

仍在她嫂嫂房里，——她嫂嫂因为有点事情，带着两个小孩两个奶妈回娘家去了，说是要住三四天才回来。——大小姐笑着问郝又三："这王尚白，咋个很像尤铁民呢？"

郝又三看着灯光里挂在壁上的那张三年前由日本寄给他的苏星煌尤铁民周宏道此外还有几个四川学生合照的八寸像片,也忍不住笑道:"你觉得很像吗？你几时看见王尚白的?"

"他到妈妈灵前上香时,我同二妹不都在灵帏里吗?"

"二妹呢,你咋个说的?"

"她不大留心,只笑他的假辫子梳得那样毛,又不巴适①。"

郝又三定睛看了她两眼,又四面看了看,才凑过头来,悄悄说道:"这是很紧要,很秘密的事,你千记不要向别的人说啦！不错,你的眼力一点不错,王尚白就是尤铁民的假姓名。"

"他为啥要改姓更名呢?"她是那样急于要晓得的神情。

"因为他是革命党。"

"他是革命党,这何待你说,我早就晓得的。可是为啥要做得这样鬼鬼祟祟,生怕人晓得的样子,一天到晚,躲在房里,就跟姑娘一样?"

"你这话才奇怪啦！革命党能够光明正大的出来谋反叛逆吗？要谋反叛逆,就得鬼鬼祟祟,何况他的同党已经被拿,他正是有名在案的一个逃犯呢!"

他于是便把尤铁民的经过,尽情尽量的告诉了她一番。在叙述上,对于尤铁民,自不免有一种恭维的描摹,而这描摹遂自然而然在大小姐的心情上,激起了一种朦胧的崇拜,欣羡。

她不自觉的举眼把那壁上照片一看,自言自语的道:"倒看不出来,这样一个丑人,还是一个英雄!"

郝又三道:"你觉得他丑吗?"

她笑道:"还不丑吗？一张翘宝脸子,眼睛落到岩里去了,又黄又瘦的。不过,一双眼睛却有神光。"

---

① 四川方言,巴适熨帖也。——作者注

郝又三把大指拇一翘道:"你们的眼睛真厉害!一看之下,好歹分明,我们就不行,相处了几年,从没有把人看清楚过。"

于是尤铁民的种种,就变成了他们两兄妹的谈资。一直谈到二更,郝又三才说:"他从下午睡起,这一觉可该睡够啦。我看看他去,快要消夜了,该起来了。"

他站了起来,大小姐也跟着站了起来。

他看了她一眼道:"妹妹,你也打算去同他谈谈吗?"

她把头低了下去道:"你的男朋友,又不是亲戚,我咋个好见得?"

"现在是一切维新时候,男女见面谈话,本不要紧。我记得,他们出洋以前,不是约你进过合行社吗?爹爹本来肯的,就只妈妈不肯。如今事隔六年,男女界限,比以前更不严密了。以前,妇女那里有在街上走的,如今,成人的女学生遍街跑;以前,除了唱堂戏,妇女们得隔着竹帘看看,如今,悦来园、可园楼上便是女宾座。风气已这样开通,还有啥子顾忌,并且是我陪着你去的。"

大小姐把鬓发一掠道:"哥哥,我听你的话,是你叫我去见男客的,后来有了闲话,我可不管。"

"我当然负责!……我想也不会有啥子闲话。"

他们遂一直向书房走来。听见姨太太正坐在烟榻旁边同父亲说话,——自从太太死后,老爷的鸦片烟盘,又公然摆出,并且是摆在姨太太的房里。——香荃的笑声,则一阵一阵从后间房里传出,晓得她正和春桃、春英等在顽耍。

大小姐刚进书房,心里忽然觉得一紧,仿佛要看见一个不相识的什么怪物似的,不禁拿手把她哥哥的衣角一扯,正打算说什么。

大概像是听见了脚步声,尤铁民只穿着一件汗衣,猛得掀开门帘,从灯光中走出来道:"是又三吗?我早起来了,正打算找你说一件事。"

郝又三道:"不只我一个人,还有一位生人要来见见你,我跟你介绍。……"

尤铁民便退了进去，郝又三握着他妹妹手腕，一直将她牵到房里。

桌上一盏小保险灯点得很亮。尤铁民已把一件长衫抓来披在身上连连扣着纽扣。

大小姐十分踌躇的站在她哥哥身边。她哥哥却满脸是笑的，向那张着大眼，神态惶惑的尤铁民说道："这是大舍妹！……她很钦佩你的，愿意同你见见。……我想，现在风气已不像从前闭塞，你又出过洋，彼此见见，可以的罢？"

尤铁民才摆出笑脸来道："可以，可以！有啥不可以？"赶紧向香芸深深鞠了一躬，又把右手伸出来，要同她拉手。

她早已通红了脸，此刻连耳根都红了，不自由的向后一退，手却伸不出来。

尤铁民忙将伸出的手向椅上一让道："请坐啦！……郝小姐，我们倒是久仰的，早就想请见，也曾向令兄说过。……又三，我们是说过的罢？我还仿佛记得是因为说《申报》的事，可是吗？"

郝又三点头道："刚才还说起这事，一晃就是六年，光阴真快啦！"

尤铁民定睛把香芸看着道："郝小姐自然在女子学堂读书的了。"

香芸低着头，只微微一笑。她哥哥代答道："没有，因为父母不肯，总觉得成人姑娘，不宜在街上走。……"

"倒无足怪，老年人的思想，大半如此。不过，像郝小姐的聪明，埋没在家庭中，很是可惜。若是离开家庭，岂不又是一个赫赫有名的秋瑾了吗？"他说完，还不住的叹息。

这是大小姐毕生没有听见过的恭维话，心上不由安慰起来，放大胆拿眼把尤铁民一看，觉得这个人确是有种不讨厌的神气。因为尤铁民的眼光又射了过来，只好把头低了下去。但心里很想再听听这类的话，偏她哥哥却与他谈到别的正经话上去了。

末后,她哥哥忽然问道:"你起初说要找我说一件要紧事,是啥子事?"

尤铁民看着他兄妹一笑,一时没有回答。

"舍妹在旁边,不便说吗?其实,不要紧,舍妹虽然不是秋瑾第二,性情却是很豪侠的,不然,也不会钦佩你们,也不会敢于同你见面了。"

尤铁民忙道:"你会错了我的意思。像郝小姐这个人,聪明俊朗,那里还会使人感觉不便的。我还要说一句不客气的话,假使你兄妹两个,易地而处,恐防你令妹的成就,早已远过于你之现在了罢?"

香芸的脸又红了起来,却是口角上挂出了好些笑意,眼睛格外的活泼起来。

她哥哥掉头看着她道:"尤先生的话对不对?"

香芸看着她哥哥道:"尤先生夸奖得太过,我拿那一点赶得上你!"这是她进房间以来,第一次说的话。

尤铁民便理着话头,带辩驳带恭维的同她谈了起来。谈到中国人重男轻女的不对;谈到张之洞劝妇女放脚之有卓见;谈到日本女学之何以勃兴;谈到妇女应该有的抱负:不依赖男子,改良家庭,帮助男子做有益的事,育养儿童作国民之母。

谈了好一会,香芸也居然敢于看着他,毫不红脸,毫不心跳,毫不着急的说了八九句简短的话,而态度也渐渐自然起来,安舒起来。

郝又三依然要问他起初打算说的是一件什么事。

尤铁民道:"起初因为在你府上躲了两天,就只起居在这两间房子里,就只同你一个人在说话,也太不像路过成都,要在此顽耍几天的样子。老伯纵然不生疑心,底下人难免不要见怪,一下传说出去,于你府上就有不便了。所以,我想明天等田老兄来时,听他消息,不管他们的吉凶如何,我是打算出城走了。我一醒了,就想到这上面。……"

郝又三道："这你又多了心。我向家里人说的，是我太寂寞了，你远道回来，我特意留你畅谈几天，广广见闻，不是为你，全是为的我。就在今下午，我向大舍妹还是这样说的，你不信，只管问她。"

香芸接着说道："是的，哥哥是这样说的。因为我说尤先生的像貌咋个会同王尚白一模一样，追问起来，哥哥才说了真话。"

尤铁民把手一拍，笑道："守秘密真不是件容易的事。又三才守了两天秘密，就忍耐不住了，哈哈！"

他又连忙一转道："却也不怪你，因为郝小姐太聪明了。要是人人都像郝小姐，人世间那里还有秘密。幸而像郝小姐的聪明人还不多，我倒不怕你再泄漏。"

郝又三笑道："你这张嘴真可以！大概是闹革命，到处演说，把嘴说滑了。"

他妹妹也抿着嘴一笑道："尤先生倒不要这样光凑合我，嫂嫂还是可以探得哥哥的秘密的。"

"当真，说到又三嫂，却该请见的。今夜既见了郝小姐，明天定要拜见又三嫂。"

"嫂嫂回娘家去了，一时怕不得回来。"

外间有人进来了，郝又三赶快掀帘子出去，是高贵的声气，在请问就消夜吗。

香芸也站了起来，要走的样子。

尤铁民便道："明天再见吗？"不觉又把右手伸了过去。

香芸只好把手给他一握，忽觉通身微微一颤，一种奇怪的感觉，一直从手指尖传到心里，连答话都说不出了，赶快低着头走了出去。

八

凭着田老兄之努力探听,知道杨维、黄芳等已由四川总督奏准,定为永远监禁,一场为官场里认为了不起的大案,便如此不流血的告了结束,而且胁从罔治,也成了普遍的信心。成都人本来对这事,就未发生过街谈巷议,将它看成怎么了不起的事件,既然事隔十日,许多人竟已淡然忘之的了。

并且听说几个革命党,在监狱中还是很受优待的,每人有一间房子,并未戴上镣肘,而华阳县知县王棪,尚格外与他们要好,送书籍,送东西,随时去看他们。

情势如此,躲在郝家的尤铁民,是尽可以走的了。然而他仍旧安居在那里,毫无走的意思,却不能不一说他与郝香芸的关系了。

郝大小姐是那么的聪明豪爽,如她哥哥所称。但还有两种品德,为她哥哥所不知,而为她嫂嫂所深悉的,第一是深思,第二是好胜。

因为能深思,所以思虑极多,又极细致,每逢一件事,她总比别的人多想得出几种理由;却也因此往往超过了实际,把事实的真象遗失,而只留一种幻影。这在她嫂嫂看来,就谓之曰多心,又谓之曰心肠弯曲。在前本不如此,差不多自她生病以来,才有了这种习惯。

又因为好胜,便事事都想出人头地,便事事都要博得人家的称誉,只要有人恭维她,她心里一高兴,任凭牺牲什么,她都可以牺牲了来酬人之愿的。这在她嫂嫂看来,就谓之曰爱戴高帽子。这倒是与生俱来的一种习性,不过愈到近来,才愈强了。

所以她嫂嫂与她处得很好,就是在后来看清了她这两种品德,善能迎合利用,使她忘记了自己。而尤铁民却本于他在日本闹女人的心得,无意之间,抓住了她的短处,便也获得了她的牺牲。

尤铁民满口在恭维女性，尊重女性，其实他对于女性，只是看作一种顽具，看作一种男子应该拿来满足肉欲，活动脑经的工具。他的名言："女子根本就说不上，只是重感情，少理知，又无见识，又无气魄的一种柔弱动物。假使男子不为女子的颜色狐媚所迷，只是用一派连自己听了都要肉麻的鬼话去恭维她，而后再装作恳切样子，加以殷勤，则女子未有不落到你手上来的。"他不但有此理论，还在日本实验过，愈实验一次，愈证明一次他理论之不错。所以他在第一次与香芸见面，便巧语如环，使香芸大为高兴，又趁着她高兴而与之握一握手，以试探她的迎拒，这已是他习惯成自然的举动，起初对于香芸，并未存有什么心肠。虽然香芸已是那么成熟的美好，花发的颜色，洁白坚致的肌肤，清扬的眉目，婀娜娉婷的身材，无一处不惹人爱。

　　三十二岁的尤铁民，又是接触过许多个女人的，乍眼看见郝大小姐，那里会有不生爱心之理？不过尤铁民也有他爱的解释，他说爱只是一种冲动，尤其是男女的爱，心理要求占一小半，生理要求则占一大半，两种要求若只遂意了一种，都不足以满足相手方①的愿欲，那时，爱的情绪，还可存在，不过久而久之，终归淡漠而至于无。但是，两者都如愿以偿了，彼此都无不足之感了，那吗，在两人当中，除了剩下来的极不值价的占有欲外，便什么爱都没有了，到这时两人只有痛苦。因此，他把男女的爱，简直看成了痛苦的根芽，在理知上，他纵然知道了香芸的美，却不敢生出爱来者，就因为他看得太明白了。

　　不过，他终是有感情的人，在第二次第三次和香芸谈论之后，他渐渐有点压抑不住了，渐渐一听见她的脚步声，就不免要感觉到心房

---

① 这是清末民初时候，一般人常用的一个由日本引进的名词，即对手是也，也即后世所用的对象。——作者注

的微颤。但是,却深幸又三的少奶奶已由娘家回来,而香荃他也见过。香芸到书房来时,若非又三在一处,便是同着她的嫂嫂,或是她的妹妹。

尤铁民是那么会说话,会殷勤,以致叶文婉与香荃都不讨厌他,并且同着香芸一块,总在谈说他的好处,并且都已知道他是什么人,是为了什么才躲在这里的。

一个不讨厌的男子,而所干的又是像小说书上所说的英雄事情,这已经足以引起一个聪明少女的爱心了;加以旁边人的烘托陪衬,便越觉得这人实在有可爱的地方。并且自己又是一个从未与男子接触过的女子,而又不是不知道男女间种种的傻人,对于一个忽然能与亲近的男子,当然要不由自主的想试探一下自己所不清晰的秘密。并且自己已正发育完,生理与心理两方面,都在如饥如渴正需要饮食之时,所以以聪明、豪爽、深思、好胜的郝香芸,当她第一次与尤铁民把握之后,便被激刺得一夜不能入睡,一夜都感觉得右手手指与掌心,有一种说不出的微妙之感。

第二天一天都不舒服。心里很想到书房去走走,又害怕别人说闲话。于是便找着香荃来排遣。香荃是那样的无忧无虑,大声的说,大声的笑。到吃午饭时,她忽提说许久没有到大花园看三叔去了,问她姐姐愿不愿意去走一遭。若在平日,香芸是绝不去的,第一层,是恨她三叔,她看清楚了母亲的死,全是因的三叔。第二层,看不起贾姨奶奶,并不是因她曾经是母亲的丫头,而是因她与高贵的鬼鬼祟祟,她常向哥哥嫂嫂,批评贾姨奶奶太好贱了,生成的贱骨头,揍①不上台盘的。

但此刻她却不拒绝她妹妹的提议,两个人便走出轿厅,从一道圆门走进大花园。

---

① 揍,有时也作"挡",比喻扶持。——编者注

所谓大花园，不过有半亩之大，种了一些大树，观音竹，掩映出来，觉得有好宽好大。一条鹅卵石铺的小径，几处牡丹花台。东边风火墙下，有三间房子，两个通间，一个单间，原是郝又三与香芸从胡老师读书的学堂，现在是三老爷的住室了。

房子外面一架朱藤，长得那样的繁密，一排四盆珠兰，已经有香气了。贾姨奶奶正坐在通间里做什么，不等她们走拢，便站在宽檐阶上，笑着招呼道："大小姐二小姐里面坐！恰巧三老爷刚刚出去了！"

香芸道："我们不进去，就在这阶沿上坐坐好了。"

贾姨奶奶很谦恭的站在大小姐所坐的竹椅旁边道："大小姐近来倒更好了，脸上也着了些肉。怕有两个多月，不到花园里来了罢？"

花园里真静，只观音竹丛中几个白头翁在叫唤。四处都是绿阴。高柳上的蝉子已发声了。一大丛月季同旁边两株双瓣石榴，也绽出了血红的红嘴。

香荃向贾姨奶奶道："端阳节要来了，你许我的香荷包，那天有呢？"

"这几天还不行，等把三老爷的袜子做好了，就动手。"

香芸定睛看着对面道："这竹子更长茂了，恰恰把书房后窗遮住，站在这里，简直看不清楚那面了。"

贾姨奶奶道："不是一样的，那面也看不见这里。可是在夜里，却看得见灯光。到夜静了，连那客的咳嗽声脚步声也听得见。"

香芸看了她一眼道："听得清楚吗？"

"夜静了才听得清楚。昨夜到很夜深了，我睡醒了一觉，还听见那客趿着鞋子在房里走动，并且时时的在叹息。不晓得那客是做啥的，好像心思重得很，听高二爷说他，住了几天，从未出过房门。只晓得姓王，是出过洋的。"

香荃笑道："是出过洋的，那天到灵前上香，我同姐姐看见过他，一条假毛根，真笑人！爹爹同他见过一次，很夸奖他，说他学问很好哩!"

贾姨奶奶道:"昨天晌午,我上来时,从书房窗根底下走过,他从窗上把头伸出来了一下,我瞥了他一眼,像貌长得并不好啦!咋个会出洋?"

香芸不高兴的说道:"你这话才怪啦!出洋不出洋,咋个会说到像貌的好不好?像貌好,唱小旦的像貌就好,可是他算啥子?贱东西!贱骨头!"

贾姨奶奶红着脸,只是笑。

高贵挟了一只花线牌子走了进来。本是笑容可掬的,一转过南天竹丛,看见两位小姐,登时就庄重了。规规矩矩把花线牌子捧与贾姨奶奶道:"请姨奶奶把颜色选定了,再讲价,他要的是六十个钱一线。"

贾姨奶奶笑嘻嘻的把东西接着,向二小姐说道:"就是为做香荷包买的,我的花线早使光了。大小姐可要一件啥顽意儿?吩咐了,我一道做。"

香芸已经站了起来,便摇摇头道:"我这么大了,还要耍顽意儿吗?二妹,我们走罢!"

两个人走出了圆门,正遇着尤铁民从二门侧毛厕里出来,便赶紧走来打招呼。

香芸很不好意思的,含胡应酬了一句。倒是香荃很时髦的向他鞠了一躬,并称了一声"王先生。"态度大方而又自然。

尤铁民问:"这是令妹吗?"

"我行二,我叫香荃。我们是香字排行,姐姐叫香芸。"

"啊!我还不知道郝大小姐的芳名,也一直没有请教,可见我这头脑真不行!却也怪令兄介绍时一字不提。"

"哥哥跟你们介绍过吗?"

尤铁民把香芸看着,不说什么。

香芸附着她耳朵叽喳了几句,她笑道:"这有啥要紧?我们下半年进了女学堂，还要天天在街上走，为啥子就见不得男子汉？我此刻不是已见过王先生了！……"

郝又三从侧门出来，便道："哦！是你们在说话。很好，很好，我来介绍，这是……"

"不要你介绍，我自己已通过名了。王先生正在怪你介绍姐姐时，连名字都不说，你真不行！"

尤铁民大笑道："香荃小姐的嘴真厉害！以后定是一位绝好的女雄辩家！又三，你这两位令妹，真了不得！个个都是女中英俊！"

香芸笑道："尤先生的葱花真洒得匀称！……"

香荃大张着两眼道："王先生嘛！咋个又是尤先生来了呢？"

三个人都说不出什么，郝又三开了口道："二妹就是这样嘴快，书房里去说罢！……"

二门的正门一开，进来了三乘小轿，轿帘都是放下来的。尤铁民、香芸、香荃，正待往里面走时，郝又三已把头一乘小轿轿帘揭开一看道："少奶奶就回来了！"

香芸便迎上去道："嫂嫂为啥子就回来了？"

叶文婉躬身走出轿门，不及跨出轿杠，先就向香芸福了一福道："本打算多耍几天，偏偏华官病了，妈说恐怕是痘痳，还是回来请医生的好。大妹好嘛！妈跟大妹请安！"出了轿杠，又招呼了香荃。尤铁民还站在旁边，郝又三遂介绍了。尤铁民一躬鞠下，少奶奶仍是还他一福，也还大大方方的。

两个奶妈也下了轿，华官是那样蒙头蔽面的包裹着，一家人旋说旋问，簇拥了进去。

尤铁民与香荃与叶文婉之见面是这样的。

香芸第五次到书房来，是尤铁民在郝家住居的第九天上。其时，案子已松了，省城各客店并未搜查，只把各学堂的学生课本抄本调到提学司去查看一番了事。据田老兄的报告，也不过是掩耳盗铃的举动。"你们想，在这件大事之后，来调学生课本，那个不明白他们的意思，想从课本上来看看学堂当中有没有革命党，教员当中有没有不纯正的思想。其实，都是蠢事！首先，我们的课本就自己查看了一遍，有什么激烈话句，早就挖换了。监学教员们也那个不顾自己的前程，肯让有嫌疑的课本，原封原样的拿去？学生有时看不出，他们还要帮忙看哩！比如刘士志先生的政治史课本；就着我们抽换得不少，像这样，他们却从何而观察得出我们的革命思想来呢？哈哈！"

案子松了，大家都很高兴，全家人除了底下人、三老爷、贾姨奶奶仍只晓得这过路的客是出过洋的王尚白外，连郝达三与姨太太都知道他就是从前合行社里与大少爷相好过的尤铁民。

郝达三虽不赞成革命，虽不同情于革命党，但也和当时一般士绅的思想一样：满清政治的腐败，无可讳言，五大臣出洋考察宪政，或许是掩人耳目之举，假使不弄到瓜分当亡国奴，也未尝不可等一般能干的人出来，把政治弄好，把人人所丑诋的腐败现象，逐渐的改良，弄到与列强一样的强盛。假使实在不能改良，革一下命，也未尝不可，好在革命党只在推翻满清，与我们并无多大关系，不革命，我们不过想做做官，依然是穿衣、吃饭、呼奴、使婢，革了命，换一伙做官的人，我们顶多做不成官而已，还不是穿衣、吃饭、呼奴、使婢的。并且心理上，有时诚然不免讨厌革命党，听说他们都是很暴乱的，动辄就是手枪炸弹，横起眼睛不认人，然而亲故中当真有了一个革命党，却又暗以为幸，希望他们不带累我们而成了事，自己也就与有光荣，说不定将来还有一点好处。假使和革命党相见了，一方面是害怕，怕他们翻脸不认人，一方面又奇怪，深为诧异他们何以会有此胆子，一方面又恭敬，相信他们必不是我们这里寻常人，他们的机体，总有一点与我们不同之处。

因此，郝达三才向他儿子说，既然晓得是尤铁民先生，他又在困厄中，我们如何不好好请他吃一顿饭呢？

因此，在第九天上，郝达三竟把聚丰园的厨子喊到家里，很精致的做了几色菜，又把一坛陈十年的允丰正仿绍酒开了。又说尤先生不是外人，既然女眷们都见过了，又不便请其他的陪客，那就闹个新派，一家男女奉陪好了。并且格外谨慎，连三老爷与贾姨奶奶也不招呼来，底下人只留一个顶小的丫头春喜来伺候。

客厅上许久不请客了，通脱一点，就安在平常吃饭的倒座厅上，只把杯碟筷子换了绝精致的。

尤铁民高兴已极，因为参与了郝府的家宴。于是谈论风生，一肚皮的经纶，在十杯酒后，便加倍发挥起来：他目前虽然是亡命客，但他是有热血的，有本事的，他必做到统领十万大军，与满清一战。把满清推倒之后，他必专门练兵，联合日本，北打俄罗斯，西征英吉利，将中国失地收回，统一全亚，做一个东方拿破仑。

郝达三大为叹服，不住的把右手大指拇翘起道："好的，好的！英雄，英雄！不过先生具此大志，今已年过三旬，似乎也应有个内助才好罢？"

尤铁民在桌上一拍道："匈奴未灭，何以家为！"

他无意间把大小姐瞟了一眼，跟即举起酒杯说道："拿破仑自有他的约瑟芬！"

二小姐问道："拿破仑我晓得，约瑟芬是他的啥子人呢？"

郝又三道："你就记不得啦！我不是跟你讲过，他头一个皇后，就是约瑟芬？是一个寡妇，他同她很有爱情的。"

尤铁民道："也是一个美人！大抵英雄必遇美人，美人也必配英雄，这是天经地义，无论中外古今，没有例外的。"

照规矩，家里有热丧，是不兴饮酒作乐的。郝府也是诗礼人家，何以就不知道前面堂屋里正停有一具棺材吗？是的，他们晓得。不过，那是腐败礼节，今天所请的，乃是崭新的革命党，连皇太后皇帝且不放在眼中的人，安能拿这些旧礼节来拘束他？郝达三深知此情，所以他上席时,就先说过:"今日之宴,并非常举,我们得从权乐一乐。我不能吃酒,你们能吃酒的,代我陪一陪客。"

所以,桌子上只没有划拳,大家的酒都吃得不少。

散席之后,老爷要烧鸦片烟,怕客人见笑,遂把他送到书房里,略坐一坐,就走了。郝又三夫妇因华官的病,不放心,也走了。到二更时,尚在书房里陪着客的,便只有大小姐一个人,并且是坐在里面一间。夜里天气并不很凉,而夹门帘却依然是低低垂着。

一会,两人谈得正好时,大小姐不知因了什么,忽的红着脸站了起来道:"我要走了!"

同时,桌上的洋灯忽然熄灭。

九

次日是星期日,一早,田老兄就来了。

他是不必通传的,对直就走进书房。后间的门犹然关着,他遂敲了两下道:"新人物兴睡懒觉吗?还不起来!"

房里有了应声,但又一两分钟,尤铁民方披着一件揉得极皱的汗衣,将门开了道:"早啦!我的表上午七点钟。"

"七点钟还早吗?我已吃过早饭了。"

郝又三听见田老兄的声气,也下来了,他问尤铁民:"昨夜吃醉了吗?二更过后,我下来找你,灯也灭了,门也关了,敲了两下,听见你在打鼾声,我才走的。"

尤铁民摸着额角,很坦然的道:"若干日来都是忐忐忑忑的,昨天多谢老伯盛设,的确多吃了几杯,其实没有睡好,半夜就起来了,直到鸡叫了才又上床。所以今天头脑很不清,昏昏浊浊的!"

田老兄道:"案子已经大松了,今天又听见一个消息,杨维他们已改判为十年监禁。"

尤铁民摇摇头道："恐未必然！满清官吏，与我们都是对头，纵令爱新觉罗氏有大赦之意，像赵尔巽等奴才，未必奉诏。现在且慢希望莘野他们判松，只希望他对我们漏网的不上紧缉捕，那就好了。"

田老兄道："你也不可全以小人之心待人，只看王椷那样对莘野等要好，也就晓得他们的心已是输了，对于你们在逃的，只求你们不再生事，已是万幸。我可包你从今天起，只管大摇大摆在他衙门门口走来走去，他也断不会来问你半句的。你若不信，我们今天就出去走走。"

郝又三道："铁民在此地软禁了九个整天，也真该出去走走。我也两个多月，自从先母死后，没有出过门，也关拳了。要是田老兄可以保险，我倒的确想陪铁民出城去走走的了。"

尤铁民漱了口，洗了脸，懒懒然的说道："又三说他关拳了，我倒确乎关驯了。前几天真把我关得心慌，一望着青天，恨不得身生双翼，不晓得咋个的，今天反而不起劲，一身都是软的。"

田老兄笑道："此之谓宴安鸩毒！我看你再不强打精神，你这革命事业，倒要从此罢休了。"

"好！你既这样说，我们就走，虎穴龙潭，我也陪你们走！"

田老兄道："并不要你到虎穴龙潭，我们只到望江楼，可好？"

郝又三遂叫高贵去喊了一个剃头匠来，尤铁民修了面，把假辫子梳好。郝又三因为有孝服，要百天之后才剃头修面，也只打了一条辫子。然后穿着起来，坐轿子出东门。

成都是时有四十多万人口，只有四道城门，而东门又是顶要紧的，所以东门城门洞，永远是那么拥挤。而城外的街道，也以在东门外的又多又长。

他们的轿子衔接着，吆吆喝喝挤出城门洞，挤过大桥，向右倒拐走入水津街，行人才少了些。

走了好半会，方到了九眼桥，而铺面还一直未尽。直过了桥，方才一片野景摆在目前。

田老兄的轿子在顶前头，他便叫轿夫放下，跨出轿来，唤着郝又三尤铁民，说这一路风景很不错，离望江楼也只里把路，倒是步行去的好。

风景确是不错，沿着河边一条直路。河面有十来丈宽，只是水太浅了，虽然堰已开了，水也发了，但载重三千多斤的大半头船，依然不能畅行。不过水是那么的流，只管河床看来是很平坦的，这大可以象征四川人的性情。

路之左侧，是一片平畴。新近周孝怀在这里办了一所蚕桑局，把沿路一带的田，全画给蚕桑局去试种湖州桑秧。此时桑叶正肥，油绿绿的一望无涯。沿着路边一行高柳，也是新种的，才丈多高，但枝叶也已扶疏了。

九眼桥侧的古回澜阁，据说就是张献忠剿四川时认为不祥的白塔寺，已多年是那么要圮不圮的破落户样子，却也永远没人去管它。

路上的尘土极重，三个人才走有半里之远，鞋子全灰白了。

郝又三是顶爱干净的，不由时时拿着手巾去揩。

田老兄笑道："你何不稍为忍耐到望江楼去打整呢？"

郝又三蹙着眉头道："城外我是喜欢的，就讨厌走路，灰尘太重！咋个能办到康有为法国游记上所写的外国道路那样，又宽大，又平坦，又干净，可以行人，可以驰马，可以乘车，路旁种着树木，又可遮阴，逐处安着自来水，又可解渴？"

尤铁民道："那你做梦！日本学西洋，学了这几十年，东京市外的道路，还不是这样的灰尘几斗厚？日本且学不到，还说中国！或者也可以办到，那除非革起命来，把满清推倒，你我来当了权。……"

田老兄忙把他肩头一拍，回头望了望，三乘轿子正遥遥跟在后面。

尤铁民笑道:"你只管放心,要是他们都听懂了我的话,革命就容易了。"

他们渐渐走近了,望江楼的砖大门上,挂了许许多多的木刻对子。田老兄与郝又三就驻脚看了起来,尤铁民大为鄙笑道:"中国人的心思脑力,就费在这些雕虫小技上,这于国家兴亡,有啥关系?依我的脾气,只应一火而焚之,从此不许中国人再做这些笨事,大家把心思脑力,用在国家政事上,庶几得免于瓜分,而跻于富强。亏你们日讲新学的人,还免不了这等酸腐气味,我真要为中国前途长太息了!"

大家一笑,便走了进去,只见一丛丛慈竹,参天蔽日。右边靠墙是一座长楼,题着濯锦楼。其南数十步,巍然立着一座高阁,共有五层,各层都覆盖的是玻璃瓦,结构很是雄壮,这便是在辽远就望得见的崇丽阁了。阁门偏是锁着的,等闲不准人上去,什么理由,却不知道。

在阁南又是一楼,早有一些男女在上面吃茶。

尤铁民要上去,田老兄挡住他道:"上面有别人的内眷,不好去得。"

"游玩地方,又不是私家园林,谁能霸占得了?你们真是迂腐,在日本的公园同名胜处,几曾分过男女来!我没见过四川还如此不开通!"

"你咋能处处拿日本来比呢?日本的男女大防,本就不严,男女尚可同浴,还说其他的淫事?"

"你这话简直不对!告诉你,日本女人只管朝夕与男子接近,倒是见惯司空,你要得到她的贞操,确是一件不容易的事;假使她不愿意,任凭你去挑逗,就三年五载,也未必能够遂意。惟其中国妇女闺禁森严,难得和男子接触,倒顶容易动心,只要有机会一与男子挨拢,每每会自动的将她贞操贡出,并且不择人,不计利害,不顾将来,只求眼前能够探得秘密,满足她的欲望。真实说起来,中国女人倒确实比日本人淫乱得多,而世家大族的妇女,尤甚于小户平民,你不信,你只看……"

他已踏着石梯,走了上去。田老兄郝又三只好跟他上去。

楼上有六个妇女,两个是老太婆,三个少妇都有二十几岁,一个十八九岁的大姑娘。还有一个老太爷模样的人,还有两个少年男子,带有两个仆妇,一个跟班。中间安了一张圆桌,已摆上杯筷了,底下人正在安凳子。

尤铁民一直大摇大摆的闯进中楼,背着手把对子看了,又把那少妇少女看了几眼。

除了老年人,年轻女的都很羞涩,个个把头掉开,佯装看河里的船,同对岸的田野。年轻男的则个个睁着眼睛,极不安逸的把他恨着。

他笑了笑,走出楼来,大声的向田老兄道:"你们喜欢看对子,为啥不进去欣赏一下这吟诗楼上何子贞的花笺茗碗香千载,云影波光活一楼呢?"

田老兄到了平地上,才笑道:"你真狂得可以!"

郝又三也笑道:"你莫把那两个少年气死了,我生怕你们打了起来。"

"他们要打,我就让他们打,我一还手,便同他们一样,变了公狗了。要公狗,才那么嫉妒哩!其实,这些人都是没道理的,你家的妇女,要是无盐嫫母样,你就请人看,别个还要躲开哩。别个愿意看你家妇女,那就证明你家妇女起码也是可以入目的,自己就应该高兴才对啦!要是嫉妒,倒是把自己妇女的人格看得太低,一肚皮相信自家的妇女是不可靠的,只要着别个一看,就会看上了。若果自己家里妇女是这样的,你要是明白事体的,就该赶紧把她解放出来,让她去同男子胡闹。等她闹过几个男子,她自己有了把握经验,倒会贞节起来,以后任何引诱,她都不受了。如其你加紧防范,以为可以无事了吗?殊不知才如筑堤防水,水涨堤高,而终有溃决之时。到溃决了,那便发生两种结果,一种是裁缝、厨子、底下人这般下贱东西,因为近水楼台,得了实惠,养出些私生子,向街边上抛弃。妇女是吃了大亏,名誉坏了,身体伤了,心理也毁了!一种是强自压抑,又不能以别种嗜好来替代,弄到不发色情狂而将啥子秘密吐露,丧尽你家的总德,就是害干病以死。把妇女这样的糟蹋,却何苦哩!"

他们已绕过新掘的流杯池,走进薛涛石刻像的地方来了。

田老兄道:"你今天的议论真怪!照你的主张,妇女都应该像这位薛校书,逢人就交的了。"

"腐败呀腐败!田老兄,我看你的脑经,永远无清楚之时。你以为当娼妓的都是乱交的人吗?你真可谓井底蛙了!我再告诉你,下等娼妓如上海的幺二野鸡,如日本吉原的公娼,那是失了自由,变成了金钱奴隶,不说了,凡是高等妓女如上海的书寓长三,日本的艺妓,你去试试看,她们阅人已多,不是她愿意的话,你就花上几千几万,未必能得到半点好处。所以我常说,中国妇女若都能如上海书寓先生,第一,少出多少谋杀亲夫,以及强奸案,可以保存多少聪明妇女,传些好种。第二,男子也免得在外面胡闹得流连忘返,破产倾家不说了,还消磨了多少有志之士。这因为男子对于女子,并不只要求肉欲的满足,同时还要求情感上的安慰。情感安慰,是要一个风流活泼的女人,对于男子知情识趣,一时嘘寒问暖,一时打情骂俏,一时端庄,一时放荡,然后才能把男子的脑经活动得起,做起任何事来,才能兴会淋漓。而我们中国大部份的闺秀,因为都着《女诫》、《女儿经》教得假了,不敢率真,在丈夫面前,生怕着人议为轻薄,不能不做得死板板的。从好处说,是下床君子,是相敬如宾,而坏处哩,则妻不如妾,妾不如婢,婢不如娼,娼不如偷了!"

郝又三大为点头道:"我虽没有嫖过,我却绝端赞成铁民的话。"

田老兄笑道:"那么,嫂夫人是死板板的人了,好危险呀!我看你终不免要嫖的。我哩,拙荆诚然也是死板板的,但我儿女绕膝,禅心已作沾泥絮,不向东风舞鹧鸪了!"

尤铁民道:"且慢夸口,你现在是不见所欲,其心不乱,只要有机会与女人接近,再看罢。临老入花丛,沉迷至死的,多得很啦!我刚才论中国妇女难得接近男子,一近男子,便不能自持,其实,中国男子也一样的。每每少年时候,胡绷老成,啥子非礼勿视呀,非礼勿言呀,而中年一过,意气颓唐了,作恶的胆子大了,顾虑也少了,于是一身都滚了下去,连本带利的捞!甚至只要是女色,只要弄得上手,不沉迷到死不止的!倒是少年时候,多所阅历,什么都尝了味道,一到中年,意志坚定了,下半世的功名事业,也才有希望,如像胡林翼便是如此!"

郝又三拍手叹道:"精湛之至!你的学问,真真长进了!"

田老兄依然摇着头道:"打胡乱说而已,学问云乎哉!"

他们已经转到薛涛井的跟前。这井,也是成都近郊人造的古迹之一,传说是唐朝女校书薛涛,汲水制造花笺的水井,而此地就是当时的枇杷门巷。其实,只是一口普通的铜底水井,与河相近,河水从沙石间浸入,只算是半自然的沙滤缸。水也并不很好,只比河水干净些,而碱质仍然很重。

井侧有四五株近乎百年的大柏树,差不多一人合抱不拢,高有五六丈,枝柯横拿,叶细如幔。对井一个北式凉亭,题着浣笺亭。各处都有游人,独有这里还是空的。

郝又三道:"我们就在这里吃东西好了。"

田老兄抬头把天色一看道:"恐怕要着雨,黑云一朵一朵的上来。但也不怕,我们是有轿子的。"

他们坐下了,郝又三便到门口炒菜馆去点了菜。堂倌来泡上茶,问了问吃什么酒。城外没有好黄酒,只好叫了大曲。

尤铁民道："昨天多谢郝老伯，酒太好了，多喝了一点。不觉就乱了性，今天却不能吃了。"

郝又三道："你昨天确乎喝多了一点，可是也就睡了，说不上乱性，你又没有发酒疯，打人骂人。"

"不然，不然！我自己的事我自己晓得，我现在很失悔哩！"

田老兄道："到底做错了啥子事？说出来，等我们评判评判。"

尤铁民只是摇头，脸上是很固执的样子。

堂倌端上点的臊子蹄筋，颜色已经不漂亮了，郝又三拿起羹匙捞了捞，但见全是响皮。便道："城外馆子真不行！价钱只管贵，简直不能吃！"

田老兄道："你们这些公子哥儿，专讲究口腹，一拿起筷子，这样不好，那样不好，若逢乱世，我看你们咋个得了！"

尤铁民道："田老兄这话倒可圈。我常说，日本之强，就强在生鱼黄萝卜冷饭。若其日本人也像中国人这样好吃，日本国必不会像现在强了！"

郝又三虽然不以为然，可是没有他们气盛，知道争不赢，便也不说了。

吃了一会，在吃了这馆子里出色当行的炒凤尾腰花之后，田老兄忽然想起了，问道："老尤，你起初要上吟诗楼去时，所发的议论，还未说完，你说说看。"

尤铁民连吃了几筷子腰花，才说道："不错，我要说的，就是请你算一算，一县之中，百年之内，有好多妇女？妇女当中，有好多孀妇？好多未出阁而死的女子？但是你留心去数一数所立的贞节牌坊，究有好多？以前妇女，尤其是有钱有势人家的妇女，谁不好名？果然贞节的人多，那吗，所立的牌坊，已经不知多少，而贞节也就是极平常而未必可贵的事。一县之中，百年之内，贞节牌坊只有那些，从好一方面说，足见守贞守节，实在是难能可贵的，实在是可以增光乡里而励末俗的；从坏一方面说，正足以征这个地方守贞守节者之少，而不贞不节者必甚众多。我们再说句刻薄话，能够立牌坊的，绝不是穷人。那吗，穷苦妇女，难道都是得有所归，白发偕老，不然就都是淫乱的吗？其实，在下等人中，无所避忌，男女只管混杂，倒是清白的多。一则她们苦作求生，没时候想到淫乐，二则她们已把男的看惯了，无须乎一拍就拢；所以大家并不把贞节看得过于重要，反过来说，也就并不把偷男子一事，看得非常。大家只是行乎不得不行，止乎不得不止，纯任自然，莫非天贞。独有富贵人家，因为饱暖思淫之故。比如《红楼梦》上，几乎没有一个干净女人，偶然在假面具下得一贞节之人，便视为稀世祥瑞，非闹得乡里皆知不可。纵然就说她们的贞节是千真万确，毫无虚假，然而也如田老兄今日之不二色，只是不见可欲，其心不乱便了。所以我说，要找真实不二的贞节妇女，非在男女大防推倒以后，从真性情中去找不可，今日以前的所谓贞节妇女，我只相信有几赔①罢了！"

田老兄摇着头道："口舌太刻毒了！不怕堕拔舌地狱吗！"

郝又三也道："铁民这番议论，爽快倒爽快，只是太有关世道人心，我们就明知其假，总不宜把纸灯笼戳穿了，使中庸者不再向上，淫乱者自甘堕落。这须罚你一杯才对！"

尤铁民哈哈笑道："我并不是道学家，我是讲自由平等的人！我的意思，要讲平等，就该先从男女讲起。我请问你，男子为啥子就该三妻四妾，腆然无耻的讨几个老婆，并可以随便在外面嫖？女子为啥子就该把方寸之地，只留跟一个人用？并且只要那地方保留住了，就任凭她咋个意淫，都可以的？这已不对，还有哩，女子的责任，说起来很重很大，为啥子我们之看女人，只把那地方看重，而把其余的都忽略了？难道女人之为女人，只为的那个吗？然则，男子之为男子，

---

① 几赔，本指下注时赔付的比例，此指概率。——编者注

何以又不认为只为的这个呢?说到贞节,也可以认它为一种好德行,但我们不能专责之女子,男子也该一样!这也是孔子的道理,无诸已而后非诸人!"

田老兄笑道:"自然啰!你是不配论女人贞节的,只有我和郝老弟有这资格!"

薛涛井边走来了几个男子,郝又三道:"那不是葛世伯吗?招呼他一声。"

他已站起来打了招呼,尤铁民正要止住他时。

葛寰中居然走了过来,笑容满脸的同他们应酬,态度很是亲热。他说同寅的请到此地,只好来走走。并问尤铁民住在那里,同时祝贺他十天前不曾遭受横祸。

因为尤铁民没有告诉他住处,他谈话之间,又有意无意的问了一句。

尤铁民道:"就住在东门外不远一个亲戚家内。因为明天就要东下了,所以又三才专来跟我饯行。"

"那我也一定要饯行的!"

"不敢当!我是亡命之人,就不躧府叩辞!阁下有应酬,请便好了。"

彼此又虚套了一番,葛寰中方走了。尤铁民赶快站起,催他二人就走。

郝又三道:"你见了活鬼!当着我的面撒谎!现在又这么饥荒起来!"

"你年轻,还不知道利害,回去再告诉你。"

田老兄连连点头道:"我明白,我早就有点生疑了,只是没把柄,不好乱说。既如此,我们走罢!"

黑云低压,大点大点的雨已下来了。

十

  三个人都在书房里。尤铁民把发网取下，一面搔着短发，一面正正经经的说道："事出之后，我就仔细寻思了一番。我们行动那样秘密，咋个会着官场晓得了？这自然是有清楚我们的人去告了密了。这人是那个呢？我们同党中，还没有这样坏人，就非同党，而是朋友，也只是你们几个，你们能去告密吗？……"

  郝又三道："安知不是由于你们在客店里或在别处言动不检点，着旁边人看出了，或是着衙门里的啥子人听见了，去鸩你们的？"

  "绝不致于！第一，革命党诚然是一般人所称的叛徒，但革命党并不是他们的仇人，还是他们的救主，他们为啥子要做这事？并且中国人全是各人打扫门前雪，休管他人瓦上霜的旁观主义者，连小偷都不敢得罪的，更何犯着来得罪我们？第二，在外国或许有啥子侦探之类的人，专门在市面上打听事情，如像日本的便衣警察，那却厉害，假若某处有啥子党人在谋反造逆，他们真能像狗一样，一嗅就嗅到。中国的上海北京，且不行哩，还说成都！我可以说，我们就当着衙门里那般差狗同警察，大讲其革命排满，他们也未必晓得这是犯法的事，所以这两者都说不上。"

  "那吗，真是葛世伯鸩了你们了！"

  "何消说哩！显而易见的，我去同他谈话后一天，他就亲身到客店里来看我们，话说得多好，满口答应帮忙，不出八天，事情就发生了，而我们的人并未挤进教练所去。还有，捉拿我们，本是他们警察的责任，为何会由制台扎饬华阳县会同捉拿呢？这中间，更可看出，一方面是警察之不可相信，一方面要为告密的卸去责任。警察中间，我们接头的就只他一个，情形如此，那能不是他做的呢？"

田老兄道:"也不怪你们葛世伯,他本来是官,是吃了朝廷俸禄的,与革命党原本水火,何况他告发了还有功哩!"

郝又三连连摇头道:"人情险诈,真可怕了!葛世伯还是一个新人物,同我们又向来好的,就不赞成革命,也不该如此的见利忘义呀!"

尤铁民猛一拳打在桌上道:"当奴才的有啥子好货!如今吃了亏,后来总有复仇的日子!"

田老兄道:"此刻且不忙说这些空话,老葛既已看见了你,难免不要斩草除根,你诚然机警,没有把住处告诉他,但此地总不是可以久住的,你到底打个啥主意呢?"

尤铁民站了起来道:"可恨天又这么大的雨!不然,我明天就走,到了重庆,再打别的主意。"

雨果然不小,有六月里下白雨的阵势,却一直没有止境。

郝又三道:"就不下雨,明天也不好走啦,轿子还没有包!"

尤铁民笑道:"你真是娇生惯养的公子哥儿!我们出行,几何不是打个包袱,说走就走?你看我这样子,告诉你,一天走七八十里,实在算不了一回啥子事!不过,我到底还须多住几天,看看情形,只请你去跟老伯及家人们说一说,无论何人到你府上来,切记不要提说书房里住有我这样一个客。"

大家一直闲谈到掌灯,都说的革命党与官场。

雨渐渐止了,田老兄也走了,尤铁民一个人在房间里,背剪着手,走来走去,反而是很不安的样子。时时蹑着脚尖,到外间窗子跟前,从窗隙间向上房探望。上房各间房子的窗上都有灯光,并且窗户都是开着的,隐隐听得见大家说话声音。香荃的笑声,更时时从辽远处传出。

郝又三抱着他的大儿子心官向书房走来了。

他赶快缩进里间,忽见后窗隙中伸进一个纸条,他赶快抓来塞在衣袋里,心房跳动得很,不及去看窗外,郝又三已经进来了。

心官是那样乖好活泼,一时到书案上翻书,一时又在床上去打滚。又三也是那么得意的瞅着他的儿子,并时时引起他在望江楼谈过的话头,意思是很想同他谈谈妇女问题。

他神气很不属的,大有昏昏欲睡的光景。

郝又三道:"你倦了罢?不然,就是葛世伯阻了兴。我去吩咐他们把消夜东西就摆出来,吃了,你好休息。"

他还未说什么,外间已有人进来,是那么熟悉的脚步,使得他眉尖都撑了起来,强制着不要跑出去。

香荃先进来,笑道:"望江楼不带我们去,转了回来,也不跟我们摆下子。"

香芸斯斯文文的跟在后面,眼睛也不向尤铁民看一眼。

尤铁民让了坐,就说起碰见葛寰中,以及他们怀疑到他的话。

香芸这才留了意似的,问道:"如其你不走,就一定有危险吗?"

香荃忿然说道:"葛世伯才是这样的人吗?等他来了,我骂他一顿!"

她姐姐道:"妹妹不准胡说!你骂了他,尤先生就更危险了。"

她哥哥道:"你不能骂他呀!铁民和我们不过是朋友,又非至亲,又非兄弟,我们拿啥子资格去骂他?"

香芸道:"哥哥这话又不对啦!惟其是朋友,我们更该打抱不平。不过,葛世伯现在有权有势,不犯着去惹他,只是以后不再同他亲密就是了。"

香荃道:"我们不再同他亲密,你倒说得好!他自从得了差事,还像以前那样,隔不几天就到我们家来过么?妈死了,来吊孝,屁股不挨椅子就走了,多势利的!"

大家都笑了起来,心官要进去,香荃便去抱他。

尤铁民忍不住,便看着香芸道:"大小姐谈一会再走,好吗?"

郝又三道:"大妹坐一下,我去吩咐他们预备消夜的,并去帮你嫂嫂灌华官的药,这娃儿病得真焦人!"

大小姐赶到外间看了一眼,才急速转来,伸手向尤铁民道:"把那纸条还我!"

他遂抓住她的手,向怀里一带,紧紧将她搂住,向着脸上嘴上头上一阵乱亲。

她撑推了两下,便也沉醉了似的,靠在他胸前,一任他乱亲乱闻,并低声的乱喊。

有几分钟,她才警觉了,忙睁开眼睛,使力推着他道:"你安心要我死吗?尽这样了,就不怕有人进来!"

他才喘着气,咬着嘴皮,离开了她,把衣袋里的字纸还到她手上道:"芸妹,我有满肚皮的话,也打算写跟你的,只是提不起笔,也没有时候。你今夜务必出来!我等你!我要细细的向你说!"

她定睛看着他道:"我悔极了!昨夜上了你的大当,你把我这一生都毁了!你现在当着灯神菩萨说句良心话,你把我贞节破坏了,到底还要不要我这个人?不要哩,我只有死,我还有脸活下去吗?要哩,你明天就得托人来说亲。我这纸条上就说的这些话,本不想再跟你见面了的,二妹偏要拉我来。你们男人家倒好,把事情做了,成天的在外面去耍,望江楼啦!望山楼啦!就只我们当女的该悖时,你晓得我今天哭了一天?不左想右想,除了嫁跟你,真想不出一条好路子。你哩,耍了一天,想到我这悖时的人没有?只怕早已忘记了罢?男子汉真没良心!"

他又走来把她一只白嫩丰腴的手紧紧握住,很诚恳的说道:"妹妹,是我该死,昨夜也是我乱了性,今天我还不是很悔?不过,得你这样一个人做妻子,并不会使人悔,悔的就是天作之合,我们刚刚会合了,就要分离,以后大家牵肠挂肚的倒不好!"

她蹙着眉头道:"你难道就不能在此地住个一年半载,把姓名改了，另外找个地方躲着吗？"

"妹妹，你替我打算下子，能不能呢？我们革命党，都是赌过咒，不能顾家庭，不能顾自己的。我要是躲开了，便不成人，满清这面，我们自是不能出头的了，若再着同党的看不起，以后日子就想不得了。并且，我自己是生成的苦命人，到处跑着劳动着，我才有精神，安闲下来，一定要害病的。何况葛寰中这个人已晓得我没有走，如其我在此地同你一块住下，那里有不走漏风声的？到那时，恐怕你更要伤心哩！"

"那我们的姻事哩，不是遥遥无期了？"

"唉！我想，五年内外，总可以办的。不过，妹妹，我再说句真心话，你，我是爱的，只是我们革命党，谁保得定不着人捉住了，把脑壳砍下来？……"

她把头一扭道："不要说这不吉利的话，我心都痛了！"

他又搂着她亲了一下道："没办法的事！我先说句决裂话，就在五年之内，如其你有别的好姻缘，你不必等我！……"

她自动的把他的手紧紧一握道："你这样贱视人啦！我是不能守的吗？我失身跟你，并不是别的，是爱你这个人！说真话，若我不爱你，你能强奸我吗？我不会立刻闹起来，叫你一辈子抬不起头吗？……"

郝又三的声气走来了，她连忙退坐到椅子上，他也连忙低声说道："今夜我一定等你！"

她眼睛瞅着门帘，只是摇头。

消夜一如往日，只郝又三一个人陪他。他一肚皮不高兴、想着香芸，在爱潮没有退下之前，不能不有点系恋。但又绝不能为一个女子，把自己牺牲了，但绝没有料到旧家女子，感情是这样的热烈，一沾染了，几乎不能脱手。很诧异，何以以前所遇的女子，都那样容易对付呢？

愈不高兴，愈要吃酒，二更以后，已经半醺了。

到三更，是安置时候。他寻思，香芸必不会来的，但也不能不作万一之想，外间与里间的门，全留着没有关。

十一

七八天内，香芸差不多清早起来，必要着意的梳头，着意的打扮。虽然在丧服中，不好搽很浓的粉，搽很浓的胭脂，以及搽红嘴唇，但她总要说脸是橘青的，太不好看，淡淡傅点南粉遮遮丑，是可以的。

一双脚更注意了。天天洗，天天换新的漂白洋布豆角袜子。吃亏的是以前缠断了骨，现在放了，而脚背骨总是拱的。居丧中只做了三双素鞋，全换交了。

说是天热了压汗气，因为居丧不能带鲜花，只好在衣裳上手巾上多洒些花露水。

吃完早饭，就唤着香荃同到书房里来，成日都在书房里学日本文。

因为郝又三与尤铁民商量，下学期送两位妹妹去进淑行女子学堂。大妹妹进中学班，二妹妹进高小班。女子学堂有位日本女教习，在教要紧功课，虽然有翻译，但学点日本语文，去上讲堂，到底方便得多。尤铁民不就是顶好一位教日本文的先生吗？郝达三同姨太太都甚以为然，两位小姐更无话说。

在前两天，香荃还起劲，读得很热闹。后来，讨厌尽读字母，便时时跑出来，找春桃等顽去了。找心官顽去了。

惟有大小姐极专心，不吃饭，不为别的事，是不离开书房一步的。有时有人走去，总见她拿着一支笔在纸上写，先生坐在她身边。

很热心的捉着她的手在教写。

丫头老妈子自不免要诧异，自不免有些不好听的话。一天，着大小姐风闻得了，便向着吴嫂大骂道："你们都不是些好东西！死没有见识！男先生教女学生，有啥稀奇？我自小不是就跟胡老师读过书的吗？以后进了学堂，男先生更多哩！还有比王先生年轻得多的！如今世道，男女在一块，算得啥子？以后，男女还要正明光大的打朋友，讲来往哩！你默到都像你们这些下等人，一辈子见不得男的，一见了，就啥子怪事都做得出来？告诉你，小姐们没那样不要脸！不要身份！你们若再怪想怪说，看我告了老爷，处不处置你们？"

得亏她这一骂，以后就再没有人敢蹑脚蹑手，去到门帘边偷看他们，到窗根底下偷听他们，而他们竟自由多了。

一直过了端阳节，假使不是田老兄频频促催，尤铁民大概一定要把大小姐的日文教卒了业，才走的了。

田老兄隔几天必要来报一回信，什么地方起了革命了，什么地方又破获多少革命党人了，他说是上海报上看来的。而后，必要问他打算几时走，并甚为他操心，说他稽留久了，终不免要着人知道的。"现在得亏郝府上有丧事，不然，葛寰中一走来，你能躲得稳吗？并且郝家底下人又多，难免不在我们无意谈言间听些话去，若是传开了，人家岂有不来请问的？你在此又无所留恋，何必一定要卧于积薪之上，待火烧着了才跑？"

于是在五月十一日，他才决定了，次日起身搭船到泸州去找熊克武。

这天下午，大小姐虽未读日文，依然在书房里，同尤铁民低低的讲个不了。并且时常流着眼泪，就是她哥哥她妹妹进去，她也毫无避忌。

郝又三反而劝她道："妹妹，也太重感情了！朋友相处，那里有聚而不散的？何况铁民是有志之士，所做的又是救国大业，我们对他，正该加以鼓舞，如何能这样的惜别，别人看见了，岂不要说我们的不对？"

大小姐更咽哽起来道："哥哥，你那里晓得！……"

尤铁民强笑着插嘴道："大小姐的确太多感了！总之，我们后会有期，又不是永别，何必这样流眼抹泪！又三，你把大小姐劝进去，我好略为收拾一下，去找田老兄。我还有许多话同他谈哩！"

郝又三果然半推半挽的把大小姐拉了进去。大小姐是那么样的不肯就走，出了房门，还回头把尤铁民看了一眼，好像有许多话的意思，都由这一顾盼中传了出来。尤铁民也是那么样的点着他那深能会意的头。

郝又三把大小姐安顿在自己房里，同她嫂嫂劝了一回，才出到书房来，高贵说："王先生已经走了。"

果然，刚才尤铁民收拾好的一个包袱，和床上一床线毯，已经不见。书案上压了一个信封，写着又三兄亲拆至要，打开是一张郝家常用的八行信笺，潦潦草草的写着："在府厚扰近月，承以家人待我，感篆五中！今去矣！所以未亲向尊甫前叩辞，及面谢吾兄嫂者，诚以香芸世妹之一哭，恐多留一刻，更致伤感！留笺代面，当能谅我！"

但是香芸到底哭了两天，一家人只好说她发了痴，因为她性情不大好，却没有人敢非议她什么。

一个热天，她虽不哭，却老是没有精神，和她母亲死之前差不多。所不同的，就只肯到她哥嫂房里来起坐，就只身体更丰腴了，不像以前那么瘦。

暑假过后，两姊妹安排去进淑行学堂。事前，由郝又三先去会了两次监督陆先生，报了名，把投考的工课略为预备了一下，很容易的一个居然进了中学班，一个居然进了小学班。因为离家远得点，不便读通学，两姊妹都住在学堂里，也只星期六日才回家来宿一夜。

就这时候，郝又三竟自同伍大嫂发生了关系。

这是在暑假中的一天，郝又三满了百期，正剃了头。吴金廷又和平常一样，从轿厅上就打着哈哈，走了进来道："大先生没有出门吗？"

郝又三拿着洗脸巾，很随便的让他脱了长衫宽坐。他说："等我进去见了老太爷同姨太太再来，你今天剃头？哦！原来老太太的百期满了，不念经吗？"

"念经本来是鬼事，家父也不信的。上回念经，全是大舍妹闹的，这次幸而她没有闹。"

"那吗，只供饭了！我来得恰好，没有送钱纸，磕个素头就是了！"

"更不敢当！饭是昨天就供了。本来昨天满的百期，家父说昨天日子不好，不宜剃头，所以今天才剃的。"

"哈哈，老太爷到底相信这些。……你好久没有出门了吗？既满了小服，该出去顽顽，我陪你到第一楼去吃碗茶。"

"第一楼！……在那里？"

"在劝业场前场门对着，才开的。很不错，比同春茶楼还好，要算成都第一家茶铺了。……你去穿衣服，我看老太爷同姨太太去了。"

郝又三进房间穿他那白麻布长衫时，大小姐正躺在一张广藤太师椅上，挥着东洋扇子，同叶文婉闲话。便道："姨老表又来了，是不是？瘟贼东西！大概等不得老头子死，就要踏进门来了！"

"大妹也是啦！吴金廷这人，其实并不坏，也还能干，广智小学里多少事，全靠他在办，银钱也是清清楚楚的。……"

"你懂得啥子？同铁民挖苦你的一样：公子哥儿！只要把你捧得好，就把你吞在肚里，变了屎，你还不明白哩！我们这位还不是一样的？"同时伸着两根指头。

她嫂嫂笑道："大哥莫说二哥，并拢来还是差不多。你大小姐的脾气，还不是只要捧得好，就叫你把衣裳脱来送人，也是肯的？"

"你莫这样说！我咋个不喜欢那瘟赃呢？"

郝又三道："你几时同他在一块过？要是也和铁民一样，你试同他处得上三天，看你还能这样不。"

香芸眉头一竖，似乎要生气了，却又回眸一笑道："话没有说好，道理倒是对的。不管啥子人，相处久了，终有投合的地方。"

郝又三看着叶文婉一笑，少奶奶却将头车了开去。

春喜进来说："吴先生在堂屋门口等！"

姨太太站在门槛内，正唧唧哝哝同吴金廷说什么，看见他走来，声气便放高了道："你去跟妈说，后天我一定回来！"

"说得到的，请进去了！"

两个人走到街上，太阳同火一样直逼到街中。两边铺子全是蓝洋布布障从檐口上直垂下来，布障上绽着三四尺大的白布号字，大多是成都当时有名的招牌书家陈滥龙的手笔。陈滥龙是一个不很通的穷秀才，字也不见得很好，但是能写大字，不拿架子，而润笔也便宜，只要有四两大曲酒，就写到六尺见方的字，每一字也只要九八钱二百文。并且极爽快，一招呼就来，来了就吃酒，吃了就写，写了就走。

街并不很宽，来往轿子又多。两边檐阶，全被柜台侵去，直逼着街边。又怕着雨飘湿了，复在屋檐上接出一块木板，久而久之，木板改成了瓦桶，铺上瓦片，于是柜台又向外移出一二尺。如此循环下去，到周孝怀开办警察时，街已窄得不可再窄，而两边铺户因为屋契上明明写着街心为界，自然更理直气壮的，生恐不能把一条较宽的街面，挤成一条仅许三人并行的巷子，如科甲巷一样，尚努力在向外侵略。

郝又三擎着洋伞，一路让着轿子，很不耐烦道："我记得当小孩时候，街道多宽！如今被这些没公德心的人侵占得真不成话！周孝怀啥子事都在办，咋个不把街道弄宽点，大家也好走些？"

吴金廷道:"我从前在纱帽街宏泰昌学徒弟时,就晓得官沟是在我们铺子的堂屋里。老掌柜说过,他那一丈多深的铺子屋基,全因火烧了三次,侵到官沟界外来的。可见以前的街,实在很宽,周秃子只须把官沟一清理,就行啦!"

一路说着,走到总府街,行人更众了。到了第一楼,果见地势很好,漆得也辉煌。而顶触眼的,则是一块黑吊牌,用白粉写着:本楼发明蒸馏水泡茶。

吴金廷道:"他这里生意之好,就得亏在这蒸馏水泡茶。"

郝又三模模糊糊记得史密斯在讲堂上讲过,蒸馏水是顶干净的水,而水之好吃,并不在干净的水,而在所含的矿质之不同。王翻译还加以解释道:"泉水好吃,就因为别的矿质多,所以水重。成都的水,含的碱质多,所以不好吃。"

他相信王翻译的话,遂笑道:"这未免新得过度了,蒸馏水如何能吃?"

"他们说,蒸馏水比薛涛井的水还好些哩!"

他们进了门,楼梯旁边,就是瓮子锅烧开水之处,果然摆了一只小小的蒸馏器在那里,看来,比高等学堂理化室里的东西还小。

郝又三笑道:"这就骗人了!如此小的一个蒸馏器,能供给一个茶铺之用吗?"

楼上临窗摆了三张大餐桌,铺着白布,设着花瓶杯盘,也和同春茶楼的特别座一样。他们在当中桌上对面坐下,凭栏一望,眼界确比同春要好些。堂倌来问:"泡龙井吗?"

郝又三问道:"你们的开水,果真是蒸馏水吗?"

堂倌笑着不说什么。

"告诉你,你去向掌柜说,果真是蒸馏水泡茶,我们再不来照顾你们的了。"

吴金廷给了茶钱,才要说什么,忽见楼以上又上来了两个人。他连忙把脸掉开,过了好半会,他方拿眼向那两人坐处一望,忽摆出一脸的笑,半抬身子,打着招呼道:"才来吗?……这里拿茶钱去!"捏了一手的钱,连连向堂倌比着。

郝又三回头看去。靠壁一张方桌上,坐着那两人,一个是高高大大很粗气的少年,已把长衫脱了,只穿了件白洋布汗衣,辫子盘在头上。一个也只穿了件条纹洋纱汗衣,长衫也脱了,并且衣领散开,露出雪白的颈脖与胸膛;一条油松辫子,很熨帖的贴在项脖上。年纪很轻,眉眼很活动,两颊白嫩,大约是走热了,正晕得飞红的。就是这年轻人,正笑着与吴金廷打招呼,也是那样向堂倌在吩咐:"那桌的茶钱这里拿去!"

堂倌则打着惯熟的调子高喊道:"两边都道谢了!"

郝又三悄悄问吴金廷:"这娃儿是那个?好像一个唱小旦的。我似乎看见过却想不起来。"

"虽不是小旦,也近于那种人。姓王,在伍大嫂对面独院里住。"

郝又三笑了笑道:"伍大嫂有这样一个邻居,怕不要学宋玉的东邻之女了吗?"

"伍大嫂倒还不是那种贪嘴的人!可这娃儿也有点毛病,很像个女娃子,见了女人有时脸都羞红了。倒是常在他家里走动的一个武学生,对伍大嫂确起了一种坏意思。"

"是不是同他一道的那个粗人?"

"不是,是王家的亲戚,听说也姓吴。虽然是外县人,比这粗人却斯文多了!"

郝又三默然了半会,方道:"伍大嫂呢?也是有意思的了!"

"那倒不然,你莫把她看作逢人配。她要是不喜欢的人,就是王孙公子,她也未必动心。如其她喜欢你这个人,她有本事等你一年半载,她这个人倒是个很情长的。就比如你,她因为很感激你,常常说你是个热情人,倒很有心要同你打个相好。只可惜那次着遭瘟的警察打岔了。自从搬了家后,随时都望你去走动,向我说了好多次,我看你过于谨慎,不好说得。知道的,自然晓得我在为好,不知道的,还要说我有意勾引你,有意教坏你,有意跟伍大嫂拉皮条。那次该是她在劝业会碰见你亲口约你的,我该没有添言搭语啦?她回去时,多高兴的,晓得你爱干净,特为把房子扫了又扫,床上全换了新的;做了好菜,打了好酒,专心专意痴等了你一整天。也是你们姻缘未到,恰恰你又丁了忧,老太太不先不后的升了天。……"

郝又三不由笑了起来,心里忽然想到尤铁民那天在望江楼所论的:曾经与多数男子处过的女人,才能自主的爱人,而这爱也才是真的。

"……后来听见你病了,她多着急,又不能来看你。到处求神许愿,保佑你快快好起来。"

"你说得太好了,我同她不过见了几面,连一句恩爱话都没有说过,她就这样的关心起我来了吗?"

吴金廷挥着折扇,正正经经的道:"你不信吗?我们此刻就到她那里去,你亲自去问她!"

"咋个使得,我正在热孝中,旁人晓得了,才糟哩!"

"只是坐谈下子,有啥来头?难道你服起丧来,连朋友都不来往了?伍大嫂同我们不过是朋友罢咧!"

郝又三笑着问道:"不要紧吗?"

第四部份

一

　　第二年，是宣统元年。在国内有一件大事可纪的，是汪精卫黄复生谋炸摄政王未遂。在郝又三社会中有两件大事可纪的，一是他父亲以郫县绅士资格，被选为四川省谘议局议员。

　　郝达三在郫县不过有田数十亩，而平时又并未自居于郫县绅士之列。但他到底吃了郫县的米粮，而又是一员官，他的声名，总之要比别一般土粮户大得多。因此郫县知县一奉到上峰札子，叫选送谘议局议员，虽不免有许多足不出户的秀才廪生，想到衙门里来走动，看能选到自己头上否，只是知县却听师爷讲来，谘议局虽然不是个正经衙门，但议员的身份都很高，能够与三大宪平起平坐的说话，开起议来，三大宪还要亲自到谘议局参与，如此一个清高的地位，焉能让一个平常本地人爬上去，给自己丢脸？并且本地人大抵对于父母官，都是不很好的，平日被官势压着，自然不数说什么，设或抬起头来，难免不被他们凭藉地位，胡说八道，不但丢脸且于自己前程，尚有不利之处。因此，才由师爷献计，最好是在省城游宦的寄籍人中，择一个性情和平，不甚管照本地事情的外行来充任。在议员方面，安居省城，坐领月薪，多一个官衔写在公馆条子上，何乐而不为？在知县方面，又可省去许多麻烦，与顾虑，岂不两来有益？因此，郝达三才由那师爷物色了出来。——据说，还是由葛寰中推荐的。

第二是葛寰中因为劳绩，被委署理名山县知县。一个候补人员，居然干办到署理实缺，这是何等荣幸的事？加以他又帮了忙，郝达三安得不要应酬他？先已专门包席请他吃了一顿饭，顺便请教了他一些当议员的法门。他告诉他八字真言，是随众进退，少发议论。到葛寰中要走的前几天，除照例敬送程仪一百元外，又叫郝又三于有天夜里，代自己去送个行。

郝又三被引入花厅去时，葛寰中正陪一个少年在说话。彼此见了，方知是在劝业会里追逐过大妹妹，在伍大嫂独院门前碰见过几次，而从未请教过的吴鸿。

吴鸿比去年穿得整齐多了，只是举止间仍不免有点的蹜踢。在伍大嫂独院门前碰见时，是那样的横像：眼睛睜着，眉毛竖着，仿佛见了什么仇人似的，弄得郝又三很感不安。而此刻经葛寰中介绍之后，又非常谦恭起来，万分不敢僭坐在郝又三的上手。

葛寰中笑道："又三不要同他客气，炕上坐好了。他是我一个瓜葛亲戚，家事①说不上，前年来省谋事，我叫他去进速成学堂。如今卒了业，我又荐他在巡警教练所里教兵操。人还老诚，将来你出来做事时，还要望你提携哩！"他已把去年劝业会上的事忘怀了。

虽然是葛寰中一句应酬话，但郝又三在吴鸿心上，却长大得同他仰若泰山的葛表叔一样，再静听他与葛表叔的说话，好像都是自己平日所不知道的，尤其是许多听不懂的名词。自己也想插嘴说几句，但实在加入不去，只好不胜钦佩的老坐在旁边。

好在郝又三也全不留心他的，只顾说他的话。说到汪精卫和黄复

---

① 家境。《红楼梦》第一一五回："惜春早已听见，急忙坐起来说，'你们两个人好啊！见我们家事差了，就不来！'"

生之炸摄政王，郝又三道："复生，小侄与他倒有一面之缘，去年在华阳中学当翻译时，曾见过一次，貌若妇人女子，想不到又是一位张良。听说汪精卫也很文秀的，他在《民报》上做的文章，倒读过很多，不错，精辟犀利，还不知道有这种血性。世伯在日本，总见过这人罢，到底怎样？"

葛寰中捧着水烟袋，一面理着仁丹式胡子，不经意的笑道："岂但见过，还在上野公园精养轩席上同他辩论过。倒是少年英发，也很俊秀，不过同其他革命党人一样，只是把天下事看得太容易，任何事情，总凭着一己的血气之勇做去，这就顶不对了！"

郝又三笑道："世伯始终是不赞成革命的了！"

"也不然，温和的革命，即所谓不流血的革命，我是赞成的。如像现在钦定宪法，预备立宪，各省办理自治，普及教育，奖励实业，改良蚕桑，把有益的新政，逐渐推行起来；不出十年，人民都有了知识，都能自治，然后行起宪法，主权自在人民，岂不算是革命了？何必定要如孙逸仙黄克强等人所倡导的革命，动辄丢炸弹，暗杀，到处鼓动愚民作乱？如像五大臣之出洋考察，本为制宪先声，何等好事，而革命党则必出而阻扰；又如摄政王当国以来，既把立宪年限缩短，又催各省官吏迅办自治讲习所，也算是一位有道的王爷了，而革命党则必欲狙杀之。如此用心，真不可解！所以我历来就不赞成暴乱革命。我虽不完全算是清朝官吏，但到底有守土之责，暴徒作乱，只要我权力达得到，却要实行禁止，就是汪精卫黄复生，我遇着了，也断不放松的！"

郝又三忍不住便探问了他一句："前次杨维他们的举动，世伯自然也不赞成的了？"

葛寰中哈哈一笑道："说起这事，我倒要向你老侄台说一番了。我风闻有人在议论，杨维他们被捕，是我告的密，这真胡说之至！他们也不想想，我身居警察总局，负有保安正俗之责，既然尤铁民来会了我,已晓得了他们的动静居止,如其我要建功,何难带着警察,把他们捉拿了,献与上峰,何必告密而将好处让与他人?我之所以不为者,正因看清楚了他们一般暴火子少年,只是口头说得凶,未必便能实行。加以平静无事的成都,又有千数的警察,百数的亲兵,还有满兵几营,新军一镇,这些都是训练有素而极受调度的,他们几个少年,就想丢几个炸弹骇人,也未必能够。我又认识他们的,以私交而言,更何犯着做这公私两无益处的事情呢?我曾向尤铁民说过:你们要在成都起事,那是无希望的。他们本可以见风转舵了,不料他们不但不知敛迹,反而胡闹得更凶。省会当中,难道都是如聋似瞽的,自然告密者正有其人,及至我晓得消息,要告诉他们时,已来不及了。幸而尤铁民逃脱了,此心稍安。去年那天,在望江楼碰见他,本想多同他周旋下子的,因见他神色不对,晓得他多了我的心,本也不怪他,亡命客大都疑虑极众,任是好人,也未必相信,况我职位又有不同。所以我明知他向我说的全是鬼话,明知他藏身在你府上,改姓王什么,以及住了二十多天才走,你看我来惊动过他没有?……"

郝又三大为惊诧道:"世伯恐是事后才晓得的罢?"

"哈哈!笑话了!身居警界,连这点也不晓得,还能称干员吗?告诉你,就连田老兄到你府上所传的种种消息,还是我使人告诉他的哩!……"

郝又三更其把眼睛张得大了。

"我不能再向你深谈。总之,做官有做官的妙诀,此刻还不是传道的时候。"

"听说杨维他们很受王寅伯的优待,又送钱,又送东西,可是真的?"

"岂但如此,杨维他们还向他拜了门哩!既有师生之谊,则不幸而革命成事,他到底可保身家的了。这在食古不化者看来,则谓之巧宦,其实居今之世,就位分如摄政王,又何尝不如此呢?这也是做官的秘诀之一。王寅伯亦犹人耳，他尚能这样做，我自谓智尚不在王寅伯下，而谓我去告密，这真瞧不起人了！"

"世伯这番话，我将来跟铁民写信时，倒要告诉他的。"

"倒可以带笔说一说。……"

又有客来了，郝又三起身告辞，吴鸿同他一道走了出来。

吴鸿一到街上，就连连向他拱手道："郝先生，平日我不认得你，不免有得罪地方，那天空了，定到府下来请罪！"

"不要客气，一回生，二回熟，以前彼此都认不得，说不上得罪的话，既认得了，以后总有互相帮忙的地方。此刻到那里去？"

"回到舍母舅家去，就是住在伍家对门独院里的。郝先生今夜不到伍家去吗？"

说到伍大嫂，郝又三脸上总觉有点不好意思，迟疑了一会，方道："今天舍间有点事，不能去。"

"伍大嫂这个人性子真烈！前两次不晓得是郝先生的相好，在门口碰着，不免多看两眼，就把她性子惹发了，挨了一顿亟骂。郝先生见着，务望替兄弟疏通一下。"

已经快到东大街口，郝又三道："我同伍大嫂倒没啥子关系，因为她一个儿子在我办的一个小学堂里读书，家事又不好，我和她不过是朋友，偶然有些来往罢了，说不上啥子相好。一则伍家也是正派人，她丈夫现正在巡防营里当着哨官，你不信，可以打听的。"

吴鸿不再说什么，要分手时才道："明天是星期，郝先生一定在府，我明天定来拜访！"

二

吴鸿居然到郝家来拜访了郝又三，一次二次，居然同郝又三说得很投合，居然使郝又三一点不讨厌他，居然参与了郝又三的秘密，同到伍大嫂家来，同吴金廷认了家门，并将王念玉引到伍家同他二人见面。

伍大嫂家一个月要用好几两银子，现在又加上吴鸿王念玉的来往，也要使好些钱。王念玉同他非常的要好，偶尔又得买些东西，背着伍大嫂送他。父亲所给的月费自然不够，以前每月认捐给小学堂的款子，也只好中断了。

广智小学堂之得以成立，虽然是田老兄的努力，但也得亏郝达三父子的资本。出钱办学堂，本是一时的高兴，若只出一次钱，在出钱者视同做好事一样，倒没有什么，惟有月月出钱，虽不算多，但到拿出手时，心里总有点不甚高兴。时日稍久，还不免要发生一种疑问：出了钱，到底为的什么？这钱，出得值不值得？值得的在那些地方？自然已经研讨不出值得的地方了，加以学堂事情，总不免有麻烦之处。学生犯了事，要受处罚，监学来商量，觉得太难用心，不来商量，又觉得过于专断。学生来要求豁免处罚时，答应了，监学同教习先生们，要批评有损威信，将来不好管理，不答应，又不胜学生的啼哭纠缠。还不必说姨太太时常在耳朵边诉说吴金廷说的，田老兄之如何专擅，如何在学堂里摆监督架子，如何银钱不清楚，伙食包得如何的坏，大厨房的柴炭整担整担的朝家里挑。郝达三遂深感得多一事不如少一事，与其出钱买麻烦，倒不如不买的好。因此，在第二学期以后，他月间的捐款，就常常要拖欠了。

先前，犹幸郝又三尚在起劲，到月捐不接济时，他总设法在催。后来，他也渐渐生了一种厌倦的心情，一心一意只顾得如何同伍大嫂欢聚。因为伍平已有信寄回，说他有升管带的希望，他已存了些钱在雅州，打算把家眷搬去。伍大嫂自然是舍不得走的，但是别了七八年的丈夫，又如何能舍得不去？与吴金廷郝又三商量了几度，吴金廷是怂恿她走的，他说："你们夫妇，到底该百年偕老。我们哩，到底是露水姻缘。你同我们顽耍一辈子，终不能够出头，如今你丈夫既做了官，你已是太太了，咋个不应该去享享福？你以前不跟他去，可以说，因为他的事情还不好。如今，他的事情好了，人又到了中年，你不去，不但说不出道理，并且也恐怕他在外面胡闹，讨些人在身边。你苦够了，别人去检便宜，那才不值哩！"

最后几句话，打动了伍大嫂的心。加以伍太婆之急于想见见儿子，朝朝暮暮都在伍大嫂耳边絮聒着要走！要走！而独不赞成伍大嫂走的，自然要算是郝又三。

郝又三只管娶了妻，只管当了两个孩子的父亲，但是，实在与伍大嫂交好以来，才算尝着了男女的情趣。平日又有吴金廷帮助着，彼此相处得更是只有欢乐。虽明明知道伍大嫂比自己长几岁，虽明明看出伍大嫂的姿容已达到了少妇的顶尖，眼角上已牵了鱼尾，额头上已起了皱纹，两颊上的酒窝只剩了点余痕，而讨厌的雀斑几乎连脂粉都掩不住了，然而心里对她，总是说不出的爱好，成日相对，总不能把眼睛离开她，总想能如何与她相处一辈子。

但是伍大嫂只答应他多住一两月，好好生生陪他下子。而对丈夫的措词，则说，她从没有出过远门，又有老年人一路，不方便得很，要他亲自回来接，不然，就派人回来接，此其一。儿子已十岁了，据大家说，还聪明，还能读书，如今世道，只有学堂才是后来出身地方，问他到底对儿子打啥子主意？总不能把儿子耽误了，此其二。

既然与心爱的人只有短时间的相处，郝又三连高等学堂的功课尚且随便起来，对于办小学，更是没甚兴趣，何况现在还有个王念玉帮着在分他的心？

因此广智小学的基础就不能不动摇了。

这时，办小学的风气恰又过去了，许多小学都关了门，俾士马克的格言，似乎已不在众人心上，而教小学的也都教起中学来。

田老兄已经毕了业，并且已经就了一个中学的聘，每月有八十两银子的月薪，比起十几元钱一月当小学教习而兼监学，自然算是身登青云。既然爬上了青云，而这做垫脚石的广智小学，何必还要维持？假使不是一般学生须得好好的安插，他真不愿意再来与郝达三会面的了。

说到学生安插，郝达三很淡漠的道："学生们么？叫他们各自回家好了！我们花钱办学堂，又不要他们出半个学钱，如今学堂办不起了，我们已经花了许多钱，难道还要我们花钱去安顿他们？这真不合算以极！"

田老兄道："不是这样说法，现在学堂，不比以前的私馆。我们许了别人卒业年限，将学生招来，如今半途而废，我们是负有责任的，怎能随便叫人回去？我们必须设法把这伙学生移送到别的学堂，我们才算尽了责任，不然，是要招学生家属们的质问，而我们也难以辩答的。"

郝达三捧着水烟袋，沉吟着道："我们不要的学生，别个学堂肯要吗？"

"咋个不肯要？只须我们把收来的学费，分一半送跟别人，别人是现成的讲堂，现成的教习，人数加多，更觉得热闹，又不多费他们啥子事，为啥不肯要呢？"

"我是外行，"郝达三摇着头道："凡事请你去办了就是。"

"办是好办，现在成都县立小学，就正没有许多学生，只要办文去一交涉，不会不答应的，就只这几十元钱的学费，老先生却要拿出来。"

"钱，钱，钱，总之是钱！办学堂要钱，不办了还是要钱！有啥说的，再花几十元，总可以没有事了！"

广智小学堂结束了，大家都感觉了一种轻松。吴金廷则由郝达三的力量，荐到中江县一个卡子上当师爷去了。

就这时候，四川大运动会，又将在高等学堂门前大操场里——俗称为南校场的——开办了。

三

大运动会是四川教育会主办的,参加的除了省城中等以上学堂外,远至自流井重庆等处的公私立的学堂,都有整队的学生开上省来参加。

省城各学堂,从开堂以来,就准备起了。但也只是把体操时间,加到每天二小时,除了普通体操,还加了器械操,兵式操。

高等学堂是全省最高的学堂,在办事人的心里想来,高等学堂,也应该在运动会中居于第一位,才足以显示身份。于是便由监督牌告全堂学生,除了真正患有重病者外,一概不准请操假。并由监督备文在制台衙门营务处,请领废枪三百支,以便学生兵操。

办事人越认真,学生自然越苦,而顶苦的自然要数郝又三了。

吴金廷既走,伍大嫂更其专心专意的同他好起来,安生又到成都县小学住堂去了,身边毫无妨碍的人。虽然王念玉常常过来陪伴他们,而两个人对他,不惟不讨厌,反而觉得有趣,伍大嫂毫不客气的把他当成小兄弟,常常摸他的脸,说他比姑娘的脸还嫩。郝又三则简直把他当成了外宠,三个人常在一块儿吃喝说笑。

偏偏要开办运动会,算来连预备日子在内,要耽搁他二十多天。而伍平已有回信,说他决计请假回省来,亲自接取家眷,行期至迟便在这二十天内。欢乐的日子如此不多,却不准请操假,只能在上午上别的功课时,请两点钟假,赶到伍家,握住她的手,匆匆谈几句曾经说过多少次的话,或搂抱一下,又匆匆赶回来。而夜里,则除了星期六的例假,得以外宿外,也一直不准请假外宿。

他虽然怨恨欲死,仍不能不随着同学依时下操。

普通操已乏味了，而兵操尤可恨。废枪领来了，是奇重无比的九子枪，并且在枪管里全填紧了泥土。大概营务处的人过于小心，生怕学生们过于灵巧，会将废枪修理出来造反，所以才费了大力，把枪管给塞了。他们却未想到，纵然有枪而无子弹，依然是造不起反的。

枪是那么重，教兵操的教习，平常很为学生们看不起而直呼之为"兵"的，现在因为运动会之故，忽然重要起来，一开始就教学生托枪开步跑。不到三天，郝又三同好些学生的肩头都着枪身打肿打烂，而两臂更其酸软得绞不起洗脸巾，提不起笔。

学生们说："我们并不想当兵，又不想在运动会中抓第一，为啥子要这样苦我们？"教习则说："既是兵操，就该有军国民的资格。鄙人留学东京，对于兵操，向有研究，托枪开步跑，是兵操中最要紧的科目，要是学精了，啥子军国民都抵不住的。"

一星期之后，兵操竟自大大进步，托枪开步跑时，大家一口气居然可以跑上半里，而枪身居然不在肩头上跳动。郝又三自己觉得身体强多了，他向伍大嫂把手臂伸直道："你捏捏看肌肉多硬！恐怕你丈夫的身体，也不过如此罢？"

伍大嫂笑眯了两眼道："身体再好，总是粗黑粗气的，我爱的并不在身体好，却要斯文秀气，会说话，会温存的。"

"那吗，二天运动会里，我又不该去竞跑了。"

"你又该啦！因为你又太秀气了，若果你能够武辣一点，我更喜欢。"

伍大嫂要他武辣一点，他本来不愿意去充竞走选手的，一回学堂，竟自到教习跟前，自行陈请他愿意去竞走。

教习把他看了又看道："论身体，你是不行的，不过你腿骻还长，鼻孔还大，你试在操场里跑一个圈子我看。"

才跑了半圈，眼睛就花了，许多同学都拍着手道："鼓劲呀！……鼓劲呀，小郝！……"

教习拍着他尚在耸动不已的肩头道："还行,还行,虽然气不长,腿子还快。你能从今天起,每天多吃几个生鸡蛋,多跑几个圈子,前五名是可以跑上的。"

郝又三充了竞走选手,不但同学诧异,如此一个喜静的人,何以此次会这样起劲?就连他家里的人,也在议论他,都说到运动会开会这天,要去看他跑。

南校场里已将男女看台以及官宪看台,张灯结彩的搭了起来。顺着城墙斜坡这面的天桥、平台、假城、浪桥、木马、杠架等等器具,也修理好了,沙坑也挖松了。

各学堂已经停课,从早到晚,已有一队队的学生,开到操场里来操演的了。高等学堂隔壁的教育会里,也天天在开会,邀约着各学堂主脑办事人,商讨竞赛的科目及组织。会长徐先生虽然是教学出身,也曾到日本考察过,自以为是个很维新的人,但对于体育,到底外行,而来同他商讨的一般先生们,也不见得比他更内行,并且这在成都,又是伊古以来的创举,无可依傍,只好由大家心头,随便想了些科目杂凑起来。

到开会前两天,秩序单子幸而议定了。教育会长恭送了一份给四川总督赵尔巽,回来时,很夸耀的向会里人说:"赵制台身任一省总督,却没一点官场习气。号房把名帖一传进去,立刻就请,请到大客厅中。亲自让我炕上坐,亲自送茶,开口徐先生,闭口徐先生,谦逊得很。看了单子,只是说赞成赞成,还说开会那天,定要亲来观光。并送了几百元钱,叫买成东西,作各学堂的奖励品。如此休休有容的大员,全中国多有几个,国家也就有望了。"

秩序单子,教育会长虽没有亲自送一张给郝又三,但学堂里已把它油印出来,郝又三到底取得了一张。竞赛科目,除了兵式操、柔软操、哑铃操、一种整队的操演外,还有木马比赛,杠架比赛。至于竞走项下,则有算术竞走,英文竞走,障碍竞走,高栏竞走,一百米竞走，五百米竞走，一千米竞走。

郝又三的意思，所有的竞走，他都想参加，都想得到前三名。他来同体操教习商量，看可不可以办到。

体操教习说："咋个办不到！以前的飞毛腿，日行五百里，奔马不及，但是要成年累月的练习才行。练习时，腿上绑着铁瓦。从一匹加到十匹，要是绑上十匹铁瓦，尚能跑得同平常人一样，一下把铁瓦取了，跑起来，真会与飞的一般，任凭何人都追赶不上了。只是目前已来不及，最好，你多吃生鸡蛋补一补，少跑几项，留着精力，专跑五百米同一千米。临跑时，不要着急，并须预备一张湿手巾衔在嘴里，胸脯打开，眼睛对直看在前头，只要你不晕倒，是可以跑胜的。现在趁着操场里白线已经画出，再加劲练习一天，明天却不要跑了，要好好休息一天，多吃生鸡蛋补一补。"

第二天，全学堂都紧张起来。办事人不知在那里借来四名号手两名鼓手，由体操教习领着，在内操场走了几周，教学生们如何的踏拍子。他自己也不晓得在那里借了一身黄呢戎服来穿起，袖口上镶了三道边，裤管外侧也镶了两道边，还佩了一柄崭新的指挥刀，样子很是威武。

一般竞走选手，在开会那天，是得了特许，不必排队出去的。于是，郝又三便睡得很晚的才起来，并遵守体操教习之嘱，空肚子就吃了五个生鸡蛋。

吃了饭后，大家都吵吵闹闹的准备起来。郝又三把香芸特为他编织的一件黄色绒线紧身，穿在白洋布小汗衣上，觉得轻暖异常。把发辫盘起，戴了顶他老婆给他用一爿白布一爿蓝布特制的运动帽，——照着体操教习出的样子做的，——刚把发辫紧紧的束住。下面单裤腿上，缚了条青布绑腿，是伍大嫂比着他的腿做的，还用白线刺了一枝梅花在上面。脚上是一双布底布面的操鞋，是他自己向鞋铺定做的，已穿过几次，很是合脚。

大家还在耽搁，他已披着夹衫出来了。

天气也很好，已经晴了两天，大家都很忧虑今天要阴雨。成都的气候，每每如此，晴了几天，必要阴雨几天，暮春尤其是多雨之季。然而今天却很好，虽然有些白云，却是很薄，日影时时的能从中间筛射下来。

运动场里已是号鼓喧天，旗帜纷飞。赴会的学生队伍，正一队一队的走来。秩序单上虽没有规定，而大家却不约而同的，一进会场，必先绕场走一遭，然后到指定的地方排着队等候开会。

学生队伍很是整齐，走起正步来，一起一落，居然没有乱走的。不过从女看台跟前走过时，很少有人不掉过头去，向一般女宾，尤其是一大群系有玫瑰紫色绸裙的淑行毓秀两个女子学堂的女学生，行个有力的注目礼的。

女宾入口处，有警察把守，穿着同气概稍为不对点的，便不准进去。郝又三远远的望见姨太太，贾姨奶奶，同他的少奶奶，他的丈母，全进去了。人太多，挤不上前去打招呼，而进场的还源源不绝的在来。

男女看台并不很大，幸而城墙斜坡，恰好就像罗马斗兽场的看台一样，那里以及城墙上，容了不少的人。并且有许多人还喜欢到那里去，因为城墙上临时设了许多做小生意的摊子，从卖茶汤锅魁一直到卖白斩鸡烧酒的全有，而看台上，除非有了熟人，才能得一杯淡茶喝。

郝又三配着选手的标记，是可以随便游行的。他从会场正门入去，先就绕到女看台前，看见香芸香荃正同姨太太诸人坐在一处，他远远的打了招呼，把夹衫解开，露出他那身运动装束。大家只是笑着点头，香荃站到台口边来，大声向他说道："嫂嫂说的，叫你跑慢点，不要蹩了筋斗，把脑壳跌烂啦！"

连在旁边听的人都笑了起来。郝又三红着脸走了开去，远远看见城墙土坡上若干妇女当中,似乎有伍大嫂同着她的婆婆在内。他正想翻过竹栏,到土坡上去看看,忽然看见田老兄同着几个人走了过来。

"又三,我已看见竞走名单,想不到你也在内。"田老兄那么亲切的拍着他的膀膊道:"士三日不见,当刮目而视,吾子有焉!"

"你到学堂里看见的吗?"

"非也!刘士志先生几个人办了个临时编辑部,我在那里帮忙誊写,看见的。"

"你是很诧异我参加竞走的了!"

"也不很诧异,现在是讲究尚武精神的时候,你二十几岁的人,能够振作起来,一洗积弱陋习,正是朋辈所赞成的。我告诉你一个新闻,苏星煌已从日本回来,到了重庆,说是要筹办一个啥子报,不日就要来成都了,这是傅樵村向我说的。"

郝又三欣然笑着道:"星煌回来,好极了!只是傅樵村如何晓得?"

"说是朱云在写信告诉他的,并且说星煌还为他办的《广益丛报》做了一篇很精湛的文章,专门讨论川汉铁路宜先修重庆到成都一段。"

"你那里有《广益丛报》,那天借跟我看看。"

"可以,可以!……要开会了罢?正台上已挤满了的人。赵制台怕已来了。我要办事去了。明天在同春吃茶,好不好?"

正面看台上果然很多的人,一眼望去,立刻可以分辨出来谁是官。——官是穿着袍褂,戴着大帽的。——谁是绅,——绅士与学界中一般先生,则是光着头,仅在长袍子上套了件马褂;讲究的穿一双靴子,不讲究的连靴子都不穿。——以及站在台口下面的亲兵卫队。

果然开会了,只见一个骑自行车的人沿着跑道,一面走,一面向栏杆外面的学生队伍大喊:"预备!……预备!……担任兵式操的预备!……"

霎时间,军乐齐奏,一道写着四川大运动会字样的白旗,一直升到中央一根旗竿顶上,随风展了开来。而机器局特为大会制的大气球，也从场中放在空中。

兵式操举行了，同时又来了两伙队伍。一伙全是小孩子，前面一道旗子，写着幼孩工厂。一伙则是稍长大汉，全副武装，前面一道旗子，写着巡警教练所。

巡警教练所的队伍，也参加了兵式操，操得那样齐整，那样有精神，好几个学堂的兵式操全赶不上，就是自以为可得第一的高等学堂的兵式操，也比得太不成模样。学生们自己的议论，是如此的："我们本是文学堂的学生，兵式操并非我们的专长，我们也不曾天天操练，那能像巡警教练所那样，本是以兵式操为主要课程，他们操得好，是他们的本等。"

但在一般办学的人的心里，则以为运动会本是我们学界比赛优劣的事情，如何能让一个官办的巡警教练所羼将进来。何况巡警并非学生，学生是何等的高贵，学界是何等的清高，巡警则官吏的走狗，与皂隶士卒相去一间的东西，如何能与学生比并？

而一般教体操的更其不平，他们说："这才岂有此理！我们劳神费力教学生操练，我们只能在自伙子当中来比长短，怎么会钻出一伙巡警来扫我们的面子？要是容他们比赛下去，我们学生一定会失败到得零分的！"

这时，幼孩工厂的哑铃操也动了手。也操得那么的有精神，而又整齐。更因为是小孩子，连当队长的，连喊口令的，全是小孩子，这更引起场内场外的新奇赞美。因此，他们每一个整齐动作，都引起了一片轰轰烈烈的拍掌声。

一场表演之后，便有几个身穿五色衣服的杂役，摇着铃，拿着编辑部油印的新闻与评定的甲乙纸，沿跑道向众人散发。

在第三张新闻上，便有这样的言语，说运动会中，实不应该叫幼孩与巡警来参加。因为两者都与学界无关，而且有玷。于是乎学生中间，就渐渐起了不平。

到一百米竞走开始时，幼孩工厂的队伍，竟自整着队出了会场。据油印新闻的报告，则是劝业道周孝怀——是时办警察的，已另是一个姓贺的道台。——已向众人声明，幼孩工厂之来参加，只算是客串，并非与学界竞赛，想在运动会中，得点什么成绩。既然引起误会，他已饬令全队开回，以求大家的原谅。

　　郝又三只注意看竞走的人去了。就大部份的学生与观众，也都起劲的，在看那一伙穿着各色衣服的选手，在跑道中争前飞跑。沿跑道栏杆外驻扎着的各学堂学生，更各各睁大眼睛，只要看见同学的跑前了一寸，便拍掌欢呼："鼓劲呀！……鼓劲呀！……"

　　杂役已来通知，五百米竞走预赛集合。几个同学遂偕同郝又三一齐来到出发处，那里的人很多，还有几个外科医生。

　　教体操的教习也来了，接了郝又三的夹衫，又亲自打了两个生鸡蛋给他吃，又鼓励了他几句。

　　预赛一共八十名，分为八组。郝又三派在第二组，同跑的身体高矮都差不多，除了一个同学的，其余有铁道学堂的学生，有藏文学堂的学生，有通省师范学堂的学生，有附属中学堂的学生。看来都很瘦弱，岁数都在二十三四岁上下。

　　第一组列了队，哨子一响，飞跑了。

　　唱了第二组的名，郝又三在四名。预备哨已吹了，他才想起没有带湿手巾，已来不及了，照样把右脚跨出半步，蓄着势只等第二次的哨子响。

　　似乎经过了好久，哨子才响了。他跑出去，恰在第三名上。刚刚小半圈，觉得栏杆外伍大嫂的声音，尖利的喊着："鼓劲呀！……"他不由斜过眼睛一瞥，果然是她。

　　就这一瞥，他已落后了两名，赶快向前一冲，在转弯时，他抄了个小弯，便抢到第二。女看台上也起了一阵拍掌声，他不敢再看，却晓得是他妹妹们在鼓舞他。他很想再冲前一步，把那个铁道学生赶过的，无如那学生的腿骭真快，跑到大半圈，依然在他前头一步之遥。

到终点只差四五丈了，高等学堂学生一齐拍起掌来，大喊："小郝胜了！……小郝胜了……"

他也很诧异何以竟跑在顶前头，居然跑得了第一。

几个同学与体操教习一齐笑着奔来，架住他两膀，缓缓走着道："你跑得不错！……那个姓张的，便吃亏分了心，……差不远了，偏偏回头一看，……你只一冲，就上前了四步。……记着！决赛只有八名，就是预赛每组的第一名。……你只不要分心，……打开胸脯，眼睛专看着前头！……你此刻得在毡子上去躺一躺！"

他很想转出栏杆去同伍大嫂说几句话的，可是注意他的人太多，刚走不远，就听见人人在指着他说："那不是跑第一名的郝又三吗？"

五百米预赛完毕，高等学堂学生跑得了两个第一。那一个同学，在郝又三看来，是不大行的。教体操的教习也来向他说："我看八个第一里头，弱的不少，有四个跑到终点，都几乎晕倒了。看来，你到底行些。记着我的话！决赛第一名，一定是你了！还想不想吃一个生鸡蛋？"

此刻会场中忽然一片声闹了起来。睡在毡子上的郝又三，急忙跳起，只见正面看台上一般官员都站了起来，颇颇有些惊惶样子。

闹声更大了，约莫辨得出的，只是东也在喊打，西也在喊打，而一堆堆的学生，有空手跳过去的，有提着废枪跑过来的，情形很是纷乱。

一般办事人异常的着急。赵制台已带着好些穿公服的官员，从看台上步行下来。他的湖南卫队，已把刺刀上在枪尖上，一个个横眉劣眼的把在远处乱得有如出巢蜂子般的学生看着。

教育会长徐先生，一头大汗，急走在赵制台跟前，一躬到地之后，才逼着声气说道："大人只管放心，不妨事，是巡警教练所的巡警开刺刀戳伤了三个学生，不妨事的！已经派人把学生们安顿住了，不妨事的！"

赵尔巽是那么深沉不可测的一笑道："该没有乱党作祟罢？"

四

事情的起因，因为运动会本是学界办的，并未邀请学界以外的团体来参加，不谓开会之时，忽然来了一伙幼孩工厂的幼孩，同巡警教练所的巡警。在学界方面，是彻头彻尾反对此事的，反对的根本原因，则是看不起这两种人，认为不配和学界的人，站在一条线上。

教育会长被舆论挟持住了，不能不向各主管官员交涉，请把这两伙人饬令退出。劝业道周孝怀深知大家的意思，登时就答应了，在幼孩工厂乘人操表演之后，便叫带队的即速将队伍开走，这一股涛头算是这样的平静下去。巡警道贺伦揆偏偏不曾在场，而巡警教练所提调路广锤又偏是个尚气的人，又仗恃赵制台曾称赞过他是能员，一听见徐会长的请求，心头业已不自在了，昂着头说道："怎吗！难道巡警的资格不够吗？难道学界便是老上司吗？说老实话，瞧得起你们学界，我们才来助威哩！不然的话，请还不来哩！"及至看见幼孩们规规矩矩的开走了，更其忿然的说道："周观察那们风利的人，如何没一点宗旨，别人叫他让，他就让，太丢我们官场的面子了！不让！我的巡警，不像幼孩，我的官虽没有观察大，我这个人却还有点骨气，也不像周观察那们软弱，不让！断乎不让！看学界的人，把我压制得了压制不了！"

但是徐会长对于一般不平的学界中的朋友，则力说路提调业经答应把巡警撤退。于是油印新闻一出，大家都相信"我们的会长真能办事！"

器械操的比赛开始了，各学堂的选手走到杠架跟前，依然有巡警教练所的选手在那里；平台跟前和木马跟前，都如此，于是各学堂的选手就吵了起来道："咋个仍是叫我们同巡警们比赛吗？……莫把我们资格耍矮了！……不比赛了！不比赛了！"一个跑步，便各自散了。

巡警们莫名其妙的着扫了这样一个大面子，自然也忿恨起来。一般队长教官们吵吵闹闹的说道："学界就有好高吗？说老子们不配！老子们奉令来跟你们撑面子，就这样跟老子们下不去？那不行！老子们非同他们娃儿伙争一争不可！"于是障碍竞走开始的第三组，竟有一个巡警估着加入了，并且到最后一个障碍，钻麻布口袋时，一个自流井王氏私立树人学堂的学生已经抢上前，钻进口袋了，那不得口袋而钻的巡警，便握起拳头，抓住那学生的脚，隔麻布就是几拳。挨打的没有做声，看挨打的却叫唤起来。

这一下，全场学生都轰然了，尤其是一般中学生。便有几个成都府中学堂的学生，忿忿然拥到巡警教练所驻扎的地方去吵闹。不知怎的一下，就冲突起来，巡警们的上有刺刀的枪尖一举，登时就有三个学生倒将下去，其余的回头便跑，一路大喊巡警杀人！

风潮便是这样起来的。有兵式操的学堂的学生们都把用不得的废枪抓到手上，多数都吵闹着要去同巡警们拼一拼。

办事人都疯狂的奔来，在四周拦住，嘶声喊着："不要妄动！不要妄动！我们已有办法，和平解决！"

学生们大喊："和平解决吗？我们要惩办凶手！……要惩办路广锺！……要赔偿人命！"

"办得到！全办得到！……大家安静点！继续运动！徐先生已办交涉去了！"

既流了血，徐会长办的交涉方生了效，而路提调也才气平下来，下令叫巡警撤退，自己也才带着卫兵，坐着拱竿大轿，飘然而去。

赵制台相信事情太小，并相信没有乱党在作祟，便也不忙不慌，回到看台上，看学生们继续运动。

继续运动毕竟不甚起劲。首先是女看台上的女宾们，因逼近巡警教练所的驻扎地，经那一闹，又看见了人血，在巡警开走之前，就把全个看台腾空了。就是在城墙土坡的观众，生怕还要闹事，波及自己，便也一哄散去了一大半。学生们受了恁大一个激刺，心里都不快活，继续运动，实在算是出诸强勉。

郝又三更其不得意。他不得意，并不因为这场流血风潮，而是因为流血使替他鼓劲的人们都走了。所以他在五百米决赛时，竟自跑得懒懒的，让七个人都上了前，他不跑了，回头跳出栏杆，在休息处把夹衫抓着向学堂里就走。

许多同学都赶来问他：为何这样做？他只摇着头不开口。几个年长的看着他背影叹道："小郝是性情中人，他如何能受这种激刺？遭受这种刺激而不动心的，其惟凉血动物乎？"

郝又三洗了澡，换了衣服，因为学堂牌告自本日起有三天的休息，又因为有两天没同伍大嫂说过话了。他便走出学堂，步行到文庙西街口，唤了乘轿子，一直坐到南打金街来。是时，运动场里正开始了一千米的最后竞走，那位教体操的教习还在找他哩。

轿子在门口落下，他给了轿钱。忽见王念玉从里面走出来，看着他道："运动会就散了吗？"

他摇摇头，要向二门里走。王念玉拉住他道："伍大嫂的丈夫刚回来了，你不要去抵相！"

"醧！……你莫诳我！她先前不是在看运动会吗？"

"我为啥要诳你？看运动会，是我陪着她两婆媳两母子去的，坐在城墙上茶汤担子上，看见你走来走去，她还招呼了你几声，你没有听见。后来，我们便走下城墙，正碰着你赛跑；她高兴得连连拍手，说你真跑得快。后来，闹起事来，她害怕了，我们才回来的。刚进门，还没把茶喝完，她的丈夫就回来了。黑腾腾，横胖胖，满脸大麻子又粗又壮的个人。此刻正在他们堂屋里大声武气的说话，你不信，你进去,看你打得赢他不?"他并且笑了笑,意思是断定他必打不赢他的。

郝又三觉得通身都软了,把王念玉一只又小又细的手握住道:"我咋个办呢?"

"现在恐怕没办法,别了几年的夫妇,才见面,正是火辣辣的。我在门缝里,看见那麻子一见了他老婆,眼睛里好像冒出了火。她也笑得合不拢嘴。儿子同老娘子才走开,两口子在堂屋里就抱在一块了,那样子真难看!恐怕你还没有吃过那样的甜味呢?"

他跟着把他向大门外拉走道:"呆在这里太没有意思!我替你想,耐烦等几天,等他们热过了,我趁空把她约过来,你在我房间里会会她,倒是对的。"

他又笑着在他耳边低声说道:"只准会会面,规规矩矩的谈一番话,却不准乱来,我的床是干净的,我妈听见了也不答应你们的。"

郝又三蹙着眉头,把脚一顿道:"还同我说笑话哩!……我们此刻过那里去呢?"

"你回你的府上,我有朋友在悦来旅馆等我,我还要陪他去看可园的戏。"

郝又三回到自己家里,叶姑太太已回去,正是一家人吃午饭时候。大家看见他,都很高兴。香芸妹妹也因次日是星期,回来了,一看见他,都笑问道:"跑了几个第一呀?"

"几个第一?决赛时我没有跑。遇着那种事情,那个还有兴会去竞走。"

姨太太说:"真骇人呀!我还没留心,大小姐哎哟一声,我掉头一看,便见雪亮的刀尖上全是红的,我当时心都颤了。"

香荃道:"我还不是骇着了!那三个学生抬走时,血还在滴。"

少奶奶也接嘴道:"亏你还敢去看!我想那三个学生痛也痛死了!"

香芸很生气的说:"真是野蛮!我当时没有炸弹,要是有,我一定向那伙人打去了！他们那样蛮横，不晓得仗恃的啥子？"

郝又三道："少奶奶，我今天累了，你叫吴嫂跟我烫壶酒来，好不好？"

老爷踱了进来，坐下了，大家才依次入座。看见儿子面前摆了一只酒杯，便道："吃点酒也好。听说你跑了一个第一，其实哩，这种剧烈运动，都不应该我们去干。况你已是筋骨都在生老的时节，设或跌着那里，那便是一生的残疾了。"

儿子连忙应了几个是，才道："所以后来的决赛，便不曾参加。爹听见说会场里流血的事件不曾？"

"姨太太她们已经说过。起因是怎么样的？"

他把儿子的话听完后，沉吟着道："若果屈在官界，谘议局里倒可提议。我自从当了议员，还没提过议案，你今夜可替我拟个稿子，等我明天找人商量。"

香芸大为赞成道："首先是巡警伤人，这样有凭有据的。学生再输理，总之他们是空手来质问的，并且要不是巡警先用武，学生也不来质问了。哥哥，你就这样做。"

她父亲笑道："大小姐见事如此其明，你也拟一篇，好不好？"

"爹又说笑话了！我又不懂法律，又不懂公事，咋个行呢？"

"我还不是一窍不懂的，谁敢菲薄我不配当议员呢？如今的事，那能那样考校，只要能自圆其说，就是好的。你没见许多议员，狗屁不通的连话都说不清楚哩！"

酒还没吃完，高贵拿着一张新式的白洋纸小名片进来说："有人会少爷，看会不会？"

春英把名片接过来，放在桌上。郝达三已吃完了饭，便取来一看，上面印了吴鸿两个小字。不禁笑道："从前说的二指大一张名片，现在这话却应了。只是不用红纸而用白纸，未免使人觉得不大吉利。"

大小姐道："许多事都是口招风，比如现在日本卖的清快丸，大家便说是清朝快完了。听说警察局出有告示，不许叫清快丸，须得叫清凉丸。但是招牌上不仍是清快丸吗？何苦做这些被盖里挤眼睛的事！要哩，就不许卖，或叫日本人把药名改过。"

她妹妹道："洋人的事，他们敢惹吗？"

高贵咳嗽了一声，郝又三才警觉了道："吴鸿就是巡警教练所里教操的，他来会我，有啥子事情吗？"

大小姐道："管他的，问问他看。"

郝又三来到客厅，吴鸿正背剪着手，在浏览壁上挂的顾印愚新近才给父亲写寄来的一张单条，便转身招呼了，问道："顾印愚可就是顾复初？葛表叔花厅里那幅顾复初的对子，很像你这条子上的字。"

郝又三笑道："大不同，大不同！顾复初是前几十年的江南名士，顾印愚是现在的四川人，两家的字也迥不相同。"

"还有一个啥子何子贞的字，到处裱褙铺里都有他的东西。我看倒是学顾复初的样子。"

"哈哈！你老兄不精于此道，我们谈别的事好了。我想你老兄此刻枉顾，或者有啥子事情罢？"

"不错，"他点了点头道："我是特为来通知你，这几天不忙到学堂去。"

郝又三从高贵手上，把茶碗接过，送到他的跟前，照规矩把碗盖揭开看了茶，方道："为啥子呢？"

"还不是为今天的事？路提调回去，很生气，听说已禀报了贺大人。贺大人也大发雷霆，听说已下了严令，叫南区警察，一律武装，从明天起，见一个学生，就打一个学生，打死勿论，就说是革命党。……"

"未必然罢？"郝又三不相信的道："官场再浑再横，总还不致有此的。"

"唔！难说！单讲我们所里，大家都是气哼哼的，说你们学界太蔑视巡警的人格了。大家都在摩拳擦掌的,只等路提调今夜答应了,他们明天就要找你们算帐的。你要晓得,巡警们都是一伙不好惹的精壮小伙子,差不多跟我们邛蒲大①一带的刀刀客一样,要是发了毛,连父母都不认的。今天幸而是制台大人在那里压住了台,不然,是打滥了,大家都是好刀好枪的,又有子弹,几千学生算得啥子!"

郝又三仍是那样温和的道:"你道得太过火了。巡警再凶恶,总还是有人管束着在,路广锺贺伦揆再不讲理,赵制台也绝不会让他们如此乱来。诬学生为革命党,倒是官场长技,不过几千学生,不必尽是革命党,打起官话来,总不会叫人相信的。何况今天闹事时,几千学生都在场,若果是革命党,只怕赵制台早已吃了炸弹了。学生在今天吃了恁大的亏,着你们巡警戳伤三个人,尚且不借机会闹事,岂有明天散开了,赤手空拳的,会变为革命党的道理?"

"现在,咋能说道理!就像今天的事,你们学界为啥子要排斥巡警呢?巡警已好好的让了步,你们还逼着来质问,凶声恶气的还要抢我们的枪!……"

"胡说!"跟着红呢夹板门帘一启,香荃横着眼睛走了进来道:"姓吴的,你少胡说!……"

郝又三忙站起来喊道:"二妹!没有你的事,你跑出来做啥?"

"我同姐姐在窗子外头,听得不爱听了!这姓吴的,真不是他妈的一个好东西!……"

"二妹!你还要乱说呀?"

大小姐也在窗子外面开了口了:"哥哥,你不要光说二妹。我们亲眼看见巡警无故杀人,咋个要卷着舌头,说学生先抢枪呢?巡警是啥子东西?差狗罢咧!就敢这样无法无天的吗?我们不是没见过世面

---

① 清制蒲江、大邑两县隶属邛州,三处民风都很强悍,为人杀人者名刀刀客,大抵出于此三处者居多。——作者注

213

的，省城也不比乡坝里头，乡约保正骇不着人？哥哥，还亏你同他辩论，真可惜话了！"

郝又三为难极了。吴鸿起初很是惶恐，继而却忸怩的笑道："这一定是大小姐了。……大小姐骂得对！……我今天并没有去，……是听来的话。……我来报告，是我的好心。……我本来没啥见识，……请大家指教！……指教！"

郝又三连连打拱道："舍妹们的脾气太躁了！这样得罪老兄，真真该死！"

"倒不！……只是今天不好请见大小姐，……改日定要请教的。……"

五

就因为运动会中流血的事，学堂几乎闹到罢课。

在官场方面，虽未尝如吴鸿所说那等凶横，但是驻在高等学堂左侧梓潼宫内的警察，确曾与学生起过冲突，学生把警察打了一顿，警察捉去了两个学生。其后几经交涉，学生放了，警察暂时撤销。但自总督赵尔巽起，直至路广锺止，却认定那天的事，曲在学界，以为学界不该无礼拒绝巡警参加，而学生也不该去凶扑巡警。

在学界，则理直气壮，以为巡警是挑衅的，是凶手，学生是有理的，是受屈的。并且现摆着三个受伤的学生，已取有外国医生负责任的伤单。追求祸根，端在路广锺一人，当教育会长向他要求撤退巡警时，他何故不答应？又当巡警在会场中当众打人时，他又何故不约束？这显有纵警行凶的情事了！

教育会当夜开会之时，一个个都说得慷慨激昂，就中以附属中学堂监督刘士志更为激烈，他问会长："你到底有没有胆量？有哩，你就去见赵制台,要求他惩办凶警,要求他揭参路广锤。若没有,我们就单独去见他。我虽然只是一个举人,但我并不怯畏。我们学界不能让龌龊的官场这样蹂躏!若这回事情退让了,我们学界还有脸吗?"

众人都拍掌赞成他的说法,并且桌椅乱动,都站了起来,大有立时立刻一拥到南院去大骂赵尔巽一场之势。

会长骇极了,忙摇着两手道:"诸君少安勿躁!有意见只管发表!兄弟既身任会长,岂有不想办法,把这事办好的?总之,诸君不要太激烈!这事交跟兄弟,兄弟一定照诸君的意思去办的!"

过了几天,又是星期六了。

郝又三在这几天中,一直不与闻这件事,他专心一意只等王念玉来通知他。每天他总要到外稽查去探问几次,有人来会他没有?有信寄他没有?都没有。

他未尝不想亲自到南打金街去走一趟,只是不敢冒险,怕王念玉不在家,——那孩子差不多终日都在外面陪朋友耍的。——怕碰见伍平,更怕同时碰见伍大嫂。

一直到星期六下午出来,他实在耐不住了,仗着胆子,走到南打金街。还未走拢,一个孩子声音在他背后喊道:"郝先生,你到我们家去吗?爹爹回来了,妈妈同我们都要走了。"

他捉住伍安生的小手,高兴以极,问道:"你爹爹此刻在家吗?"

"随时都在家里,只到劝业场转了一回。前天带着我同妈妈到悦来茶园看了一回戏。妈妈一个人坐在楼上看,我同爹爹坐的正座。戏歇了台,我们转到慈惠堂戏园后门接妈妈时,碰见吴先生也在那里。……"

"那个吴先生?可是你干爹?"

孩子摇摇头道:"不是的,是那个年轻的吴鸿。他同爹爹谈得很好,爹爹约他到雅州做事,他答应后天同我们一道走。"

"你们后天走?"郝又三吃惊似的这样问了句。

215

他们已进了大门,郝又三忽又迟疑起来道:"我不进去了,你爹爹在家,我咋个好去呢?"

孩子不放他道:"不要紧的,吴先生昨天不是在我们家耍了一天?还同爹爹妈妈打了一天的纸牌哩!"

独院门是虚掩着的,孩子一掀门,便大声喊道:"郝先生来了,妈妈!"

站在堂屋门外檐阶上,正抱着水烟袋的,是一个满脸大麻子,黑而壮实,看去约有三十好几岁的男子,不消说,是伍平了。

郝又三通红着脸,不晓得该怎样与伍平打招呼时,伍大嫂已飞一般从房间里奔了出来,满脸是笑道:"大少爷吗?真是稀客呀!我默到在走之前看不见你了,今天真不晓得咋个想起的,你走了来!……没见过吗?这是我的当家人,从雅州回来好几天了。你看,我们七八年没见面,才回来时,我几乎认不得他了,哈哈!……这是郝家大少爷,是安娃子的先生。安娃子读书,全亏了他的干爹同大少爷代管教,又不要费用。我们着警察催着搬家时,要不是大少爷义气答应,每月借房钱跟我们,又借押金跟我们,我们已不晓得成了啥子样子了!大少爷真是我们的恩人!前一晌还肯到我们这来摆龙门阵,不晓得这几天为啥子不来?……"

伍平很和气的同他作了揖,让到堂屋坐下,跟着他女人说的话,不住的向他道劳,道谢。

伍太婆出来,也是那样的把他恭维得简直是个大义士,大侠客。并说起那天在运动会见他跑得多好,"我眼睛不行,简直看不清楚,听王哥儿同媳妇在说,那不是大少爷吗?穿的黄衣裳。安娃子就那样的喊,大概大少爷没有听见,一会儿,就见大少爷跑起来了,真快!媳妇赶跑下来看,我是走不动,听安娃子说大少爷跑了头名。只听见哒哒叭叭巴掌拍得真响!……"

于是又谈到流血的事。

郝又三在这和蔼无伦的空气中，心里渐渐安舒了。一面说话，一面窥察伍平，似乎对他女人的行为，又像明白，又像不明白。但是对他女人始终是那样的殷殷勤勤，低声下气的。虽然模样粗鲁，性情似乎还温柔。问着他在外面的情形，他是那样坦白的说道："八年以来，我是受了些苦。初初当兵时，更苦。因为我虽是穷人出身，但平日并没有做过啥子粗事，一天到黑，都是懒懒散散的，我女人那时时常骂我，时常同我吵闹，叫我找事做。说老实话，人一懒惯了，任凭啥子事都不想做的。幸亏有点气力，脚劲也还好，操起来，跑起来，还赶得上人。半年之后，才慢慢搞惯了。后来跟着赵大人打夷人，那就三天三夜说不完了。饿来时，一两天捞不着一碗糌粑，渴到喝马尿的时候都有。赵大人又是那样的严法，下令打一个地方，那怕一百人死来只剩十个，也不准退，退了就没一个得活的。夷人又那样的凶，登山越岭，同猴子一样，叉子枪打得又准，夜里劫营，更是他们的长技。并且同他们打起来，只有把他们打死，要想擒一个活的，千难万难。我的险也犯够了，幸而托天之福，只带了几次小伤。直到升了哨官，才好了点。也只是好一点，钱却没有，所以真不能多带点钱回来养家。得亏各位朋友，帮了大忙，母妻儿子，不但不饿死，比起我走的时节，还好多了。这咋个不使我又不好意思，又感激大家呢？"

伍平的话说得那么恳挚，郝又三看伍大嫂定睛盯着她的丈夫，眼睛红红的，无形中流露出一种无限的怜惜。他心里不由叹了一声："夫妇到底是夫妇！"

说到行期，果然是定在后天，夫子已包定了。说到安生的安顿，伍平说："娃儿得亏大少爷的教训，竟自读了那么多的书，还懂许多别的东西。我想就这样放下，果然可惜。要叫他去进文学堂，像我们这种人家的娃儿，难道还读得出个把举人进士不成？我们是武的，还是叫娃儿去学武罢！我同我女人商量了一会，恰前天遇着一个吴先生，正是武学堂出身的。我也晓得将来梁子上的事，要想干得出头，总是要武学堂出身的才行。我们第三营里新接事的黄管带,就是吴先生的同学,虽然有脚肚子,到底因为是武学堂出身,一下就得了管带。那像我们,打了八年的仗,还一时爬不上去哩。不过,娃儿太小了点,吴先生说,只好叫他明后年上省来考陆军小学堂。吴先生说,那学堂更有出息,两年卒业,升到陕西陆军中学堂,毕业后,升到京师陆军大学堂,出来就是新兵标统,照旧官阶说,就是协台了。像我们当兵的,一十六步升到协台,谈何容易!皮都不晓得要磨銟①几层!像这样,真就好了。只是有一点,我们把那娃儿带走了,省城里又无亲无戚的,他明后年上省来,不晓得该托啥子人照料的好。我女人也想不出来,他干爹又不在省。"

这是一个很好的机会,可以把两方系在一块,将来留个见面来往的地步。郝又三安肯让这机会失去,因就贡献出他的家,叫安生上了省,只管落脚在他家里,将来报名,投考,说人情,乃至星期出来须要照管,种种全交给他。

伍大嫂大为喜欢,不由拍了他一下,冲口而出道:"你真是有良心的,对得住人!……"

伍平则站起来,不让他拉住,恭恭敬敬跪下去,给他磕了个头道:"大少爷,感激的话,我不会说,磕个头见见我的心。娃儿将来总会报答你的。"

伍太婆要留他吃午饭,他觉得留在这里,心里难过。便站起来,看着伍大嫂道:"祝你们一路平安!我后天不来送你们了!你们要走的,事情很多,我也有我的事。从此一别,不知那年再会了!"他很动情,说不下去。

伍大嫂竟哭了起来,不顾一切的抓住他膀膊道:"你放心!只要你不忘记我!……"

---

① 銟,蚀也,音御。——作者注

伍太婆也不住的抹着眼泪道:"伍平说过,若是他朝西藏里调,他一定送我们回来的。大少爷,一年半载再见面,也说不定啦!"

伍平搓着手道:"妇人家真淘气!动辄就哭!就像对门王师奶奶,儿子跟朋友跑滩,到自流井去了,说得好好的,一个月就回来。走的时节,也那样的哭啦哭的舍不得!"

六

郝又三正叫人买了两斤牛油烛,两斤大头菜,一大木匣淡香斋有名的点心渣食同撒其马①,两纸盒桂林轩有名的安息香,预备给伍平送去时,吴鸿来了,进门便说道:"又三先生,你可晓得伍家全家人都要走了?"

"我不晓得你也要同他们一道走的。"

"那你今天去过他们那里了。我一时却不走,前天在他们那里,说起黄昌邦新近当了管带,我动了一个念头,打算到他那里去找件事情做做。嗣后一想,他能钻路子当管带,我们一样的,我难道就钻不到一个管带当当?我今天已写了封信寄跟葛表叔去了,一面又找我们学堂里的周提调,请他替我在赵大臣那里吹嘘吹嘘。我刚才走他那里去来,他已答应了我。只要有点动静,我就辞教练所的事,好在这里的事也不长久,路提调已着撤了差,你是晓得的。"

"啪!……路广锺着撤了差!你听见那个说的?"

"昨天的事。新提调谢大老爷已定了明天接差。又三先生,你们学界真行!制台大人都有点怕你们!出事那天,我们所里的确闹得有劲,仗恃着路提调的势力,我回去时,听见个个都在说要打学生,要

---

① 渣食,撒其马,俱系成都点心之名。——作者注

咋个咋个的把学生鸩到注！我倒信以为真，所以才跑来跟你报信，不料才听的是一面之辞，着你令妹们教训了一顿！……啊！你令妹们该回来了？何不请出来见见，让我再好好生生的赔个礼？"

"还没有回来哩！她们学堂里星期六下午要作国文。"他把壁上的挂钟一看，快三点半了，便道："也快了，再一刻钟，……"

客厅门帘一掀，田老兄哈哈笑着进来道："好朋友回来了，快过来欢迎！"

在田老兄身后进来的，原来是苏星煌。

一件崭新的雪青纺绸长衫，大小宽窄很是合宜。脚上一双极亮的黑皮鞋。头上一顶软边台草帽，进门把帽子揭下，露出分梳得光亮如油的短发。

额头仍是那么平，鼻梁仍是那么塌。鼻胆仍是那么宽而大，嘴唇仍是那么厚，脸蛋子仍是那样圆，颜色仍是那样红，所不同的只是以前的钢丝眼镜，换了一副最新式的托立克蓝片眼镜，这都在郝又三一瞥之下，便看明白了的。

郝又三一天的愁思，都抛到爪哇国去了，一跳而起，刚要作揖，已被苏星煌两手把手腕抓住道："别来整整七年，还要行这个腐败礼吗？你比田老兄还退化了！"

高贵送茶进来，因听说是苏三少爷，便走过来打个招呼，请了个安。

苏星煌哈哈笑道："天不变，道亦不变，中国的旧风俗也终不会变的！如此而讲新政，无怪闹了十几二十年，还是以前的面目。我自从在上海登岸以来，就生了这种感慨。看来毕竟夔门以外还要文明点，一进夔门，简直如温旧梦了！"

郝又三笑道："你的议论风采，以及举动，还不是与走的时节一样，又何尝变来呢？"

田老兄看见了吴鸿，便走过去拱着手请教贵姓，两个人都很熟练的不敢不敢，尊章是那两个字，草字是那两个字，闹了半会。

苏星煌则告诉郝又三，他之回来，是蒲伯英写信约他，准备明年京师资政院开时，搞干一个议员。目前则因谘议局许多事，伯英不甚了了，他是专门研究政法的，将为来给伯英帮忙。办报的事，是朱云石约起，他没有多大的意思。顶多，等他们的报办起了，给他们写几篇论说就是了。

田老兄猛的叫喊起来道："若真如此，倒可稍慰人心！我想，这必然是刘士志先生的大功。"

他走过来把郝又三肩头一拍道："又三，你听见说路广锤撤差了？"

不等人答应，他又接着说道："我说，这必然是刘先生的功劳！上前天，我们的徐大会长着赵制台几句有斤两的厉害话，说得退了下来，赌咒发愿不敢再见老赵。他说，会长不当也可以的，要叫他再办这件事，却不能了。府中学堂的林监督，更胆小得没办法。大家就想算了罢，让学生吃点亏也是好的。这下，把刘先生的火炮性点燃了，拍着桌子先把徐大会长臭骂了一顿，然后拉着他的智多星杨英文商量了一会。两个矮子便跑到南院上，同老赵大人争执了一番。听说，他们走后，老赵向他总文案说，两个矮子真厉害，学界中有这等胆大嘴利的人，倒得留下子心了。这话，是昨天就传遍了。刚才吴先生说路广锤是昨天撤的差，那必然是刘先生的话发生了效力。你说，是不是呢？"

苏星煌道："你们心胸也太不广了，这件小小的事，也值得逢人便讲。听说谘议局里，居然有把此事列入议案者，这真可谓少所见，多所怪了。……"

郝又三笑着把右手向他一捏道："请你莫议论了！这议案，正是家父提出的。"

"哦！老伯任了议员了！这倒是可贺的。不过，……"

大厅上走进了两乘小轿，一个女子的声气在说："高贵，跟他们添一碗茶钱。我们是从叶姑太太那里回来的，轿钱已经跟了！"

吴鸿站了起来，向郝又三道："像是令妹们回来了？"

郝又三走到客厅门口笑道："请进来会一位稀客。还有位要赔礼的等着在。"

是香荃的声气道："我不进来，我还有别的事哩！姐姐把书包交跟我，你进去好了！"

香芸果然大大方方的跨进门来。一眼认得是苏星煌，不由脸就红了，露出点忸怩样子。

吴鸿抢着便是一揖道："那天下午的话，实在说错了，本来，……"

苏星煌也走了过来道："不必又三介绍，我想一定是香芸女士了！我是又三的老朋友苏星煌！"说着，便把右手长长伸了过来。

很像与尤铁民初次晤面的光景，两手接触时的一种感觉也有点仿佛。她不竟有点迷朦了，娇红着两颊，定睛把苏星煌看着，几乎听不懂他说的什么。

苏星煌说着七年前郝又三在合行社述说香芸辨出《沪报》上拼版的道理，他那时就非常佩服大小姐的聪明，曾向郝又三提说，邀请她也加入社中，共同研究。不想那时风气太闭塞了，男女见面，似乎很不应该。他掉头向田老兄道："你那时也在场的，不图七年之后，才会见了。可见人生离合，真有定数！"

田老兄笑道："说来也怪！你同铁民二人，浪迹四方的，反而与郝大小姐先把晤了。我与又三交往七八年，月月见面，又同学，又同事，并且随时来他府上，却还没有同大小姐见过面。一直到今日此刻，才算识荆了。要说道理，真说不过去！"

香芸如出梦境，见大家都站着在，便道："请坐下说罢！……苏先生在省外，可曾看见过铁民？他现在到底在那里？"

"他自从在四川失败，就没回到日本，也没和我通过信。因为他与我的政见不同，在我，仍旧把他当作老朋友在看待，并无丝毫成见芥怀。本来,政见不同,并无伤于私交的,如像英美各国,就亲如父子兄弟,也有各在一党的,断没有因此而视如仇雠。只是铁民的性情太古怪,心胸也太狭隘,把我们一般政见不同的老朋友,却当成了仇人,当面眼红,背后批评得更厉害。……"

郝又三道:"他向着我们,却没有骂过你,也只是说与他的见解不同罢咧。"

香芸同时又在问:"他到底在那里?苏先生总该晓得。"

"他未向着你们骂我,一定是你们没有同他论政,……听说他现在在南洋,只不晓得在南洋何处。他们革命党,始终是行踪无定,并且也很隐秘的。"

吴鸿坐在旁边椅子上,定睛将大小姐看着。因为相距不远,看得更真切些。脸上肌肤是那样的细嫩,嫩到看不出纹理,因为女学堂里不作兴搽脂抹粉,更看得出她那天然的淡白而微带轻红的颜色。又因为是没有开过脸的,鬓边颊上,隐隐约约有一些鹅绒相似轮毛。头上乌黑的头发,仍打了条大辫子,而当额却是一道拱刘海,正掩在浓黑而弯的眉毛上。眼睛那么大,眼尾那么尖,眼珠那么黑白分明,那么灵活,那么有光彩。鼻子是轮轮的,嘴是小小的,口辅微微有点凹,下颏微微有点突。身材不高,也不大,却是很丰满。一双文明脚,半大不小,端端正正的。他看得很清楚,无一处不体面,无一处不比伍大嫂好看得多。并且伍大嫂再说风流,总有点荡,有点野,而大小姐则是如此的秀气,如此的蕴藉。单看她说话的态度,一点也不忸怩,一点也没有伍大嫂的做作,向人说话时,眼睛是那么清明专挚,而又微含笑意。

他越是这样看,越想同大小姐说几句话,但是总插不下嘴去。他们说得那样热闹,而姓苏的,更其旁若无人的在高谈阔论,更其把大小姐全副精神都勾住了。

她时而弯着眉毛,眯着眼睛,张着鲜红的嘴唇,露出一排白亮而小的齿尖,向着那姓苏的微笑着。又移动眼睛,偶尔把那姓田的看一看,把她哥哥看一看,却从未掉过头来看他。——他坐在她的斜对面的。

有时听见什么不高兴的话,她的嘴便闭严了,口辅越朝里面凹进去,两颊上的酒窝儿露了出来。眉头微微向上蹙起,把眉心挤出一些好看的皱纹。眼睛瞪着,眼神澄澄的,好像带了酒的一般。两只又白又细的手,则把一条手巾绞得同绳子一样。风神又是那样的妩媚动人。

他只专心看大小姐去了,他们高谈阔论些什么,他一直没有听见。大小姐有时也说几句,还是不知道她说的什么,他耳朵里只传进了一片清脆的响声,觉得比琵琶月琴弹得还好听些而已。

高贵进来,众人的话头断了,他方醒觉了,听见高贵正向郝又三说:"老爷吩咐少爷,就留苏三少爷同田先生在这里吃午饭,厨房已预备了,吃饭时,老爷再来奉陪。"

苏星煌笑道:"既然老伯招待,我就不走了。本来伯英也请我的,歇会儿请你管家拿我名片去道谢就是了。"

三个客只留了两个,吴鸿自然不好再坐下去,强勉站起来道:"我走了!"

田老兄也站起来,点了个头。

郝又三并不挽留,起身送了出来,一路说:"行期定后,通知一声,好来送行。"

姓苏的只抬了抬屁股。

大小姐闻风不动的,只掉头看了他一眼,淡漠得使他什么妄想都没有了。

他埋头急走了半条街,方长叹了一声,自言自语道:"我要是做到标统统制,或者还有一点想头。……"

七

　　吴鸿在伍大嫂他们走的那早晨，绝早就向所里请了个假，托朋友代教着操，他便赶到距南门城二里多路的武侯祠来。

　　太阳在濛雾中红得同鲜血一样，显示出它今天有把行人晒到不能忍受的威力。田里正是快要插秧时候，隔不上几块水田，便见得着穿得很褴褛的精壮农夫，两条黑黄而粗糙的腿，陷在很深的烂泥里，右手掌着犁耙，左手牵着牛绳，吆喝着跟前的灰色大水牛，努力耙那已经犁了起来的油黑色肥沃的水田。

　　催耕鸟在树林里"快黄快割"的唤着。武侯祠丛林里，更有许多黄莺，已经啼到"桃子半边红"了。

　　站在祠门口，向南一望。半里路外，是劝业道周孝怀新近开办的农事试验场。里面有整齐的农舍，有整齐的树秧，有整齐的菜畦，有新式的暖花室，有最近才由外洋花了大钱运回，以备研究改良羊种的美利奴羊的漂亮羊圈，还有稀奇古怪，不知何名，不知何用的外国植物。

　　接着试验场，便是市街的背面，无一家的泥壁不是烂的，无一家房屋的瓦片不是零落破碎的，无一家的后门外不是污泥成淖，摆着若干破烂不中用的家具，而所养的猪，则在其间游来游去，用它的粗而短的嘴筒到处拱着泥土，寻找可吃的东西，檐口边，则总有一竿五颜六色的破衣服，高高的撑在晨曦中。

　　向西则是锯齿般的雉堞，隐约于半里之外竹树影中。向东则是绵长弯曲的大路，长伸在一望无涯的田野当中。

　　这路，是他一年半之前走过两天的程途，于好多处的农庄房舍，还仿佛记得。他不禁想到故乡，故乡是那样的寂寥，那样的无趣，但是故乡中却没有引人烦恼的事物,更没有把人害得不能安睡的女人。

武侯祠大门外有两间草房,也卖茶,也卖草鞋,也卖豆腐干与烧酒。

他只泡了一碗茶,坐在临大路一张桌子的上方,正对着从试验场旁边伸过来的尘土积有几寸厚的大路。

路上行人以及驮东西的牛马,是那样的多,上长路载有行李的轿子,也渐渐有来的了。

他看清楚了,中间有一乘二人轿子,轿帘是搭起的,露出一个孩子的头,孩子后面,正是他特来相送的伍大嫂。

他遂站了起来,走到路边等着。轿子相距四丈远时,伍安生已喊了起来道:"吴先生!那不是吴先生?"

伍大嫂也把头伸在孩子肩头上笑着道:"你还来送我们。真太承情了!"

轿子落了下来,伍太婆与伍平的轿子也到了,都落在路边。伍平笑着,连连打拱道:"吴哥,太多礼了!"

大家在一张桌上坐下,都泡了茶。在城外,男女是可以同坐吃茶,并没有人诧异的。

伍大嫂因为上长路,已把髯头改梳成一个紧揪揪的把子头,露出肥大的两耳,露出窄而带尖的额脑,也没有搽脂粉,脸色也白,却白得有点带青。

吴鸿因为前天曾仔细看过郝香芸,此刻对于伍大嫂,更加注意了。

她的眼睛,到底不错,也那么尖长,也那么黑白分明,也那么滴溜溜的乱转,也那么又能够笑,又能够愁,又能够怒;而且睫毛还更长更浓,而且眉毛更细更弯,并且如此的活动,它能够跟着说话时的态度,自自然然的分合高下,眉梢骨只管有点高吊。大概她最能引人,而使人一见便永久不能忘记,而使人与之相处较久,便油油然不忍舍去的,她这眉眼就顶有关系了。大概她比郝香芸高的,也在此,虽然已是三十岁的中年妇人。

她这几天更瘦了些,鼻子更尖了,两颊更凹了进去,两边颧骨显得更大,下颏显得更突,这已不能与郝香芸比并了。尤其不能比而刻画出她的年龄,以及她境遇之劣的,除了眼角上的粗鱼尾,除了额脑上的皱纹,还有那粗糙的肌肤,还有那蔓延的雀斑。声气也不那么清脆。

毕竟是省城的人,态度到底不同,顾盼也大大方方,随随便便的。

吴鸿把他送行的点心取了出来,伍大嫂一定不肯收,他说:"已经买来了,难道叫我带回自己吃吗?"估着给她放在轿子的坐凳下。

他们还在谈讲,轿夫却催起来了说:"挑子已走了好久!太阳这样大了!赶几里路再歇气罢!"

他遂向伍平道:"我总之是要来的,如其你们那里有啥子好机缘,通个信跟我。"

伍大嫂则再三托他向郝又三道谢。并说她在雅州等吴鸿,望他能够早点去。

三乘轿子走到转弯处,不见了,吴鸿才把眼光移到蔚蓝的天上,说道:"这个有意思的女人也走了!"

他进城后,本想去找郝又三的。继而一想,没味没味。郝又三同自己那样的气味不投,只管谦和,而神情上总摆出一种有身份的模样。尤其是他两个妹子,对自己太不好了。小的个不懂事,还可原谅,大的个就岂有此理,眼睛里只瞧着有身份的人,见了姓苏的,就那样失神落智。"哼!啥子官家小姐,就了不起了!我吴鸿要是家务好点,爷老子也做过官,还不是溜了洋了,还不是得人凑和了。论品貌,就比姓苏的强,只不过现在还没有得时,落到难在,他妈的就睬都不睬我!其实,她又好美啦,像她那样的女人,成都省也多得很!

等我姓吴的得了势,有了钱,你看,要不使她眼红得像我现在一样,失悔不该不睬我,我连吴字都不姓了!……"

他闷闷的乱走了一会,似乎走到一个熟悉地方,注意一看,方认出是南打金街十三号。

"啊!又走到这里来了!管他的,进去看看,要是玉表弟回来,也可解解闷。那娃儿才真正是个美人哩!可惜我不像黄昌邦!"

先看一看左边独院,门已着房主落了锁。想来,新佃户总有好几个月才能招着的。

推开右边独院的门,王中立正同他老婆在堂屋里吃饭。

两个人欢然的招呼他道:"没吃饭罢?来,来,来!添一双筷子!"

依然是干炒黄豆芽,韭菜炒豆腐干,豌豆汤,他舅母说:"太没有菜了,你等一等,我去炒盘蛋来。"

他自然要阻挡,而女主人却非炒不可。

等炒蛋时,他问舅舅,念玉表弟回来了不曾?

王中立叹了一口气道:"这娃儿,简直拿跟你舅母害了!姑息养奸,这句古话,真有道理。论你表弟,聪聪俊俊,本可以读书学好的。我本不望他咋个有出息,只求当个师爷也算是上等人。偏偏不学好,偏偏爱同一般坏朋友鬼混。如今世道,还有啥子好人?像那样的娃儿,不越闹越下流,我才不肯信哩!可是你舅母反而得意,以为儿子常常同朋友在外头,就跟祖宗争了光似的,不惟不说不管,还称赞他有出息,还勒住我不许开口。我有时实在看不过了,稍稍说两句,她就泼起来了,泼到你头痛,并且一泼就是几天,把我王家的祖宗都拿跟她骂完了。我已是望六之年的人了,那里有精神同她闹!只好让她!只好连儿子都不管了!让他去丧德!去飘流浪荡!这回说是跟朋友到自流井耍去了,自流井是啥子好地方?朋友又是啥子好朋友?其间的文章,就不必说了。唉!这都是家运啦!……"

王奶奶端了一盘黄澄澄的炒嫩鸡蛋出来了,大家又盛了饭。

王中立话头一转道："现在新名词说的社会，社会大概就指的世道罢？也就坏得不堪！我们说成都，像你父亲以前，挑着担子来省做生意的时候，那是咋样的好法！门门的生意都兴旺，大家都能安生。街上热闹时真热闹！清静时真清静！洋货铺子，只有两家。也不讲穿，也不讲吃。做身衣裳，穿到补了又补，也没有人笑你。男的出门做事，女的总是躲在家里，大家也晓得过日子，也晓得省俭，像我以前教书，一年不过七十吊钱，现在之有几个吃饭钱，通是那时积攒下来的。但我们那时过得也并不苦，还不是吃茶看戏，打纸牌，过年时听听洋琴，听听评书？大家会着，总是作揖请安的，极有规矩。也信菩萨，……"

他的老婆一口接了过去道："不是啁！就拿我来说，当我二十几三十岁时，多爱烧香拜佛的，每月总要到城外去烧几次香。那时还无儿女，不能不求菩萨保佑。可是菩萨也灵，拜了两年佛，果然就生了玉儿。那时信菩萨的实在多，再不像现在，大家都在喊啥子不要迷信。菩萨也悖了时，和尚也悖了时，庙产提了，庙子办了学堂，不说学生们，就多少好人家的人，连香都不烧了。可是菩萨也不灵了，也不降些瘟疫跟这些人！"

王中立已吃完了饭，一面抽水烟，一面拿指甲刮着牙齿，接着说道："变多了！变得不成世界了！第一，就是人人都奢华起来，穿要穿好的，吃要吃好的，周秃子把劝业场一开，洋货生意就盖过了一切，如今的成都人，几乎没有一个不用洋货的。一品香一开，菜哩，有贵到几元钱一样，酒要吃啥子绍酒，还有听都没有听过的大餐，吃得稀奇古怪，听说牛肉羊肉，生的就切来吃了，还说这才卫生。悦来戏院一开，更不成话，看戏也要叫人出钱，听说正坐五角，副坐三角，我倒不去，要看哩，我不会在各会馆去看神戏吗？并且男女不分的，……"

吴鸿道："那是分开的，女的在楼上。"

"就说分开,总之,男的看得见女的,女的也看得见男的。我听见说过,男的敬女的点心,叫幼丁送信,女的叫老妈送手巾,慈惠堂女入口处站班,约地方会面,这成啥子名堂!加以女子也兴进学堂读书,古人说,女子无才便是德,如今却讲究女教。教啥子?教些怪事!一有了女学生,可逗疯了多少男子!劝业场毛房里换裤带的也有了,两姊姐①同嫁一个人的也有了,怪事还多哩!总之,学堂一开,女的自然坏了,讲究的是没廉耻,男的哩,也不必说,《四书》《五经》圣贤之书,不读,却读些毫不中用的洋文,读好了,做啥子?做洋奴吗?一伙学生,别的且不忙说,先就学到没规矩,见了人,只是把腰舒哈一哈,甚至有拉手的。拉手也算礼吗?男女见面,不是也要拉手啦?那才好哩!一个年轻女子,着男子拉着一双手,那才好哩!并且管你啥子人,一见面就是先生,无上无下的,都是先生。你看,将来还一定要闹到剃头先生,修脚先生,小旦先生,皂班先生,讨口子先生,大人老爷是不称呼的了。朝廷制度,也不成他妈个名堂!今天兴一个新花样,明天又来一个,名字也是稀奇古怪的,办些啥子事,更不晓得。比如说,谘议局就奇怪,又不像衙门,又不像公所,议员们似乎比官还歪,听说制台大人,还会着他们喊去问话,问得不好,骂一顿。以前的制台么,海外天子,谁惹得起?如今也不行了。真怪!就像这回运动会,一般学生鬼闹一场合,赵制台还规规矩矩的去看。出了事,由制台办理好咧,就有委曲,打禀帖告状好了,那能由几个举贡生员,在花厅上同制台赌吵的道理?如今官也悖于时!受洋人的气,受教民的气,还要受学界的气,受议员的气。听说啥子审判厅问案,原告被告全是站着说话。唉!国家的运气!连官都不好做了!一句话说完,世道大变!我想,这才起头哩,好看的戏文,怕还在后头罢?"

---

① 依据上下文意,"姊姐"应作"姊妹"。——编者注

他还在叹息，他老婆已把碗洗好了出来，大声喝道："胡说八道些啥子！肚子撑饱了，不去教书，看东家砸了你饭碗，只好回来当乌龟！"

他赶快收拾着走了。

吴鸿闷坐在堂屋里，寻思："世道要是不变，我只好回家当一辈子庄家老完事！就我一个人的出身设想，世道倒是大变了的好，我或者有这么样的一天，使人眼红，使人伤心哩！"